PISA
与 教 育 改 革

杨文杰 ◎著

华东师范大学出版社
·上海·

图书在版编目(CIP)数据

PISA 与教育改革/杨文杰著. —上海:华东师范
大学出版社,2022
ISBN 978 - 7 - 5760 - 2875 - 1

Ⅰ.①P… Ⅱ.①杨… Ⅲ.①教育评估-研究②教育
改革-研究 Ⅳ.①G40 - 058.1②G511

中国版本图书馆 CIP 数据核字(2022)第 083471 号

PISA 与教育改革

著　　者	杨文杰
责任编辑	王丹丹
责任校对	江小华　时东明
版式设计	高　山
封面设计	卢晓红

出版发行　华东师范大学出版社
社　　址　上海市中山北路 3663 号　邮编 200062
网　　址　www.ecnupress.com.cn
电　　话　021 - 60821666　行政传真 021 - 62572105
客服电话　021 - 62865537　门市(邮购)电话 021 - 62869887
地　　址　上海市中山北路 3663 号华东师范大学校内先锋路口
网　　店　http://hdsdcbs.tmall.com

印 刷 者　浙江临安曙光印务有限公司
开　　本　787 毫米×1092 毫米　1/16
印　　张　15
字　　数　272 千字
版　　次　2022 年 8 月第 1 版
印　　次　2022 年 11 月第 2 次
书　　号　ISBN 978 - 7 - 5760 - 2875 - 1
定　　价　48.00 元

出 版 人　王　焰

(如发现本版图书有印订质量问题,请寄回本社客服中心调换或电话 021 - 62865537 联系)

目 录

理性审视PISA的教育改革效应

十多年前的 2010 年 12 月，经济合作与发展组织（Organization for Economic Cooperation and Development，以下简称 OECD）组织实施的国际学生评估项目（The Program for International Student Assessment，以下简称 PISA）公布了对全球数十个国家或地区的 15 岁中学生展开的 PISA 能力测验结果，来自中国上海的学生位列第一。上海学生首次参加这项测试就名列全球第一，这不仅令国人振奋和骄傲，也引起了其他国家尤其是欧美国家的震惊，引起了关心教育问题的公众和广大教育研究者进一步认识、了解、研究 PISA 的兴趣与探索。

21 世纪是一个创新的时代，一个科学技术高速发展的时代，一个经济社会全球一体化的时代，也是一个国家间竞争日益激烈的时代。现代国家间的竞争，取决于科学技术的竞争，取决于基于科学技术的知识经济的竞争，取决于科技精英和拥有现代科学技术的高素质劳动力的竞争。人的现代化，依赖于教育的现代化。由此，建设现代化教育强国成为现代国家间科技与经济社会竞争的重要基石。20 世纪 90 年代以来，随着全球化趋势的加剧，主要发达国家在公共政策、教育政策制定过程中开始注重借助国际组织的力量，从国际比较中发现自身的发展差距、借鉴他国的经验，OECD、联合国教科文组织、世界银行等一些国际组织在全球教育改革中发挥着越来越重要的导向、引领作用。

PISA 旨在调查和衡量 15 岁学生参与社会所需的知识与技能水平。自 2000 年首次实施 PISA 测评项目以来，测评范围由 32 个国家或地区 20 多万名学生发展到 2018 年 79 个国家或地区约 60 万名学生，测评内容和方式也不断变化，除对阅读、科学、数学素养的测评外，还增设问卷调查，以收集与学生成就相关的指标，对教育质量及相关因素进行全面考察。随着 PISA 的实施，PISA 项目本身越来越获得国际社会、许多国家或地区的认可，PISA 测评结果越来越被视为衡量国家或地区间教育质量的重要指标，引起教育决策者和学校领导人的关注，从而引发教育改革"效应"。从对 PISA 测试结果的关注，到对 PISA 所引发的教育改革"效应"的关注，成为国际教育研究的新热点。

杨文杰博士在华东师范大学攻读博士学位期间,在广泛的文献阅读基础上,以其独有的学术敏感性选择"PISA 的教育改革效应"研究作为自己的博士学位论文选题,夜以继日,焚膏继晷,面对如烟的文献,条分缕析,力图厘清与 PISA 相关的一系列问题。例如,PISA 究竟是如何影响教育改革的,相关国家的政策制定者是如何看待 PISA 测试结果的,这些国家的教育制度、教育政策因 PISA 而发生了哪些改革,这些改革有何意义和价值,PISA 本身存在哪些问题与不足,应如何改进,如何理性认识、正视 PISA 之于教育改革的作用,如何超越 PISA 对教育改革的负面影响来积极推进教育改革、以高质量的教育促进人的健康发展……获得博士学位后,杨文杰博士到上海教育科学研究院和华东师范大学国家教育宏观政策研究院联合博士后流动站从事博士后研究。其间,在繁重的持续跟踪中国教育改革发展的政策分析、中国博士后科学基金面上项目、全国教育科学规划教育部青年项目等研究工作之余,搜集整理新的研究文献,对博士学位论文的相关论述进行了大量的材料补证、逻辑重构、观点修正工作,用心用功,为当下年轻教育学者中的佼佼者。

本书从历史的角度,阐述 OECD 的发展历程,着重阐述了 PISA 项目的形成与发展历程,分析了 PISA 项目的独特之处。以 PISA 项目背后的价值取向为基础,分析了 PISA 影响教育改革的不同方式,透过一些国家对于 PISA 结果的反应,展现 PISA 与教育改革之间的双向互动关系,揭示 PISA 影响教育改革的内在机理。在此基础上,以 PISA 后的教育改革影响为重点,借助相关文献以及访谈调查材料,以入学政策、课程政策以及教师政策为例,具体分析 PISA 对教育政策调整以及教育改革实践的影响。本书还以我国先后四次参与的 PISA 测评结果为例,透过 PISA 相关数据分析及国际比较分析,揭示我国学生 PISA 成绩的特点,由此透视中国教育改革发展的短板和弱项,进而反思和展望我国未来教育改革的主要着力点与发展趋势和走向。本书以 PISA 对教育改革业已产生的影响为基础,分析了 PISA 结果之于教育改革的意义,具体分析了 PISA 表现出的对教育质量的量化追求、基于数据的比较分析和基于证据的改革范式对教育改革方式的影响。从中我们可以发现,随着全球化进程的不断推进,PISA 的教育影响已远远超越技术与数据本身,正通过对教育系统的"软"治理,深刻地影响着全球教育治理的权力结构,正通过基于教育理念构建的认知治理和基于教育指标研发的数字治理影响全球教育治理。

杨文杰博士从 PISA 本身以及其引发的教育改革效应出发进行了反思性分析。读者从中可以发现,就 PISA 本身而言,素养内容的完整性、可测量性,结果的主观性、技术的科学性等均有待商榷。就 PISA 对教育改革的影响以及其引发的教育改革效应而言，PISA 背后隐含的是对教育经济价值的追求，对成绩与排名的崇拜，教育政策与教育改革的趋同化，盲目追求短期教育成就，这不仅从根本上违背教育发展规律与教育的育人本质，也背离了 OECD 对国家教育体系的教育差异的尊重。

如何发挥 PISA 在未来教育改革和全球教育治理中的合理作用是作者始终关心的主题。本书在理性认识 PISA 及其效应的基础上，从 PISA 与教育改革两个层面超越以数字为表征的治理模式的影响。读者可以看到作者的一系列观点：未来的 PISA 测评，应构建更科学的指标体系，建立完善的因素分析，进一步提升测评技术水平；未来的教育改革，应正确审视 PISA 的价值与功能，逐步克服过度追求 PISA 成绩排名及由此引发的数字治理效应，使 PISA 作为一个开源数据库的功能回归全面检视教育教学状况，发现和诊断教育教学问题，助推教学行为改进，持续提高教育质量；需要走出功利窠臼，回归育人本质，以人为中心、以人的发展为中心，教学生学会应对未来的挑战；需要进一步加强国际教育交流与合作，促进全球教育系统的有序、健康发展。这些认识和观点，有助于我们正确审视 PISA 的价值与作用，有助于我们认识教育改革价值与模式的选择，有助于营造一个以促进人持续发展的健康教育生态。

总体来看，本书将 PISA 研究由前端转向后端，文献研究、比较研究、访谈研究等多种研究方法的综合使用，是得当的；基于大量 PISA 测评数据和各国教育政策文本对 PISA 对教育改革的影响、各国对 PISA 影响的不同回应等 PISA 教育改革效应的梳理分析，是有据可信的，研究视野是广阔的；对 PISA 与教育改革的双向互动机理的理论分析，是较为深刻的；对 PISA 本身以及基于国家的教育改革范式选择尤其是超越数字治理的教育改革范式的研究，是前瞻的、可借鉴的。在当前以至今后相当一段时期内深化教育评价改革、切实破除"五唯"顽瘴痼疾的宏观背景下，本书的价值更大。本书对于教育研究者、师范（教育）专业大学生和研究生、学校教师、教育政策制定者、教育行政工作者以及一切关心教育与青少年发展的社会人士，正确认识（国际）教育评价和教育改革的价值、方法、模式及其对青少年学习与发展的影响，有较大帮助。

本书是杨文杰博士的第一本学术著作，是她四年攻读博士学位的成果，也是她博士后研究过程中的重要成果，既见证了一位青年教育学者的学术研究"初长成"历程，也为她此后在教育学术研究领域"登堂入室"奠定了良好的理论积淀与方法论训练基础。"追欢犹可勉，徂岁不须惊"（陆游《月下小酌》），愿杨文杰博士在教育学术研究的道路上，永葆初心，不骄不躁，潜心学术，以文载道，"有厌其杰"（《诗经·载芟》），成长为一名心怀大仁,兼具科学精神与人文情怀的教育研究者!

是为序。

2022 年春节

华东师范大学教育治理研究院

绪　论

经济合作与发展组织(Organization for Economic Co-operation and Development，简称 OECD 或经合组织)组织实施的国际学生评估项目(The Program for International Student Assessment，PISA)旨在调查和衡量 15 岁学生参与社会所需的知识与技能水平。自 2000 年首次实施以来，PISA 项目本身越来越得到国际社会、许多国家或地区的认可，PISA 测评结果越来越被视为衡量国家或地区间教育质量的重要指标，引起教育决策者和学校领导人的关注，从而引发教育改革"效应"。然而，PISA 究竟是如何影响教育改革的，相关国家或地区的教育因 PISA 而发生了哪些改革，这些改革有何意义和价值，存在哪些问题与不足，PISA 本身应如何改进，如何理性认识、正视 PISA 之于教育改革的作用，如何超越 PISA 对教育改革的负面影响来积极推进教育改革，诸如此类的问题，值得我们深入探究。

一、问题的提出

在全球化趋势的推动下，世界各国在经济、政治、文化等方面的交流与合作日益加强，国际组织在国家制定教育政策方面的影响力越来越大；与此同时，各国政府也都希望国际组织帮助它们制定战略，证明政策的合理性以及推进教育改革计划。[①] 自 20 世纪 90 年代以来，经合组织在教育领域的影响力逐渐加强，PISA 的实施更是将经合组织的教育影响力进一步扩大。作为经合组织进行跨国教育评估的重要工具，PISA 顺应了国际社会、政府以及教育行政部门对于指标构建的强烈愿望，将经合组织对数据的收集、分析、使用发挥到了最大限度。

(一)提升教育质量成为各国政府的追求

从新自由主义经济学的角度来看，教育提供了一种有益的手段来提高国民经济的竞争力，即通过教育增加人力资本可以作为进一步提高生产率，为国家创造或增加财富的工具。从社会学的视角来看，教育对于提高社会凝聚力至关重要，因为教育是通过提供国家课程，促进共同语言或传播共同历史来创造国家集体认同和巩固民主参与

---

① Lingard, B., & Grek, S. (2007). *The OECD，indicators and PISA：an exploration of events and theoretical perspectives*. ESRC/ESF Reaesrch Project on Fabricating Quality in Education.

的一种手段。教育也有助于克服社会不平等的再生产,因为它增加了每个人参与社会的机会。此外,作为集体文化的一部分,它可以成为自我实现和个人发展的手段。① 在管理学范畴内,"质量"被定义为卓越、适用性、满足或超出期望等。对于质量的不同定义使得对教育质量的概念讨论也存在多种争议。②③ 部分研究者通过投入衡量教育系统的质量,而有些学者则立足于过程和结果。事实上,无论是投入、过程还是结果,教育质量往往与适用性、满意度、国家需要等相关联。

随着 20 世纪以来西方国家的经济衰退、失业率上升等问题的出现,社会各界人士将其与教育质量问题联系起来,使教育质量成为教育领域关注的热门话题。西方一些发达国家,力图通过各种形式的改革提升本国学生的教育质量。在美国,自 20 世纪 60 年代起,相关教育研究学者以及教育行政人员、家长等发现教育质量逐年下滑,特别是在 1964 年 SAT 达到最高成绩之后,家长对学校教育质量提出了质疑。这些质疑使得美国政府开始关注教育系统的质量。1983 年美国卓越委员会发布《国家在危机中:教育改革势在必行》(*A Nation at Risk: The Imperative For Educational Reform*),指出了当下美国基础教育质量低下,不利于国家和人民的未来发展。④ 同样地,教育质量问题在欧洲国家也逐渐被重视起来。例如,英国教育部认识到:"我国学生的平均水平不能达到基本的标准,更不能适应未来社会发展的需要。"法国教育当局认为:"初中毕业生中超过三分之一的学生不具备应有的阅读能力、解题能力……教育不均衡……中等教育质量严重下降。"⑤

进入 20 世纪 90 年代后,以学生成绩来评判教师工作、学校办学质量的教育标准化建设成为发达国家提升教育质量的重要法器,应试教育的风潮慢慢地席卷了全球。在美国,2002 年《不让一个孩子掉队法》(*No Child Left Behind Act*)通过问责制严格监控教育系统质量,对教学质量不达标的学校进行关闭、移交给政府或转为特许学校等处置。此后,奥巴马签署了更加激进的学校改革计划《力争上游》(*Race To the Top*),让应试教育变本加厉。进入 21 世纪后,自达喀尔论坛提出全面提高教育质量

① Nagel, A.-K., Martens, K., & Windzio, M. (2010). Introduction education policy in transformation. In Martens, K., Nagel, A.-K., Windzio, M., & Weymann, A. (Eds.), *Transformation of education policy*. Basingstoke: Palgrave Macmillan.

② Fuller, B. (1986). Defining school quality. In Hannaway, J., & Lockheed, M. E. (Eds), *The contribution of social science to educational policy and practice: 1965 - 1985*. McCutchan, Berkeley, CA.

③ Hughes, P. W. (1988). *The challenge of identifying and marketing quality in education*. Sydney: Ashton Scholastic.

④ National Commissionon Excellencein Education. (1983). *A nationat risk: the imperativefor education reform*. Washington, DC: US Department of Education.

⑤ [法]路易·勒格朗. (1986). 为建立民主的初中而斗争——1983 年给法国政府的研究报告. 教育发展与政策研究中心(编),发达国家教育改革的动向和趋势——美国、苏联、日本、法国、英国 1981—1986 年期间教育改革文件和报告选编. 北京:人民教育出版社,222—223.

以来,联合国教科文组织在第 32 届大会、第 47 届大会上分别以"有质量的教育""面向所有青年的优质教育"作为主题,为每个学生提供公平有质量的教育,这一论点已经在世界各国达成共识。近年来,提升教育质量也成为我国教育改革的重要目标之一。通过多渠道增加教育资源供给,保障基础教育教学质量;实施产教融合,提升职业教育培养质量;增强高校办学活力,提高教育质量等措施,我国立足于当下教育改革发展的新形势,从多角度、多层次出发,不断提升教育质量。

提升教育质量是教育领域经久不衰的话题。随着各国通过各种改革、政策调整提升基础教育系统质量,经济全球化、信息社会等对教育系统提出了新的挑战。对此,发达国家政府通过制定教育标准、进行课程改革以及建立教育质量监测系统,促进教育改革,提升基础教育质量。[①]

(二) 教育评估在教育政策中的重要作用

教育政策的发展和制定被视为解决问题的尝试,[②]它不仅关乎教育系统的直接相关利益者,也对经济和社会发展起着重要的作用。可以说,教育政策的变化可能会直接影响社会发展。[③] 一项好的政策可以产生巨大的社会和经济效益,而一项坏的政策可能直接影响教育系统的质量,不利于学生的发展,带来严重的负面效应。[④] 如何判断一项政策是否发挥了其应有的效应,这一问题就涉及教育评价。对此,克龙巴赫(L. Cronbach)认为,教育评价是收集信息的过程,包括对参与教育活动的状态、成果等情况进行收集、整理并向有关部门提供信息分析。[⑤] 这样一来,应该将对教育活动的评价覆盖到政策过程的全部环节,作为教育政策制定与改进的基本依据。通过评价,教育政策处于不断选择和改进的状态,这不仅有效地保证了政策目标最大限度的实现,而且还能从已有政策的制定与推行中获取经验和教训。

教育政策作为一种改变现存教育状况的活动,直接影响着人的发展,而外在政策环境的变化,必然会对教育政策提出调整的要求。社会变化越迅速,教育事业在社会中的作用越重要,这种调整的要求就越强烈。国家教育政策的这种权威性调节和分配

---

① 张民选. (2010). *国际组织与教育发展*. 上海:上海教育出版社,138.
② Ward, S., Bagley, C., Lumby, J., Hamilton, T., Woods, P., & Roberts, A. (2016). What is 'policy' and what is 'policy response'? an illustrative study of the implementation of the leadership standards for social justice in Scotland. *Educational Management Administration and Leadership*, 44(01): 43-56.
③ Ball, S. J. (1994). What is policy? texts, trajectories and tool boxes. In Peters, M., & Marshall, J. (Eds), *Education policy*. Berlin: An Elgar Reference Collection.
④ 袁振国. (2002). *教育新理念*. 北京:教育科学出版社,186.
⑤ [美]L. J. 克龙巴赫. (1989). 通过评价改进教程. 瞿葆奎(主编),*教育学文集第 16 卷 • 教育评价*. 陈玉琨,赵中建,译. 北京:人民教育出版社,164.

作用,使得政策的调整必须建立在科学评估的基础之上。① 那么,教育政策评估就显得尤为重要。通过评估这一衡量与检验教育活动效果的基本手段,可以帮助教育行政人员在制定科学、有效的政策的同时,预判这项教育政策是否可以达到应有的效果;通过对教育系统活动信息的收集、分析和反馈,可以确定某些政策的实际价值,是否能满足不同群体的需求,是否能在实现公平的基础上,实现政策效果的最大化;通过诊断当下教育政策制定、实行的过程中存在的问题,还能为教育政策革新指明方向,从而指导教育政策发挥最大价值。

教育政策评估是对教育系统内外部活动的机制、成效等进行的系统性调查与研究。新的教育政策的制定是在基于原有政策的缺陷和不足,为进一步适应社会和教育发展的新变化的背景下提出来的。在这一过程中,教育评估发挥了重要作用。

(三) 国际教育评价项目影响力不断扩大

随着全球化时代的来临,全球性问题增多和全球治理需求出现,这使得国际组织在政治、经济、文化中的作用日益提升。国际组织对世界教育发展的研究成果,为各国教育改革提出政策建议、发展理念与他国经验,正在成为各国教育政策制定者和实践者的重要参照。

与其他国际组织一样,经合组织在教育领域的重要影响已经使其成为许多学者评论教育国际化、全球化以及分析各国趋同政策的重要组成部分。② 虽然它主要关注的是经济政策,但教育在这一任务中的重要性日益增加,因为它在人力资本框架内重新被定位为国家经济竞争力的核心,并与新兴的"知识经济"相联系。近年来,经合组织的知名度再次上升了一个层次。经合组织的内容传播得更加广泛,其在所有出版平台(iLibrary、Google 书籍等)的阅读量增长了 38% 以上,达到 1 660 万次,其网站的访问次数达到了 16.4 亿次。整个 2013 年,该组织在社交媒体渠道中出现的次数也大幅增加。③

在过去十年中,经合组织主办的 PISA 在国际教育政策辩论中已成为战略重点。虽然 PISA 不是第一个国际比较教育研究,但它是目前最大的国际教育评估研究。国际上对 PISA 的媒体关注度不断上升,有学者指出,经合组织影响最大的是其评估项目,它的比较和分析对构建全球教育政策领域具有重要作用。④ 自 2000 年 PISA 首次

① 高庆蓬.(2008).*教育政策评估研究*.长春:东北师范大学,141.

② Meyer, H.‑D., & Benavot, A. (2013). Introduction. In Meyer, H.‑D., & Benavot, A. (Eds.), *PISA, power and policy: the emergence of global educational governance*. Oxford: Symposium Books.

③ OECD. (2014). *Secretary‑General's report to ministers*. Paris: OECD Publishing.

④ Martens, K. (2007). How to become an influential actor: the comparative turn in OECD education policy. In Martens, K., Rusconi, A., & Leuze, K. (Eds.), *New areas of education governance: the impact of international organizations and markets on educational policy making*. Basingstoke: Palgrave Macmillan, 40‑56.

测评以来,参与国家或地区和学生的数量从 32 个国家或地区的 20 多万名学生增加到 79 个国家或地区的约 60 万名学生。通过提供参与国家或地区学生知识和技能的基本情况;影响学生成绩的有关社会、经济指标;学生成绩以及学生与学校层面变量和结果之间的关系变化,[1]展示一个国家或地区教育系统的现状,以及在这个过程中教育是否有所改善。

随着每三年参加评估国家或地区的排名公布,PISA 测试的结果在国家媒体中得到很高的评价,并且呈现在决策者的意识中,[2]对教育改革起着越来越重要的作用。例如,PISA 2000 的结果对德国现有的教育系统产生了巨大的冲击。针对 PISA 的调查结果,德国教育当局于 2002 年组织了一次部长会议,制定了中学毕业需要达到的标准以及开展大规模评估测试。PISA 的结果还为德国学校带来了一个全新的概念——作为一个自治组织,学校需要实施新的质量控制措施,由联邦各州以不同的组合形式实施:学校检查、自我评估、评估测试和教师职业化使德国的教育体系变成了集权和分权的独特混合体。[3] 在英国,从 PISA 2000 年和 2003 年测评以来,政府在政策制定中对 PISA 的重视程度大幅增加,特别是在 2010 年政府变更之前和之后。在英国,时任教育局局长迈克尔·戈夫在演讲中明确指出,PISA 的结果和国际比较成为国家教育政策制定的新重点。在 2010 年 5 月大选后不久,2009 年 PISA 结果公布之前,戈夫谈到需要向其他系统学习,特别是新加坡、韩国、芬兰、加拿大和瑞典等国家。英国开始注重"向东看"。在首相布莱尔(Blair)和布朗(Brown)的指导下,强调国家数据的使用,并将其作为制定教育政策、规范学校行为和活动的重要依据。[4] 在挪威,PISA 2000 以及 PISA 2003 的结果使得挪威领导者反思学校系统的质量。对此,有学者指出,PISA 不仅塑造了挪威学校的公众形象,而且还促进了学校改革的合法化,克莱梅特(Clemet)在担任教育部长(2001—2005 年)期间,将 PISA 视为挪威学校系统总体质量的最终衡量标准,从课程、问责、教师等方面进行改革。[5]

① OECD (2013). *PISA 2012 results (volume ii): excellence through equity: giving every student the chance to succeed.* Paris: OECD Publishing. .

② Grek, S. (2009). Governing by numbers: the PISA effect in Europe. *Journal of Education Policy*, 24: 23 - 37.

③ Grek, S. (2009). Governing by numbers: the PISA effect in Europe. *Journal of Education Policy*, 24: 23 - 37.

④ Gove, M. (2012). *A coalition for good — how we can all work together to make opportunity more equal.* Brighton: Speech to Brighton College.

⑤ Hopfenbeck, T. N. , & Görgen, K. (2017). The politics of PISA: the media, policy and public responses in Norway and England. *Eurpean Journal of Education*, 52: 192 - 205.

二、文献评述

为更好地展现 PISA 对教育系统的影响状况,本研究对中国知网、Web of Science、谷歌学术等与"PISA""教育政策(Education Policy)""教育改革(Education Reform)"三个主题有关的文献资料进行收集与分析,探求当下国内外学者对于 PISA 引发的教育改革与政策调整所进行的分析的现状,明确当下学者关注的重点领域,并为本研究提供文献分析资料。

(一) 国内研究现状

国内关于 PISA 与教育改革之间影响关系的研究,多数以期刊论文为主。在 CNKI 网以"PISA""政策""改革"为关键词进行搜索,截止到 2022 年 5 月,共有 2 459 条文献。关于 PISA 的研究自 2000 年起逐渐被国内学者关注,主要是围绕 PISA 的评价框架、实施程序、技术规范、命题特点、数据分析等方面的介绍性研究;在 2015 年我国学生在 PISA 中表现不佳后(图 0 - 1),国内对 OECD 教育政策和 PISA 项目的关注度开始下降,一些研究者或是利用 PISA 测评框架,或是利用 PISA 现有数据,对学校系统内外诸多因素之间的关系进行研究。2017 年,相关研究成果最多,有些学术杂志还专门设置 OECD 教育政策的研究专栏,探求基于 PISA 的教育改革或政策调整对我国教育改革的借鉴意义。国内学者通过对 PISA 测评内容、评价以及各国测评结果的阐释与分析,依照 PISA 阅读、科学、数学以及其他素养的框架,反观我国教育教学过程中的问题,并提出对我国教育改革有益的建议,凸显经合组织以及 PISA 项目对全球教育治理的影响。具体如下。

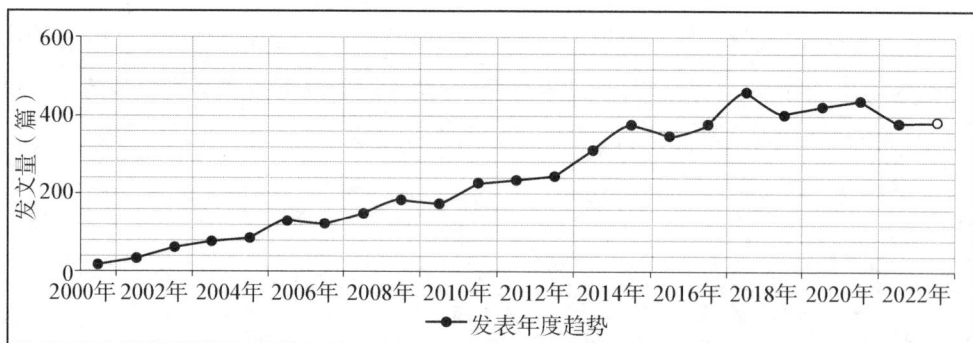

图 0 - 1　国内文献研究趋势

1. PISA 对教学改革的影响

林子植等学者通过分析 PISA 数学素养评价框架下的数学建模周期理论,以 PISA 样题为依据,阐释了数学建模周期的建模、应用、阐释三个过程。基于此,提出了我国初中数学建模教学应该注意的方面,并强调了学生提出问题、理解问题、解决问题的重要性。① 张民选和黄华通过对上海学生在 PISA 2009 和 PISA 2012 上取得的优异成绩背后原因的探究,以上海三十多年的数学课程教学改革为基础,指出了学生负担过重及数学教学存在的弱点;肯定了上海数学教学中坚持信任学生、促进每一个学生发展,坚持小步前进教学、变式丰富练习,强化教师在职培训,注重教师专业发展等做法。同时,在此基础上进行反思,要求在数学教学上,保持独特的自信与自省。② 在科学课程教学中,张莉娜通过阐述 PISA 2015 测评的结果,明确了我国未来教育评价中应注重学生认知过程、情境等方面的内容,对教学和评价中的内容应进行细化等。③ 刘帆和文雯通过对 PISA 2015 科学素养内容与之前框架的对比,指出了 PISA 2015 科学素养引入"认知难度",注重自主设计、学生探究能力等方面,并提出其对我国科学学科知识学习、能力培养、价值观等方面的借鉴意义。④ 蒋倩倩等学者指出国内数学教学存在内容孤立、课堂枯燥、教师学科教学知识不足以及评价体系不科学等问题,强调以 PISA 为指导,从创设生本课堂、体验数学过程、简化文本内容、增加技术教学、传承数学文化和优化评价体系等方面创建初中数学教学范式。⑤

阅读素养是 PISA 测评的三大领域之一,由于电子阅读在个人生活和社会中的作用越来越重要,PISA 2009 年的阅读素养中增加了对电子阅读素养的测评。郑彩华通过阐述 PISA 2000 年以来阅读素养的内涵及其变化,探讨了电子文本及其特点与阅读文本的分类,指出了电子阅读素养对于学生发展的重要性。⑥ 万灿娟通过分析 PISA 2000 年至 2018 年阅读素养测评文本发生的诸多变化,例如多样的文本形式、电子文本的加入等,反映当下我国语文阅读教学存在文本选择狭窄、文本形式较为单一以及电子文本缺乏等问题,指出我国语文教学改革应重新审视阅读目的并选择文本,增加非连续性文本和多重文本形式,提高对电子阅读文本的重视等。⑦ 龙宇以 PISA 阅读素养为参照,对北京师范大学的综合英语阅读课程教学进行改革,强调以 PISA 阅读素养观为指导,课内课外相结合;中外教师协同促进,统一教学理念等,培养学生的思

① 林子植,胡典顺.(2019).初中数学建模教学研究——PISA 视域下.教育研究与评论(中学教育教学),(10):5—10.
② 张民选,黄华.(2016).自信·自省·自觉——PISA 2012 数学测试与上海数学教育特点.教育研究,37(01):35—46.
③ 张莉娜.(2016).PISA 2015 科学素养测评对我国中小学科学教学与评价的启示.全球教育展望,45(03):15—24.
④ 刘帆,文雯.(2015).PISA 2015 科学素养测评框架新动向及其地我国科学教育的启示.外国教育研究,42(10):117—128.
⑤ 蒋倩倩,程岭.(2019).PISA 测试理念下的初中数学教学范式创建.教育科学论坛,(22):51—55.
⑥ 郑彩华.(2012).PISA 视野下的电子阅读素养测评及其启示.基础教育,9(03):18,50—55+18.
⑦ 万灿娟.(2019).语文阅读教学的文本变革——基于 PISA 阅读素养测评文本的分析.教学研究,42(04):113—119.

辨能力,提高学生英语素养,实现从"学习阅读"到"为了学习而阅读"的跨越。^① 张所师通过梳理"什么是阅读,为什么阅读,阅读什么"三个问题,从 PISA 阅读素养考察问题入手,反映当下阅读教学存在实际教学效率、效果、效益低下的问题,并指出从课堂教学入手修整这些问题。^②

2. PISA 对课程改革的影响

由于不同国家、地区对于不同阶段的青少年的课程要求不同,PISA 测评并不是以各国基础教育的课程标准为基础的,也不是以学科知识为中心的,而是通过架构一套素养框架进行测量,但这并不意味着 PISA 与课程完全无关。张佳等学者从上海课程改革目标、内容、方式、路径等方面出发,指出了课程改革对上海 PISA 测试夺冠的重要作用。^③

邰江波认为 PISA 树立了兼顾公平与质量的杠杆效应;推动各国设置或修订课程标准;促使各国更加重视绩效目标。^④ 方中雄和桑锦龙总结了 PISA 2000—2012 年的测评结果对一些国家课程改革的影响。就美国而言,PISA 结果反映出其大部分学生的成绩处于中等以下水平,美国力图通过建立共同课程标准提升教育系统质量。在过去 10 年的 PISA 测评中,英国学生成绩的连续下滑直接导致了英国中小学课程大纲的大规模修订。在日本,PISA 2006 学生成绩的全面下滑使得日本政府进行了一系列的教育改革,由以往的宽松教育向学力教育转变。

陈鹏将 PISA 素养框架与美国《共同核心标准》中涉及的阅读素养问题进行比较分析,研究得出,两者都倡导基于分析能力的阅读素养培养;以解决问题为导向的阅读素养提升;注重复杂文本、多重文本的阅读素养养成;重视情感和感悟的阅读素养塑造,这些为我国课程改革提供了参考。^⑤ 董奇认为当前我国基础教育新一轮课程改革已经走过十多年不平凡的历程,上海中学生在 PISA 测试中成绩蝉联世界第一、课业负担也最重的事实,提供了重新审视新课改的视角。通过对 PISA 项目的全面考察,他指出 PISA 测试关注的是学生的多方面素养和能力,其开放性试题的形式对学生能力的检测具有较强的层次性。正视素质教育推进艰难的现实,重新界定新课改亟待解决的关键问题,是深化新课改的当务之急。他认为,新一轮课改在知识目标上与国际

① 龙宇.(2017).以 PISA 阅读素养观为指导的大学英语阅读课程教学改革探索——以北京师范大学为例.科教文汇(下旬刊),(12):161—163.
② 张所帅.(2018).PISA、PIRLS 和 NAEP 阅读评价项目对我国阅读教学的启示.教学与管理,(03):116—118.
③ 张佳,彭新强.(2015).上海 PISA 夺冠与课程改革之间的关系.复旦教育论坛,13(02):25—31.
④ 邰江波.(2016).PISA 与全球教育治理:路径、影响和问题.全球教育展望,45(08):102—109.
⑤ 陈鹏.(2017).PISA 与美国《共同核心标准》中的阅读素养内容比较研究.上海:上海师范大学.

教育大方向一致,值得肯定和坚持。同时应切实减轻学生负担,加强对青少年学生的道德和人格教育。[①] 赵德成等学者强调了科学素养对个人发展以及社会发展的重要性。通过对 PISA 2015 我国四省市 15 岁学生科学素养的成绩进行分析发现,由于性别、年级、城乡等因素的影响,我国四省市学生在科学素养上的表现存在显著差异。未来,我国要从课程、教学、评价、教师培养等多方面入手,推进科学教育改革,不断提升青少年的科学素养。[②] 张侨平对数学素养的起源和发展进行了分析,并与 PISA 中的数学素养进行比较,发现随着时代的变化,各地的课程文件对数学素养存在不同的解读。对此他指出,发展学生数学素养,需要从理解课程改革的背景入手,重视数学能力的整合、跨学科课程的学习、问题情境的构建。[③]

伍远岳等学者通过 PISA 2015 科学素养测试发现,我国学生存在在科学认识、能力、知识等多个层面上男生优于女生的现状,以及与科学相关的调查问卷发现,男生在科学学习兴趣上的表现优于女生。为缩小或消除学生科学学习的性别差异,在科学课程编制中,从科学知识入手,消除课本中内容的性别偏见;在校本课程建设中,要突出学校课程的适应性以增强学校课程的性别适应;在课程实施过程中,强调尊重学生的差异性。[④]

3. PISA 对教育评价的影响

PISA 作为一项评价项目,其重点在于考察参与国家或地区教育系统的成效,其评价方法、方式、程序、指标等为教育评价带来了新的思考。

王蕾等学者通过对 PISA 2009 我国学生的阅读、数学、科学素养成绩进行分析,发现我国学生的阅读素养低于经合组织平均值,数学素养和科学素养在国际上名列前茅,但同时体现出我国教育城乡不均、学业负担重等问题。在借鉴 PISA 教育评价经验的基础上,王蕾等提出建构具有中国特色的教育质量评价体系,倡导健康、绿色的教育评价理念,关注学生学习兴趣的培养和提高,加强学习策略指导,推进我国学生核心素养提升和关键能力建设;注重教育质量和教育公平的协调发展,重视影响学生表现的个体、学校、家长和社会综合因素,建立配套的教育统计数据库,等等。[⑤]

杨希洁从评价的角度,对 PISA 的目的、内容、方法、结果等进行分析,认为作为为

① 董奇.(2015).新课程改革的众说纷纭与理性思考——基于上海学生 PISA 测试结果的视角. 中国教育学刊,(07):6—11,21.
② 赵德成,王璐环.(2019).学校治理结构及其对学生成绩的影响:中国四省(市)与 PISA 2015 高分国家/经济体的比较分析. 全球教育展望,48(06):24—37.
③ 张侨平.(2017).西方国家数学教育中的数学素养:比较与展望. 全球教育展望,46(03):29—44.
④ 伍远岳,郭元祥.(2019).中学生科学学习的性别差异与课程应对——基于 PISA 2015 中国四省市的数据分析. 华东师范大学学报(教育科学版),37(05):115—127.
⑤ 王蕾,景安磊,佟威.(2017).PISA 中国独立研究实践对构建中国特色教育质量评价体系的启示——基于 PISA 2009 中国独立研究. 教育研究,38(01):114—123.

学生终身学习能力的发展而建构的 PISA 测评框架,其内容与现实生活密切相关,评价方法严谨,结果具有明显的政策导向作用。杨希洁结合 PISA 框架指出了我国教育评价制度理念的不足,评价内容无法完全体现评价目的,评价结果较难应用于宏观调控等问题。对此,在未来教育评价改革中应更新评价理念,更新评价形式,建立教育系统评价监测系统。[①] 孔凡哲等学者基于对 PISA 测评框架的分析,提出了其对我国考试评价制度的启示,例如,对中考、高考以及日常评价来说,更新考察科目,在强调知识能力的同时,加强对情感、态度、价值观、过程评价的细化考察;建立教育质量评价体系等。[②] 黄忠敬认为我国作为一个考试大国,现行的考试制度暴露出越来越多的问题,我国在教育评价理念、内容、方法等方面应积极参照 PISA 测评框架,明确"发展"的价值取向;建构科学合理的指标框架;采用真实化取向的试题;关注影响学生成绩的因素等。[③]

此外,有些学者从教育政策的整体框架出发,探究 PISA 对教育政策调整的影响。阚阅和蔡四林指出,在 PISA 结果的影响下,英国提出了教育改革行动策略,通过自主办学推进教育公平;通过教师教学提升教育标准;通过公众监督强化学校问责。[④] 徐晓红通过对澳大利亚历年 PISA 测试结果进行分析,指出 PISA 2003 测试后霍华德政府实施了教学改革、提高教师质量、加大教育投入、提高整体教育质量等措施。[⑤] 李志涛从 PISA 2001 德国学生素养成绩全面落后的现状入手,阐述了德国面对 PISA 结果进行的一系列系统改革,包括制定统一的教育标准,完善教师教育标准,构建教育质量标准等;改革基础教育课程,使之与国家教育标准规定的能力要求相匹配;加强基础教育质量监测与评价,加强结果导向的教育监控;改革基础教育学制;加强具有移民背景的学生的教育和社会融合等措施。[⑥] 王佳等学者指出,在德国,文教部部长前主席艾尔德西克-拉佛(Erdsiek-Rave)将"PISA 震惊"(PISA Shock)引发的教育质量改革称为教育政策的"范式转变"。德国通过重视学前教育,保障教育起点公平;实施全面的教育监测;加强移民背景的学生融合,提供多语种双语教学等措施改进教育政策,推动本国教育发展。加拿大政府在 PISA 测试的影响下,进行了一系列改革,包括建立开放、完善和灵活的教师培养与培训体系;注重培养学生的跨学科能力,探索动态化的课程开发模式;形成包含学校、省、国家及国际层面的评价与监测体系,等等。[⑦] 面向 21 世

① 杨希洁.(2008).PISA 特点分析及其对我国基础教育评价制度改革的启示.教育科学研究,(02):22—25.
② 孔凡哲,李清,史宁中.(2005).PISA 对我国中小学考试评价与质量监控的启示.外国教育研究,(05):72—76.
③ 黄忠敬.(2016).教育政策研究的多维视角.北京:教育科学出版社,52—91.
④ 阚阅,蔡四林.(2016).以 PISA 推动教育改革:来自英国的启示.教育发展研究,36(07):17—22.
⑤ 徐晓红.(2014).21 世纪澳大利亚基础教育改革政策评析:基于 PISA 测试的结果.外国中小学教育,(03):4—10.
⑥ 李志涛.(2017).PISA 测试推动下的德国教育政策改革:措施、经验、借鉴.外国中小学教育,(06):1—8.
⑦ 王佳,刘淑杰.(2019).PISA 测试引发的教育政策回应及革新——以德国和加拿大为例.教育测量与评价,(06):27—33.

纪激烈的国际竞争,邓晓君通过对芬兰、德国和英国 PISA 测试的不同结果对三国教育改革的影响的分析,指出我国应借鉴相关改革成果,建立迅速反应机制,及时发现当下教育系统存在的问题,制定相关改革措施,促进教育与社会的发展。①

4. OECD/PISA 对教育治理的影响

OECD 在推进国际教育与合作、开展全民教育行动、实施教育评估等方面发挥着重大的国际影响力。② OECD 通过对教育大数据的垄断,及以此为基础建立起来的对于教育知识、政策合法性的仲裁资质,影响其所宣称的那种有效决策知识的生产和传播,并借此影响各国的教育治理。OECD 对教育治理的影响结果主要集中在教育治理理念和教育政策制定两方面。

首先从治理理念上来看,OECD 在全球教育治理领域的广泛影响力和权威地位,伴随其 PISA 测评等教育工作的开展与认可得以确立和巩固。OECD 通过追求卓越与公平的教育,旨在促进个人与社会的发展,追求经济效益与社会效益的实现,其教育政策价值取向影响着国家教育宏观政策的制定和改革趋势。③ 王晓辉认为 OECD 重视人力资本、开展教育评估、构建学习化社会等理念对全球教育治理具有重要影响。④ 英国参与 PISA 项目的结果,有效地反映了十余年来英国基础教育改革政策与主题从培养"学生的学习乐趣"为中心转移到重视"教师教学的重要性"的变化。PISA 测试结果的公布以及测试数据的后续分析,为英国和世界其他国家或地区未来基础教育的改革与发展提供更为有效、有价值的参考依据。⑤ 方乐和张民选研究了 OECD 教育工作的组织结构与运作机制,发现 OECD 通过强调教育的人力资源价值,注重数据的收集与使用,着眼于教育变革,关注成员国尤其是大国的需求,不断提升工作效能,重视横向协同,从而积极参与全球教育治理⑥。周洪宇等学者认为 OECD 参与全球教育事务的主要价值和影响在于 OECD 充分运用教育治理工具,全面深度参与全球教育事务,其对各国或地区教育治理的影响主要体现在以下四点:强化教育与经济的关联性;为全球教育发展提供了治理工具和共享平台;未来人的素养内涵得到深化拓展;形成教育研究以调查、证据及创新为主流的导向。⑦ 邵江波提出 OECD 为世界各国树

① 邓晓君. (2010). 芬兰、德国与英国 PISA 测试的结果及其影响研究. *教育与考试*, (01): 31—33.
② 武凯. (2018). *OECD 教育政策价值取向研究*. 上海: 上海师范大学硕士论文, 48—49.
③ 武凯. (2018). *OECD 教育政策价值取向研究*. 上海: 上海师范大学硕士论文, 51.
④ 王晓辉. (2008). 全球教育治理——鸟瞰国际组织在世界教育发展中的作用. *北京大学教育评论*, 6(03): 152—165+192.
⑤ 郭婧. (2014). 基于 PISA 测试结果的英国基础教育改革政策评析. *外国中小学教育*, (02): 6—10.
⑥ 方乐, 张民选. (2019). 经济合作与发展组织教育工作组织运作及其特征探析. *外国中小学教育*, (08): 10—16+9.
⑦ 周洪宇, 付睿. (2017). 国际经济组织的全球教育事务参与——以经济合作与发展组织(OECD)为例. *中国高等教育*, (09): 60—63.

立了一个兼顾公平与质量的标杆,产生了良好的示范效应,这是 PISA 对各国教育产生的影响之一,使得基础教育要兼顾公平与质量已逐渐成为各国政府教育治理的共识。[①]

此外,质疑和批评 PISA 的文献极少,比如台湾师范大学的温明丽教授在北京师范大学的演讲中,从 PISA 是单一化还是多元化,PISA 的判断标准何在,兼顾动态和静态的学习成果与能力提升,评鉴设计者是否经得起质疑等方面提出对 PISA 的隐忧。[②] 有学者认为,PISA 践行了 OECD 的新自由主义教育理念,强调教育的工具性;突出教育绩效;倡导全球主义,影响参与国家或地区教育改革政策的制定。[③] 还有学者认为对于规模如此之大、样本如此之多的跨区域评估,PISA 企图用一把尺子丈量全球不同国家或地区的教育质量,不免有全球主义的嫌疑,招致教育同质化的灾难。[④]

(二) 国外研究现状

从国外相关研究来看,现有文献对 PISA 引发的教育改革影响的研究主要集中于两个方面:一是从理论层面,阐释 PISA 影响教育改革与政策调整的方式以及产生的影响,这部分内容比较笼统;二是从德国、美国、英国、中国上海、芬兰、新西兰、澳大利亚、日本、韩国等几个主要国家或地区对 PISA 结果的反应与所进行的改革层面进行探究。PISA 是一项正在进行的计划,为教育政策和实践提供见解,并有助于监测参与国家或地区内的学生以及不同人口群体获取知识和技能的趋势。通过这些信息,世界各地的决策者可以评估本国学生的知识和技能,并可以与其他国家的学生进行比较,从其他地方应用的政策和实践中学习。相比国内对 PISA 的"追捧",国外的反应更加客观、理性。通过梳理国外文献资料发现,国外学者多侧重于 PISA 测试排名后一些国家或地区的反应以及少量对 PISA 效应的反思研究。具体如下。

1. PISA 与教育政策调整

随着教育领域在过去十年成为高度国际化的政策领域,经合组织等国际组织在传播知识、监测成果和研究教育政策方面发挥着越来越具有决定性的作用。世界各地的教育体系越来越多地转向经合组织,以各种方式定义标准、诊断问题、评估其绩效并提供政策建议。[⑤] 尼曼(Niemann)等学者认为,虽然经合组织缺乏有约束力的治理手段

---

① 邵江波. (2016). PISA 与全球教育治理:路径、影响和问题. *全球教育展望*,45(08):102—109.

② 刘磊明. (2017). *国际教育评价的价值问题——以 PISA 为例*. 北京:北京师范大学.

③ 马健生,蔡娟. (2019). 全球教育治理渗透:OECD 教育政策的目的——基于 PISA 测试文献的批判性分析. *比较教育研究*,(02):3—11.

④ 黄志军. (2019). PISA 测试的限度:国际学者的批判. *教育测量与评价*,(01):11—17+44.

⑤ Sellar, S., & Lingard, B. (2013). Looking east: Shanghai, PISA 2009 and the reconstitution of reference societies in the global education policy field. *Comparative Education*, 49(04):464-485.

来强制施加压力或提供物质刺激,但它已经扩大了在这一领域的能力。经合组织作为教育领域的专家组织提升其地位,主要是通过设计和开展国际比较 PISA 研究。借助 PISA,经合组织能够极大地影响各个国家或地区教育体系。①

格雷克(Grek)认为,PISA 一直为欧洲教育系统提供数据,并作为其教育改革或政策制定的主要参照工具。② 波格丹迪(Bogdandy)和戈德曼(Goldmann)认为,PISA 计划本身就是一种控制形式,应该被描述为治理而不是管理。其中数据、变化因素的分析和解释被用来影响政策制定——通过信息或指标进行治理的一种形式。他们认为,分析和公布 PISA 结果对政府政策是有影响的,特别是在教育中引入"标准"方面。③ 具体到 PISA 对各国或地区教育政策的影响来看,主要是从排名较靠前的国家或地区吸取经验,从而更好地推进本国或地区教育政策的制定。具体如下。

以在 PISA 2009 中上海学生的表现为代表的中国,已成为美国、英国和澳大利亚教育政策的重要参考。上海在首次评估中表现出色,加上其他东亚国家如新加坡的强劲表现,塞拉(Sellar)和林加德(Lingard)鼓励美国、英国和澳大利亚在进行国内教育改革有必要"向东看"。同时针对上海的优异成绩,探讨了其成功的秘诀。他们认为上海的教育体系是中国最优秀的教育体系,也是教育改革的领导者,为全国其他地区的政策制定和改革提供了基础。上海是中国内地唯一一个公开参与 PISA 2009 的地区,其结果作为国际数据集的一部分被发布。中国在 2001 年首先开始讨论其参与 PISA 测试的相关问题,而经合组织目前正在进行更充分地参与未来调查的谈判。中国正在利用 PISA 作为其他省份改进的杠杆,例如在西部一些省份进行 PISA 测试,首先应确保他们做好准备。以后,越来越多的中国省份会利用 PISA 进行政策改革。④ 上海的参与为中国提供了一个与国际上其他体系相媲美的最佳表现体系,并成为内部教育改革的基准。针对上海 PISA 测试排名靠前的现状,有学者将其归功为上海的教学、课程。谭(Tan)通过研究 PISA 2009 上海学生的表现与课程改革的关系,认为我国的教育传统,比如应试教育、课后补习等影响了学生的成绩。⑤

此外,自从 2001 年首次发布 PISA 成果以来,"PISA 芬兰奇迹"一直处于国际关注

① Niemann, D., Martens, K., & Teltemann, J. (2017). PISA and its consequences: shaping education policies through international comparisons. *European Journal of Eduration*, 52: 175 - 183.

② Grek, S. (2009). Governing by numbers: the PISA effect in Europe. *Journal of Education Policy*, 24(01): 23 - 37.

③ Bogdandy, A. V., & Goldmann, M. (2012). Taming and framing indicators: a legal reconstruction of the OECD's program for international student assessment (PISA). In Davis, K. E., Fisher, A., Kingsbury, B., & Merry, S. E. (Eds.), *Governance by indicators/global power through quantification and rankings*. Oxford: Oxford University Press.

④ Sellar, S., & Lingard, B. (2013). Looking east: Shanghai, PISA 2009 and the reconstitution of reference societies in the global education policy field. *Comparative Education*, 49(04): 464 - 485.

⑤ Tan, C. (2017). Chinese responses to Shanghai's performance in PISA. *Comparative Education*, 53(02): 209 - 223.

的中心。① 芬兰教育部很快将积极的结果归功于为学生提供一个高质量又平等的教育体系。瓦利耶尔维(Välijärvi)等学者称,芬兰教师能够满足学生的个性化需求,这是其成功的秘诀。此外,由于完成义务教育后没有进行任何测试,教师对学生的评估更为重要。根据芬兰 PISA 团队的资料,芬兰确实具有国家级绩效指导方针,但这些指标很灵活,可以对学生成绩进行广泛定义。芬兰的教师自己决定他们将要使用的教科书。此外,芬兰 20 世纪 90 年代初的课程改革带来了比以往更大的课程灵活性和教学自由。②

2. PISA 与全球教育治理

雅各比(Jakobi)和马腾斯(Martens)认为,对经合组织教育技术提升的需求促成了扩大"治理机制工具箱",并指出了三种主要的治理机制:(1)问题产生,被定义为"经合组织鼓励政治辩论并制定新的政策目的和目标的中心活动";(2)政策评估,"使组织能够评估和指导国家的政策工作";(3)数据产生,"虽然很容易被视为一种非政治性的统计活动,但却可以将国家直接进行比较"。由此,产生了我们认为是全球化的教育政策话语。③ 伍德沃德(Woodward)提供了四种经合组织全球治理模式。第一种模式是认知治理,指的是"经合组织是一个国家共同体的化身,它的基础是相信资本主义和民主治理模式是管理我们集体事务的最佳手段"。第二种是规范性治理,描述了经合组织在巴黎和各国内部"挑战和改变人的思维方式"的能力。他认为,认知治理和规范性治理之间有着明显的联系,成员和合作伙伴的立场一致,就可以更好地接受本组织颁布的观点,进而有可能进一步达成一致。第三种是法律治理,经合组织法律协议的执行是通过"监督和同伴压力"而不是通过制裁来实现的。第四种为缓和治理,这是伍德沃德类型学的最终模式,指的是它在全球教育治理中的作用。伍德沃德认为,经合组织在很多方面做到了这一点:通过重新审视出现的教育问题,利用跨学科的研究方法,填补了全球治理的空白。④ 塞拉和林加德指出 PISA 通过扩大评估范围,测量更多知识和能力;扩大评估覆盖面,惠及更多的国家或地区;增加数据分析的解释力,为政策制定者提供证据这三种路径参与全球教育治理。⑤

---

① Simola, H. (2005). The finnish miracle of PISA: historical and sociological remarks on teaching and teacher education. *Comparative Education*, 41(04): 455 - 70.

② Välijärvi, J., Linnakylä, P., Kupari, P., Reinikainen, P., & Arffman, I. (2002). *The Finnish success in PISA — and some reasons behind it*. Jyväskylä: Institute for Educational Research, University of Jyväskylä.

③ Martens, K., & Jakobi, A. P. (2010). Introduction: the OECD as an actor in international politics. In Martens, K., & Jakobi, A. P. (Eds.), *Mechanisms of OECD governance: international incentives for national policy-making?*. Oxford: Oxford University Press, 1 - 25.

④ Woodward, R. (2009). *The organisation for economic co-operation and development*. London: Routledge.

⑤ Sellar, S., & Lingard, B. (2013). The OECD and global governance in education. *Journal of Education Policy*, 28 (05): 710 - 725.

PISA 引入了教育治理方面的重大变化。在软实力和政策借鉴的影响下,该治理重新定义了教育政策规模的数据和衡量工具。PISA 和其他国际或国家调查被认为是治理的新技术,可以重新阐明公平,其作为衡量绩效的一种手段,可以有助于在新的社会空间中引入经济逻辑。[①] 威廉·史密斯(William Smith)甚至认为这是一种新的全球测试文化,以描绘全球范围内越来越多的测试用于教育问责。[②] 对格雷克而言,PISA 成为了一种新的政治技术,被一些国家、欧盟以及 OECD 用作进行跨国治理的资源,以促进教育上的新治理。[③]

3. PISA 效应之反思

自 2014 年 5 月,英国的《卫报》刊登了一份由大约 80 位教授和相关领域专家写给 OECD 主管 PISA 的主任施莱歇尔(Andreas Schleicher)的联名信,呼吁终止这项测试后,开始出现质疑 PISA 的文献研究。贝金汉姆(Buckingham)认为,使用 PISA 数据为政策改革提供信息的主要问题之一是,学生成绩和影响成绩的因素之间往往存在不合理的联系。PISA 调查和评估学生的表现水平,同时收集学生和学校的背景信息。尽管这样的调查可以提供有关一个国家或地区的表现情况的信息,并且可以突出显示特定教育体系的优点和缺点,但它确定学生表现如何得到改善的能力有限。[④] 吴(Wu)认为,它可能会提供一些关于导致教育成功的因素的假设,但学生背景信息与学生成绩之间的任何联系只是猜测,单凭统计数据不能证明因果关系。[⑤] 在针对 PISA 的分析中,魏(Wei)等学者探究了排名背后的意蕴,认为在台湾地区,"除了学习,所有的追求都没有多大价值",教育,而不仅仅是财富或职业地位,被看作是社会成功的有力指标。考虑到这些价值观,大多数台湾地区学生会在晚上或周末参加某种形式的辅导课,以提高他们的考试成绩,使他们有更好的成功机会。不仅台湾地区的家长和学生高度重视晚班和周末辅导班,通过对近一万名台湾地区学生的调查发现,参加这样的辅导班对学生的学习成绩有明显的积极影响。然而,这些文化差异在 PISA 分析中还没有被考虑过。[⑥]

对于中国上海参加 PISA 测试取得的良好成绩,有学者对比了参与 PISA 测试的

① Lingard, B., Sellar, S., & Savage, G. C. (2014). Re-articulating social justice as equity in schooling policy: the effects of testing and data infrastructures. *British Journal of Sociology of Education*, 35: 710 - 730.

② Smith, W. C. (2016). *The global testing culture: shaping education policy, perceptions, and practice*. Oxford: Symposium Books.

③ Grek, S. (2009). Governing by numbers: the PISA effect in Europe. *Journal of Education Policy*, 24: 23 - 37.

④ Buckingham, J. (2012). *Keeping PISA in perspective: why australian education policy should not be driven by international test results*. Sydney: Centre for Independent Studies.

⑤ Wu, M. (2009). A comparison of PISA and TIMSS 2003 achievement results in mathematics. *Prospect*, 39: 33 - 46.

⑥ Wei, M., & Eisenhart, C. (2011). Why do Taiwanese children excel at math?. *Kappan*, 93(01): 74 - 76.

多个亚洲国家,认为其排名靠前多数归因于教育系统中的过度竞争,"考试、影子教育和教育热",并指出排名靠前是亚洲教育模式的必然结果。通过对 2012 年的 PISA 报告进行梳理发现,沉重的课业负担在上海和中国其他地区一直是一个令人头痛和长期的教育问题。上海学生在家庭作业上花费的时间超过了同龄人:每周 13.8 小时,几乎是报告平均 4.9 小时的三倍,展示了中国学生高水平的背后存在的诸多问题。[1]

除此之外,回归到 PISA 自身来看,PISA 测试自身也存在诸多缺陷。安德鲁斯(Andrews)等学者通过对 PISA 测试的内容、方法进行分析,认为 PISA 仅强调教育中少数的可测量的方面。它很容易让我们重视可测量的指标,进而忽视了一些非认知能力等不可测量的教育指标,例如体育、道德、艺术、公民意识等。[2]

(三) 已有研究评述

首先,就国内的文献来看,大多数研究主要是介绍 PISA 测试的基本情况。对于由 PISA 引发的教育改革则从 PISA 引发的对教学、评价、课程等的影响入手。探究 PISA 排名驱动下一些西方国家等对于当时教育现状的改进,多是从肯定 PISA 的前提下展开的。近年来有学者利用 PISA 数据进行二次分析,或是利用 PISA 测试框架对特定地区的学生进行测试,探究 PISA 结果对教育系统的影响。也有学者对 PISA 自身以及其效应进行思考,但研究较少。而较之国内的研究,国外的相关文献更多地是从媒体报道、政策回应等出发,阐释 PISA 对一些国家教育改革带来的思考。

其次,就研究角度而言,我国的 PISA 研究主要存在以下不足:第一,对于 PISA 的研究多侧重于 PISA 对我国教学、课程改革的分析与借鉴作用,较少对我国学生在 PISA 测评中的表现进行分析;第二,多数文献资料都是从 PISA 引发的连锁反应入手,探究其对教育改革的影响,相关研究多是聚焦于排名靠前的国家或地区颁布的教育政策或已实施的教育改革;第三,鲜有 PISA 测评的价值取向与政策改革之间的对比研究。国外近年来出现了许多质疑 PISA 的研究,从评估方法、样本调查等多个方面阐述了 PISA 作为一种评价制度对各国或地区教育改革带来的不利影响,对此国外学界褒贬不一,但其论述往往聚焦某个方面,缺乏系统性、完整性的分析与说明。

最后,就研究效果而言,部分学者指出,我国的 PISA 测评结果促发了诸如上海绿

---

[1] Tan, C. (2016). *Educational policy borrowing in China: looking west or looking east?*. Oxon: Routledge.

[2] Andrews, P., et al. (2014). OECD and PISA tests are damaging education worldwide — academics. guardian. (2014-05-06)[2018-03-21]. https://www.theguardian.com/education/2014/may/06/oecd-pisa-tests-damaging-education-academics.

色评价指标等的改革。① 对于探讨一些地区改革的诱因,这部分文献较少。在北京-上海-江苏-广州(B-S-J-G)联合组队学生在 PISA 2015 中成绩退步的背景下,国内的研究者多侧重于对学生退步的影响的分析,进入了一个以排名和比较衡量教育质量的误区,缺乏客观性、科学性的分析。在国外研究中,多数国家通过借鉴 PISA 表现高绩效的国家或地区的教育政策,以促进本国教育的发展。但在这个过程中,盲目地复制其他国家或地区的教育政策也产生了一定的弊端,例如英国在引进东方教学法后,出现学生学习负担重、压力大等现象,关于这部分的研究较少。

总的来说,在国内外研究中,对于 PISA 本身及其引发的教育改革的研究较多,但对于 PISA 引发的效应的深度分析较少。例如,PISA 如何触动了一些国家或地区的教育改革,背后的机制、原理是怎样的,以及带来的教育改革影响有哪些问题,等等。这些都将在本研究中进行分析与说明。

三、核心概念界定

进入正式研究之前,有必要对涉及本研究的概念进行说明。本研究主要研究 PISA 引发的教育改革效应,其核心概念在于 PISA 效应、教育改革与政策调整。

"PISA 效应"泛指由 PISA 测评引起的教育领域的一系列反应形式,主要包括教育改革以及在此过程中有关教育政策的改进与调整。从反应类型来看,一些国家或地区表现出漠不关心,另有部分国家或地区重视 PISA 结果等,就后者而言,一些国家或地区试图通过教育改革或政策调整提高本国或地区教育系统质量,以追求 PISA 高绩效;从反应主体来看,包括媒体、政府以及行政人员、学校校长、教师、家长等,这些主体在一定程度上导致了国家或地区层面的教育改革。本研究的主要内容在于探究 PISA 效应的内部机制,包括如何影响教育改革,实现了哪方面的教育改革等。在此基础上,探究 PISA 以及其效应背后的表现与机理。

制度化的学校教育系统从其既成的那天起,就一直存在着持续不断的教育改革。人们一直用教育变革(Education Change)、教育改革(Education Reform)等概念来表征与组织改进以及学生的学业成就等相关的质量问题,尽管"变革"一词往往倾向于表示教育系统与组织的内在的、自发的过程与组织,而"改革"更多体现改革者的意志,但更多的时候,这两个词被混用。

由各级政府自上而下贯彻执行,这种政策制定的形式往往存在于一些集权制国

① 尹后庆. (2013). "绿色指标"评价:引领教育转向内涵发展——上海市"绿色指标"的背景与内涵. 中小学管理,(07):4—6.

家,属于政府主导的教育改革。而在一些分权体制的国家,地方政府具有改革教育的权力。随着西方国家经历政府失灵到市场化,再到公共治理的过程,在教育系统内部,校长、教师、学生等利益主体逐步参与到教育改革中;在教育系统外部,社会组织、媒体、家长、公众等的作用也越来越大。从教育改革的运行方式来看,分为自上而下、自下而上或者两者混合状态。其中,从世界范围来看,自上而下的教育改革通常表现出以强制性的政策法令推动改革,而自下而上的教育改革则是通过发动公众、社会舆论影响甚至"倒逼"中央政府或上一级地方政府在制度层面实施改革,是实践者基于问题和需要而发起的变革活动。而教育改革的复杂性体现在"人"这类改革的主体与动力的差异上,这其中,既有源自教师的实践创新的自下而上的改革,也有政府主导的自上而下的改革。从这个视角来看,教育改革是对教育现状所产生的有意义的转变。

本研究的教育改革属于以 PISA 外力触发、国家内部驱动双重机制下教育系统的变革与发展,是对以往教育领域中存在的问题进行修正与完善的过程,也是促进教育质量提升、教育发展的重要过程。

值得说明的是,本研究将政策调整放在教育改革的层面进行阐释。作为公共政策过程中不可或缺的重要环节,政策调整必定是基于以往教育系统存在的问题的。作为政策的再制定和再执行,教育政策调整是对原有政策内容进行部分或全部更改的过程,是政策制定过程的延续。[①] 在教育领域,政策调整是在以往政策实施的基础上,针对政策评估的相关因素以及当下面对的教育新问题进行新一轮的修正与完善,旨在破解教育难题、化解矛盾,促进教育系统良性运转。

教育政策调整与不同时期教育面临的新问题、新矛盾有关。例如,从教育政策的价值取向来看,包括效率、公平、以学生为中心等。本研究的教育改革即在 PISA 结果公布后,一些国家或地区为促进自身教育的发展,提高本国或地区学生在 PISA 中的排名,以 PISA 结果为标准或参照 PISA 测评框架等进行的一系列教育改革。其中,将政策调整放在教育改革的层面进行分析说明,作为教育改革的重要组成部分,反映的是教育改革过程中一些国家或地区基于 PISA 测试的教育政策调整。

四、研究方法

(一) 研究方法

研究方法的选择和运用取决于研究问题的性质。本研究主要围绕 PISA 对教育

---

① 陆雄文.(2013).管理学大辞典.上海:上海辞书出版社,789.

改革的影响进行深入研究。基于此,本研究主要采用如下研究方法。

1. 文献研究法

本研究需通过多种渠道搜集与本研究对象相关的各种文献资料,作为研究的分析数据。在此次研究中,文献资料将主要用于前期与 PISA 相关的知识建构,以及各主题内容的分析,主要包括以下几种类型。

研究报告类:PISA 作为 OECD 举办的大型跨国教育评价项目,自 2000 年第一轮测试开始,其官方的数据、排名等是一手资料,其中涉及每个周期的评估框架、结果公布、技术评估以及对特定国家教育系统的分析、说明等。这部分文献资料主要是 OECD 出版的官方读物、线上数字文献资料。

学术期刊与著作:运用在外访学、国内学校图书馆提供的数据库资源,包括已出版的与 PISA 相关的书籍、CNKI 中的期刊和硕博论文数据库、国内媒体的数字数据等中文文献,以及 Web of Science(WOS)、ERIC 和 JSTOR 等外文数据库,对有关 PISA 主题的文献进行了系统的阅读、梳理和分析,明晰当下学者对于 PISA 内容以及由此引发的政策影响的研究结论,为本研究提供理论、文献资料支持。

政策文本类:通过对 PISA 结果公布后,一些国家或地区颁布的与 PISA 相关的重大教育政策决策程序、教育政策文本内容等相关问题,与 PISA 项目的要求以及接下来这些国家或地区的 PISA 表现进行比较分析,阐释 PISA 影响了哪些政策方面的调整。资料包括在国内外网站上获取的相关的法律文本以及教育行政部门有关应对 PISA 的政策文本等。例如,英国教育部官网上针对 PISA 结果借鉴我国数学教学资料、组织教师进行交流的文本。

2. 比较研究法

比较研究法可以采取多种形式,其中空间和时间是两个关键因素。在本研究中,比较分析主要体现在两个方面:一是比较不同国家或地区在不同年份 PISA 的排名与成绩;二是比较在 PISA 测评背景下,其对高绩效与表现不佳的国家或地区在教育改革方面有哪些影响。前者在于厘清参与国家或地区的 PISA 成绩的实际情况,了解本国学生与其他国家或地区学生在阅读、数学、科学素养上的差异。一般以 PISA 排名前几位的国家作为标杆,例如,自 PISA 2009 以来,中国学生的优异表现将中国基础教育推至全球教育标杆的行列。后者的研究是在前者的基础上,展开对原因的探索,即 PISA 对不同类型国家在教育改革方面的影响有何不同。例如,德国在经历"PISA 震惊"后,认识到本国在课程、教师队伍建设等方面的不足;而在中国,上海学生在取得高绩效表现的同时,也反映出学生学习时间长、压力大等问题,使得政府以及教育行政部门开始思考评价指标的问题。

3. 访谈研究法

从 PISA 测评的整体流程来看,离不开经合组织 PISA 项目组和负责本国或地区 PISA 测评相关事宜的项目组,以及被测学校校长、学生、教师等相关主体。本研究旨在探究 PISA 对教育改革产生了哪些影响。除了对一些国家或地区相关政策、文献的分析以及对不同国家或地区不同年份 PISA 结果的比较分析,本研究还结合选取以上主体、相关国家或地区政策决策者,以及近年来国内外专注于 PISA 的相关教育研究者,通过对他们进行访谈,在文献梳理的基础上对 PISA 引发的教育改革效应进行深度研究。本研究的优势在于帮助研究者迅速进入研究状态,了解当下教育研究内容的实况。

在抽样对象的选择上,针对不同的主体采用不同的方法。从组织实施机构来看,选择经合组织 PISA 项目组以及 PISA 中国项目组相关工作人员进行访谈。就前者来看,通过对经合组织官方网站中 PISA 理事会以及 PISA 协会的代表、合作伙伴理事会代表进行线上联系,最终确定 10 名工作人员,对其进行线上访谈;就后者来看,通过多种途径联系到中国项目组的 10 名研究员或专题培训老师进行线上线下访谈(表 0-1)。对于被测学校,分别选取上海市、广东省的两所参与 PISA 测评的学校,包括校长、教师共 20 名进行访谈(表 0-2)。对于国家政策决策者,研究者在国外访学期间,依托国际会议,采用滚雪球方式选取访谈对象,最终确定了包括美国、英国、德国的一些州、郡、市的教育政策决策者,以及我国教育相关政策决策者共 10 名(表 0-3)。在对教

表 0-1 PISA 项目组以及中国项目组信息表

主体	编号	主体	编号
PISA 项目组	G-191024-S	PISA 中国项目组	C-180612-W
	A-191026-B		C-180614-L
	S-191030-S		C-180620-C
	US-191102-C		C-180625-X
	F-191110-R		C-180627-Z
	G-191115-K		C-180818-L
	J-191117-Y		C-180829-S
	K-191119-J		C-180829-W
	UK-191120-B		C-180902-Z
	C-191123-Z		C-181002-Z

* 访谈样本编码原则:国家-访谈日期-姓氏;国家用英文的首字母表示,其中,美国使用 US,英国使用 UK,澳大利亚使用 A,中国使用 C,德国使用 G,日本使用 J,韩国使用 K,芬兰使用 F,新加坡使用 S。

育研究人员的选择上,根据对已发表的文献资料的作者按不同国家进行分类,大体了
解近 5 年来对 PISA 引发的政策影响进行研究的不同文献类的作者,采取滚雪球的抽
样方式选取访谈对象,确定了包括美国、德国、芬兰、中国、英国、日本、韩国、法国等国
家的研究 PISA 的相关学者,大多数是从事教育研究的学者,少数是教育行政人员,共
计 30 名(表 0-4)。

表 0-2　学校校长、教师信息表

地区	编号	学科
上海 A 学校	X - 180712 - Z	化学
	X - 180712 - L	数学
	X - 180712 - C	数学
	J - 180712 - Z	语文
	J - 180716 - Y	物理
	J - 180716 - Z	数学
	J - 180716 - L	语文
	J - 180716 - D	生物
	J - 180716 - P	物理
	J - 180716 - Z	化学
广东 B 学校	X - 180819 - F	数学
	X - 180819 - T	数学
	X - 180819 - L	语文
	J - 180819 - J	物理
	J - 180819 - L	化学
	J - 180820 - L	数学
	J - 180820 - X	语文
	J - 180820 - W	语文
	J - 180820 - W	物理
	J - 180820 - L	化学

* 访谈样本编码原则：校长/教师-访谈日期-姓氏；其中,校长使用 X,教师使用 J。

表 0-3　教育政策决策者信息表

序号	编码	主要负责领域
1	US - 191112 - B	教育评估

续　表

序号	编码	主要负责领域
2	US－191114－J	中等教育课程
3	UK－191115－B	课程标准、教师发展
4	UK－191117－G	教育评价
5	G－191205－M	教师专业发展
6	G－191210－T	学业评价
7	C－190110－Y	教育质量监测
8	C－190114－Z	课程
9	US－190116－W	教师发展
10	US－190120－M	课程

＊访谈样本编码原则：国家-访谈日期-姓氏；其中，国家用英文的首字母表示，美国使用 US，英国使用 UK，德国使用 G，中国使用 C。

表 0－4　教育研究者信息表

序号	编号	性别	研究领域
1	US－180920－L	男	教育测量、政策
2	G－180922－T	男	教育政策、比较教育研究
3	US－180925－A	男	教育政策研究
4	US－180925－B	男	教育政策
5	US－180927－C	男	教育政策
6	US－180927－H	男	基础教育研究
7	F－181003－V	男	比较教育研究
8	UK－181005－E	男	教育政策
9	UK－181005－F	男	教育政策
10	G－181010－R	男	学校教育与发展
11	US－181012－S	男	教育治理
12	US－181014－E	女	教育政策
13	UK－181013－Y	女	比较教育研究
14	G－181017－W	男	教育政策
15	A－181022－D	男	教育政策
16	A－181025－H	男	中等教育研究
17	C－181026－M	男	教育政策

序号	编号	性别	研究领域
18	A‑181027‑F	男	比较教育研究
19	A‑181029‑M	男	教育测量
20	US‑181030‑F	男	教育治理、教育政策
21	J‑181105‑S	男	教育政策
22	J‑181107‑T	男	教育政策
23	K‑181111‑P	男	比较教育研究
24	K‑181115‑L	男	教育政策
25	S‑181205‑V	男	教育政策
26	US‑190317‑M	男	教育政策
27	C‑190305‑Y	男	教育政策、学校变革
28	C‑190313‑F	男	教育政策、学校变革
29	C‑190510‑L	女	比较教育研究
30	C‑190625‑Z	男	教育政策、比较教育研究

＊访谈样本编码原则：国家‑访谈日期‑姓氏；其中，国家用英文的首字母表示，美国使用 US，英国使用 UK，澳大利亚使用 A，中国使用 C，德国使用 G，日本使用 J，韩国使用 K，法国使用 F，芬兰使用 S。

在访谈前，通过制定访谈提纲确定对不同主体的访谈内容。进入访谈后，采用线上访谈方式，对受访者进行访谈，并根据受访者的回答适时调整访谈问题，时间 30—60 分钟，此后根据研究需要对个别受访人员进行了二次访谈。由于地域限制，多数利用邮件、Facetime 等软件进行访谈。这样的好处在于，笔者带着自身的问题清单，展开整个访谈过程，弥补现有实证研究文献的不足，为构建本研究的研究框架提供了线索与支持。

由于研究本身的限制，本研究未能做大规模的问卷调查，因此在通过访谈获取一些态度性解释和资料后，笔者寻找了相关研究以及数据对结论进行了佐证，以此弥补访谈法的缺点和限制。

五、分析框架

基于对国内外相关研究的梳理和分析发现，近年来 PISA 在全球教育领域中的影响越来越大，一些国家或地区纷纷参照 PISA 结果或借鉴 PISA 高绩效国家或地区的教育系统进行教育改革与政策调整。基于此，本研究以教育改革为着力点，力图透过

PISA 的发生机制,阐释 PISA 在产生、发展过程中对教育领域的影响。这样一来,本研究需要明晰 PISA 以何种方式影响教育改革,这就要探究 PISA 影响教育改革的内部机制;PISA 影响了教育改革的哪些方面,这部分通过对部分政策调整的内容进行分析呈现;对于 PISA 产生了哪些影响,则是在前两个问题的基础上进行反思,全面、客观地认识 PISA 之后的诸多影响,包括对教育改革的重要价值与作用,以及效应影响,引发对未来教育改革的新思考。在此基础上,确定了本研究的核心问题:PISA 对教育改革产生了哪些影响? 这其中包含了影响机制、内容、效应等多方面的内容。因此,本研究重点探究和探索四方面的问题。

第一,对于参与国家或地区的政府来说,对 PISA 结果有何反应?

第二,PISA 通过何种方式影响教育改革?

第三,PISA 影响了教育改革的哪些内容?

第四,基于以上分析,作为一种国际性评价项目,PISA 引发的教育改革效应有哪些? 存在哪些问题? 对未来教育改革有何启示?

在以上分析与研究的基础上,本研究的基本框架如下:

第一章　PISA 的发展及其运行。在明确经合组织关于教育事务的缘起的基础上,探究经合组织制定指标的过程以及 PISA 的产生与发展,大致了解 PISA 相关内容。

第二章　影响与回应:PISA 与教育改革的双向互动。立足于 PISA 测评对教育的认识,从 PISA 体现的理念对教育价值的引领,如何影响教育改革以及一些国家或地区针对 PISA 测评进行的教育改革回应展开,探讨了 PISA 与教育改革的双向互动机理。

第三章　调适与变革:PISA 影响下的教育改革。通过访谈确定 PISA 影响教育政策调整的内容,即入学、课程、教师三方面,按照问题—实践的方式就这三方面展开论述,展示一些国家或地区基于 PISA 所进行的政策调整。

第四章　案例与分析:PISA 与中国教育改革发展。在对我国学生四次 PISA 成绩的客观分析基础上,明确当前我国学生在 PISA 测评中存在的问题,进而反思和展望我国未来教育改革的主要着力点与发展趋势和走向。

第五章　结果与效应:PISA 教育改革效应分析。在明确 PISA 影响教育改革的方式、内容的基础上,阐释 PISA 对于教育改革的重要意义与价值,其对教育质量的量

化追求、基于证据的改革范式以及基于数据的比较分析对教育改革方式的影响,以及
PISA 基于教育改革影响的全球影响力,即 PISA 如何影响、参与全球教育治理。

第六章 反思与批判:PISA 及其效应的深度分析。本章在对以上五章内容总结
的基础上,从 PISA 自身以及由其引发的教育改革效应入手,对 PISA 存在的问题,以
及由此引发的效应,如过度追求 PISA 排名等问题进行分析与批判。

第七章 超越与发展:后 PISA 时代的教育改革。着眼于 PISA 以及教育改革的
未来,从 PISA 与教育改革两个维度提出了未来超越 PISA 数字治理的改革建议,分析
未来 PISA 应该注意的问题,以及提供未来教育改革的方向。

第一章　PISA 的发展及其运行

在全球化背景下,随着国际组织关于教育相关研究的推进,发达国家政府将其在公共政策制定上的一些自主权转让给国际组织,这也是国际组织(如经合组织)角色不断变化的结果,这些组织对各国的教育政策导向作用不断加强。[①] 经合组织于 1961 年正式成立,由欧洲经济合作组织(Organization for European Economic Co-operation, OEEC)[②]演变而来。对于经合组织来说,其关注的核心领域为经济。但自 1970 年代起,为满足各国在教育监测和评估方面的需要,经合组织便在国际舞台上扮演了新的角色。在 1990 年代,通过进行标准化测试监测教育系统质量,经合组织在全球教育事务中的作用进一步加强;自 2000 年起,PISA 等新的教育评估项目推动了经合组织在全球教育领域的领先地位。对此,有学者指出,从 1948 年的 OEEC 开始,到 1961 年经合组织改组,再到 2000 年 PISA 第一轮测评启动,经合组织逐渐承担了其他国际组织在全球范围内制定新的教育议程的领导作用。[③] 本章旨在阐述经合组织在发生与发展过程中对于教育事务的关注,探究国际指标项目的形成与发展、PISA 项目的形成以及 PISA 与其他项目的不同之处,揭示 PISA 的发展历程。

第一节　经合组织与教育职能

从字面意思上看,经合组织是一个关注经济发展的组织,与教育并无太大关系。然而,随着教育在社会发展中的作用凸显,经合组织扩大了对教育的关注。自 1961 年改组后,经合组织不仅成立了教育主管部门,更是逐步将教育作为其工作的重要组成部分。经合组织对教育工作的重视在一定程度上打破了其作为一个最初被认

---

① Henry, M., Lingard, B., Rizvi, F., & Taylor, S. (2001). *The OECD, globalization and education policy*. Oxford: Pergamon Press.

② 欧洲经济合作组织成立于 1948 年 4 月,由 18 个接受二战后协助重建欧洲的马歇尔计划(Marshall Plan)的欧洲国家组成。1961 年 9 月,欧洲经济合作组织改组为经济合作与发展组织。

③ Morgan, C. (2009). *The OECD programme for international student assessment: unravelling a knowledge network*. Saarbrucken: VDM Verlag.

为是维持社会经济发展的组织的普遍观点。① 虽然直到 21 世纪,教育才成为经合组织的一个单独的常设机构,但经合组织在全球教育领域所作出的重要贡献却是无法抹去的。

一、经合组织的产生与发展

二战结束后,德国、日本等战败国的国际地位一落千丈,英国、法国等老牌资本主义国家的经济实力被战争消耗殆尽,国际局势变幻莫测。1946—1947 年,在"铁幕演说"和杜鲁门主义的出台,共产党和工人党情报局成立,《关于国际形势的宣言》发布等一系列事件的催化下,以美国和苏联为核心的两大阵营正式形成。作为布雷顿森林体系的重要组成部分,1948 年,在马歇尔计划的支持下,为了重建被战争蹂躏的欧洲大陆,OEEC 成立,以促进欧洲地区经济发展。成立之初,原始成员只有欧洲、北美的一些国家,随后日本、芬兰、澳大利亚、新西兰、墨西哥、匈牙利、波兰、韩国等国家加入,其中美国、加拿大与日本作为准会员国参与常规活动。

随着欧洲经济的逐渐恢复,到了 1950 年代,OEEC 宣布完成了欧洲重建经济的使命。但部分参与国认为作为一个区域机构,OEEC 发挥了巨大的作用,希望成立新的组织延续其功能,并扩大到欧洲以外的国家或地区。1961 年,经合组织成立,秉承前身 OEEC 的宗旨,促进成员国经济繁荣发展。但是,其作用范围完全不同。经合组织被设想为"为世界经济的发展"和"为世界贸易的扩大"而努力,其活动旨在"为成员国和非成员国的经济增长作出贡献"。秉承着这一发展理念,经合组织不断扩大成员国范围,瞄准国际视野,在不断发展中扩大组织的影响力。

首先,扩大了成员国的范围。最初,经合组织成员国只包括美国和加拿大以及其他欧洲国家。至今,经合组织已拥有 38 个"遍布全球"的成员国。如果将 OEEC 形容为一个相当同质的组织,那么经合组织则在不断发展中吸收不同类型的成员国。自成立以来,其成员国的异质性就一直很明显。1961 年改组后,该组织的成员包括威权主义国家(如葡萄牙)、社会主义国家和资本主义国家。2019 年,经合组织成员国包括不同规模、政体、公共政策、社会经济状况以及文化观点和价值观的国家。不可避免地,这导致成员国的立场难以统一,而且很难达成明确的共识。例如,对知识经济②③以及

①　Mundy, K. (1998). Educational multilateralism and world disorder. *Comparative Education Review*, 42(04): 448 - 478.

②　Mundy, K. (1998). Educational multilateralism and world (dis)order. *Comparative Education Review*, 42(04), 448 - 478.

③　Woodward, R. (2009). *The organisation for economic co-operation and development*. Milton Park: Routledge.

对该组织在教育中的作用的看法[1]，仍然是当下争论的焦点。

　　其次，瞄准国际视野。与 OEEC 相反，经合组织的公约不再根据其地理位置或成员资格来定义组织的活动。相反，该公约强调了经合组织对涵盖全球目标的承诺，同时隐含着该组织扩大了其政策权限。正如乌加德（Ougaard）所指出的，加上对核心领域的参与，例如经济政策和金融问题，经合组织开始"尽早地彻底解决"具有"不可逾越的全球范围"的问题，例如环境可持续性发展、全球气候变化等。[2] 此后，经合组织逐渐开始与非成员国合作，并与其他政府间组织和民间社会组织合作。同时，它迅速建立了发展援助委员会，作为世界经济的关键参与者，经合组织通过该委员会开始参与世界和平计划。经合组织与五个"关键伙伴"（巴西、印度、印尼、中国、南非）合作，并与所有地区的国家建立全球伙伴关系；此外，由于机构规模扩大，它在柏林、墨西哥、东京和华盛顿特区设有中心。经合组织积极推进与其他政府间组织的合作，包括与 G7/G8 和 G20 的伙伴关系，并与很多民间机构进行互动与交流。事实证明，OEEC 只是一个区域性政府间组织，而经合组织则旨在从一开始就在全球范围内采取行动。

　　经合组织成员的扩大和新的国际视野给该组织带来了重大变化。尽管 OEEC 拥有强大的法律支撑，但经合组织并非要发布具有约束力的决定。相反，经合组织具有"方向设定性"[3]，该组织仍主要通过议程设置和监测机制来运作：它通过比较参与国家或地区的表现而产生同伴压力；通过开展和发表研究报告来形成意见；并通过指导项目和计划施加软治理。在 1960 年代，经合组织本部已经容纳了近 100 个委员会和专家组；2009 年，经合组织将其机构扩展到巴黎以外的地区，因为其总部和相关机构已经不足以容纳 250 多个工作组、2 500 名工作人员；2019 年，这一数字增加到 300 多个工作组、3 300 名工作人员。此外，自 1960 年代以来，经合组织的出版率非常可观，在 20—21 世纪之交，其研究成果已广为人知[4]，目前该组织已经成为全球最大的出版

---

[1] Martens, K., & Wolf, K. D. (2009). Boomerangs and trojan horses: the unintended consequences of internationalising education policy through the EU and the OECD. In Amaral, A., Neave, G., Musslin, C., & Maassen, P. (Eds.), *European integration and the governance of higher education and research*. Dordrecht: Springer.

[2] Ougaard, M. (2010). The OECD's global role: agenda-setting and policy diffu-sion. In Martens, K., & Jakobi, A. P. (Eds.), *Mechanisms of OECD governance: international incentives for national policy-making*. Oxford Scholarship Online.

[3] Ougaard, M. (2010). The OECD's global role: agenda-setting and policy diffu-sion. In Martens, K., & Jakobi, A. P. (Eds.), *Mechanisms of OECD governance: international incentives for national policy-making*. Oxford: Scholarship Online.

[4] Henry, M., Lingard, B., Rizvi, F., & Taylor, S. (2001). *The OECD, globalisation, and education policy*. Oxford: Pergamon Press.

商之一。

总的来看,经合组织范围的扩大和新的政策机制表明,该组织从一开始就致力成为一个全球性的政府间组织,旨在成为全球政策参与者,这就是为什么它能够在冷战结束后重新进行自我调整,并逐步扩大其影响范围和影响力,这在 1960 年代初和 1990年代初的经合组织转变之间可以明显看出。经合组织的治理能力增强是为了应对冷战结束和随之而来的全球经济发展而做出的反应[①],是全球性组织在新的环境下做出的应对性调整。

二、教育职能的形成与扩展

作为一个意识形态色彩浓重的经济组织,经合组织一开始专注于各成员国的经济发展,并未关注教育领域方面的问题。一直以来,在科学、技术和经济发展的关系上,教育只是一个外围问题领域。经合组织教育职能的形成与扩展离不开当时的社会环境。二战后,美苏冷战开始,1958 年苏联人造卫星上天震惊了世界,人力资本理论的出现促使经合组织各成员国领导人开始重视教育与科学。在此冲击下,1959 年 OEEC设立科技人才办公室和科技人才委员会,管理与教育、科学等相关的事宜,以缩小欧美国家与苏联之间的差距,但并不设立独立的教育机构。1961 年改组后,与教育有关的问题由科学和技术人才委员会(Committee for Scientific and Technical Personnel,CSTP)负责,该委员会隶属科学事务部(Directorate for Scientific Affairs)。此时,对教育的理解附属于"科学",即教育为科技提供人才支撑,由此解释了经合组织对教育活动的认识与理解。

教育事务在经合组织中的开展并不容易,正如帕帕多普洛斯(Papadopoulos)在对经合组织及其在教育方面的工作的叙述那样:"将教育纳入本组织的主要目标和主流活动,实际上绝非易事。"[②]随着 1960 年代人力资本理论的兴起,欧美国家进一步认识到,教育和人才培养对于提升劳动生产率、促进经济发展具有关键影响。1968 年,经合组织内部成立了教育研究与创新中心(Center for Educational Research and Innovation,CERI),部分原因是经合组织日益认识到经济增长"是创造更好的生活条件的手段",而教育可以提供创造美好生活所需的知识与技术。秘书处通过 CERI 改变了经合组织内部处理教育事务的手段:从定性研究转向定量研究,从描述性和比较

① Sellar, S., & Lingard, B. (2014). The OECD and the expansion of PISA: new global modes of governance in education. *British Educational Research Journal*, 40(06): 917 - 936.

② Papadopoulos, G. (1994). *Education 1960 - 1990: the OECD perspective*. Paris: OECD Publishing.

性研究转向分析性研究,从一般性研究转向操作性研究。[1] 经合组织关于教育活动的官方目标仍然是不变的:预测未来的需求,研究当前存在的问题,以及帮助各国实施其教育政策。总体而言,秘书处进行了组织上的改革,就经合组织教育计划的重点提出了新的想法。新的组织架构不仅扩大了经合组织教育工作的视野,还提供了将新思想转变为具体活动的场所和工具。

随着 1960 年代后期财政吃紧,在财政支持方面,理事会稳步削减了预算,从 1964 年的 4491000 法郎减少到 1969 年的 1485480 法郎。同时,CSTP 和 CERI 在教育工作中产生了诸多矛盾。为进一步促进教育与经济发展的复杂关系,1970 年,经合组织理事会决定成立经合组织教育委员会(Education Committee),取代了之前的 CSTP,由此奠定了教育在经合组织中的独立地位。教育委员会的成立表明,经合组织越来越认识到教育与经济发展的重要关系,但值得注意的是,CERI 与教育委员会仍隶属于科学事务部。自 1970 年代中期起,经济危机引发的失业率逐渐攀升,经合组织开始重新审视教育在就业中的作用。对此,支持者认为,这是经合组织发展教育的新机会;部分批评者则认为,这使得教育更注重劳动力市场与就业,忽视了科学和技术发展。[2] 1975 年,CERI 和教育委员会被转移至社会事务、人力和教育局(Directorate for Social Affairs, Manpower and Education)。

自 1980 年代末和 1990 年代初起,经合组织的教育议程开始逐渐关注社会公平。但是,里兹维(Rizvi)和林加德(Lingard)认为,自那时以来,社会效率议程已经在工作计划和政策报告中明显地损害了公平。[3] 此外,与经合组织作为政策参与者的角色相结合时,教育工作的重点发生了变化。例如,经合组织在 1989 年发表的报告《社会变革之中的教育与经济》标志着人们对经济的重新关注,因为"不再将教育作为一种共同利益而推广,而是作为全球竞争的手段"。[4] 在此背景下,经合组织强调教育对就业、劳动等社会事务的重要作用。1991 年,社会事务、人力和教育局更名为教育、就业、劳动与社会事务司(Directorate for Education, Employment, Labour and Social Affairs)。

2002 年 6 月,经合组织成立教育司(Directorate of Education),负责经合组织的所

---

① Ydesen, C. (2019). *The OECD's historical rise in education the formation of a global governing complex: the formation of a global governing complex.* Switzerland: Palgrave Macmillan, 71.

② Henry, M., Lingard, B., Rizvi, F., &Taylor, S. (2001). *The OECD, globalisation and education policy.* Oxford: Pergamon Press.

③ Henry, M., Lingard, B., Rizvi, F. &Taylor, S. (2001). *The OECD, globalisation and education policy.* Oxford: Pergamon Press.

④ Rubenson, K. (2008). OECD education policies and world hegemony. In Mahon, R., & McBride, S. (Eds.), *The OECD and transnational governance.* Vancouver: UBC Press.

有教育事务,下设后勤保障处、教育与训练政策处、教育管理与基建处、教育研究与创新中心、教育统计处、非成员国教育处等部门,每个部门都有自己的预算和授权。其宗旨为,协助成员国以及合作伙伴实现全面高质量终身教育,并为个人发展、经济可持续增长和社会融合作贡献。其任务是,帮助成员国制定和实施有效的政策,以应对各国教育系统面对的诸多挑战,[①]凸显了经合组织对教育的重视。时任秘书长约翰斯通(D. Johnstone)认为:"教育是经合组织成员国的优先事项,必须认识到一个问题,社会最重要的投资是对人的教育。"同时,其继任者安吉尔·顾瑞亚(Angel Gurría)指出:"所有国家都必须认识到教育对于社会发展的重要性,人是所有国家必须投资的最有价值的资产,因为在全球经济竞争中,教育发挥着关键的作用。"2007 年,经合组织教育司长芭芭拉·伊斯琴格(Barbara Ischinger)更是强调:"世界上没有一个经济体能够承担无视教育的代价。经合组织在教育方面的工作可帮助个人和国家识别与发展知识和技能,这些知识和技能可带来更好的工作和生活,促进繁荣并促进社会包容。"

从经合组织教育机构的演变(表 1.1)来看,从隶属于科学事务部到独立于任何部门的教育司,这一系列的变化反映了在不同时期经合组织对教育工作的认识与理解,也反映了教育在社会发展中的不同定位,即教育事务在经合组织的管理事项中占据越来越重要的位置。

表 1.1 经合组织教育机构的演变

时间	机构名称	负责机构/职责
1961—1975 年	科学事务部(Directorate for Scientific Affairs)	1970 年以前,由科学和技术人才委员会(CSTP)主事,1968 年成立教育研究与创新中心,1970 年代后改为教育委员会
1975—1991 年	社会事务、人力和教育局(Directorate for Social Affairs, Manpower and Education)	由教育委员会负责
1991—2002 年	教育、就业、劳动与社会事务司(Directorate for Education, Employment, Labour and Social Affairs)	由教育委员会负责
2002 年至今	教育司(Directorate of Education)	主管所有教育事务

---

① OECD. (2008). Education Homepage. (2018 - 06 - 25)[2019 - 10 - 16]. http://www. oecd. org/education/.

第二节　指标困境与 PISA 发展

对教育系统质量的评估和监测在很大程度上取决于指标,这些指标使政府当局和其他有关团体能够判断教育的背景和功能以及所取得的成果。教育指标可以揭示教育系统的一些最关键的弱点,并且可以帮助教育行政部门纠正政策存在的问题。[①] 自20 世纪 70 年代以来,指标制定已成为经合组织教育工作的重要组成部分。经合组织认为,通过制定指标体系进行国际比较可以协助成员国制定政策,并促进公众对教育活动发展的责任感。[②]

一、国际教育指标的发生与发展

自 1980 年代以来,评估作为规划和监测的重要工具,主要收集了有关教育系统运作情况的信息,但自 1980 年代后,随着人们对教育质量和入学机会的关注,对信息的需求空前增长,评估的使用范围不断扩大。对提高教育质量的关注,部分原因是限制公共支出的时代更加重视物有所值。许多国家通过赋予学校更大的自治权来寻求教育的改善,但这通常带来了对绩效考核的责任。在国际上,经济竞争日趋激烈,各国都希望通过它们的教育和培训系统来提高竞争力,通过比较不同国家或地区的教育系统来确定可能改进的方面。因此,人们一直在寻求对教育过程和产出进行更为复杂的定量与定性的衡量和评估,并越来越重视教育系统内部、教育系统之间的公平和有效的比较,以利于决策者、管理者等制定政策,促进教育发展。

对于教育政策的制定,需要以对教育系统的组织和功能的更清晰的理解为基础。因此,这需要开发新的评估方法,这些方法本身可能会影响教育辩论的参考框架。在这种情况下,特别需要就指标开展工作。首先,此类工作需要明确指标在评价中的重要意义与价值,以及如何整合它们来弥补评价人员的判断。第二,此类工作需要克服早期尝试制定指标的局限性导致的决策者和管理人员缺乏效用。在这种社会背景与内部需要下,经合组织开启了开发国际教育指标的道路。

(一) 国际教育指标的困境

1973 年 4 月,经合组织发布了一份简短的文件,标题为"指导政府决策的教育指标框架"(A Framework for Educational Indicators to Guide Government Decisions)。研

---

① Lingard, B., & Grek, S. (2007). *The OECD, indicators and PISA: an exploration of events and theoretical perspectives*. ESRC/ESF Research Project on Fabricating Quality in Education.

② Ydesen, C. (2019). *The OECD's historical rise in education: the formation of a global governing complex*. Switzerland: Palgrave Macmillan.

究中罗列了教育对知识、经济发展的贡献等 6 大部分,共 46 项教育指标框架。[1] 1975
年,经合组织将教育纳入社会事务、人力和教育局的职权范围后,继续推行使用教育指
标,但一些问题的出现,使得指标制定充满了难度。

第一,由于各国学校教育制度并不统一,有的国家采用六三三制,有的地区采用六
二四制,很难确定抽样标准,在统计过程中容易产生其他问题。第二,由于各国的文化
背景、课程规定等不同,要找到既能满足不同国家社会需要、价值观等,又被各国一直
认可的教育指标很难。第三,从 1970 年代中期开始,西方国家的教育研究重心设在学
校、课堂等微观层面,政府、学界等相关利益者对于宏观的、大范围的教育评价并不在
意。受社会理论的影响,不少学者认为在不同地区、学校的特定背景下,教师可以凭借
个人知识、经验解决发生在学校内部的问题,因此大的教育改革是徒劳无用的,而且是
危险的。此外,由于这些研究并未证明建立指标数据与该时期主要政策利益之间具有
的直接关系,以及它无法说服决策者接受指标制定的必要性以及重要意义,例如指标
制定将提供关于教育系统运转的明确、及时和重要的所有政策敏感信息,因此,指标运
动未能获得并维持决策者的支持。在此背景下,没有决策者、国家行政管理部门及其
统计机构的支持,研究界缺乏继续开展工作所需的合法性。1973 年的指标框架的设
立反映出在 1950 年代和 1960 年代普遍存在的一种立场,即社会科学和行为科学在改
善教育,以及更广泛地为现代工业社会的规划提供科学和合理的基础方面可以做些什
么。由此,经合组织在 1970 年代放弃了研发教育指标的计划。[2]

(二) 国际教育指标的形成

1983 年美国发布的《国家在危机中:教育改革势在必行》报告在全球教育领域掀
起了不小的震动,由此引发了人们对于教育财政、入学率、教育成就等有关教育质量问
题的讨论。这场关于教育质量的辩论直接导致经合组织重燃了对制定教育指标的兴
趣。美国代表在 1983 年 CERI 举行的会议中指出,为了促进教育的发展以及社会的
进步,必须通过收集与分析教育系统在投入产出和课程等方面的信息来对教育系统进
行监测。[3]

在 1980 年代末和 1990 年代初,国际教育成就评价协会(The International
Association for the Evaluation of Educational Achievement,IEA)和国际教育进展评价

---

① OECD. (1994). *A framework for educational indicatiors to guide government decisions*. Pairs: OECD Publishing.

② Bottani, N., & Tuijnman, A. (1994). *International education indicators: framework, development and interpretation*. Pairs: OECD Publishing.

③ Heyneman, S. P. (1993). Quantity, quality and source: presidential address. *Comparative Education Revue*, 37(04): 372 - 388.

项目(The International Assessment of Education Progress，IAEP)进行了大规模的国际调查,其调查涉及数学、科学,公众和决策者的注意力都集中在教育成果上。基于这些数据,对学生、学校的评估,对教育系统的监控,已成为政府关注的核心问题。随着人们对教育成果的关注日益增加,政治家的重点从管理系统的定量增长问题转移到了学校的改善。因此,学生的学习成绩成为判断教育系统质量和有效性的关键标准。在此过程中,1980 年代中期,经合组织对于教育领域有了新的目标,即在提高高中和高等教育发展水平的同时提高教育质量。由于必须在不增加新财政资源的情况下实现这一目标,所以教育的效率和成本效益也必须提高。人们意识到,这些目标对政策分析提出了很高的要求。因此,在这种情况下,决策者非常重视建立一个协调性的系统来监测和评估教育进度。正如 1990 年 11 月经合组织国家教育部长在巴黎开会时所总结的那样,"信息和数据是保证决策的科学性、有效性的先决条件,也是强化问责的先决条件"。[①] 而事实上,经合组织国家普遍缺乏有关教育的国际可比信息,这是一个主要缺点。这一认识要求国际机构,特别是经合组织,提高对教育系统数据收集的可见性、准确性和及时性。

1987 年 11 月,经合组织和美国教育部在华盛顿特区召开了一次会议,讨论制定可比统计数据的新的可行方法。会议的目的是商定参与国可以共同制定一小部分指标。这意味着所有经合组织国家都需要达成一项共同的指标协议。与会人员对共同制定国际教育指标的可能性充满热情,但他们未能达成具体的工作计划,而是在要采取的战略和工作方法方面达成了共识。在华盛顿会议后,经合组织积极推进教育指标计划。1988 年 3 月,经合组织教育研究与创新中心、法国教育部举办第二次国际会议,会上各国表达了要求经合组织创建教育指标的强烈愿望。同年 5 月,经合组织在第 38 届年会上,正式提出国家教育系统发展指标(Indicators of National Education Systems，INES)项目。该项目由经合组织教育研究与创新中心承担,组织了五个国际工作小组,通过不同小组聚焦特定的领域,实现教育数据信息的收集和报告。其中一个研究小组负责学生成就领域的研究。自 1980 年代后半叶开始,经合组织将工作重心转移到资料搜集、国际教育比较的评价与编写上,完成了《教育指标国际手册》(*An International Handbook of Educational Indicators*),描述了指标从设计之初到成型的过程。

1991 年 9 月,在瑞士召开的会议上,来自经合组织的托马斯·J. 亚历山大(Thomas

---

① OECD. (1992). *High-Quality education and training for all*. Paris：OECD Publishing.

J. Alexander)指出,有必要为各国教育的发展开发一种工具,以便更好地评估它们的教育系统的现状与发展。1992 年,CERI 发布了第一个教育指标报告,共 36 项,其指标主要来自美国的国际教育进展评价项目和国际教育成就评价协会,但并不完善。1993 年,CERI 发布了第二版的《教育概览》(表 1.2),提出了包括"教育背景""成本、资源和教育过程""教育结果"共 3 部分 38 项的指标体系,由此国际教育指标框架形成。

表 1.2 1993 年 OECD 教育指标

教育背景	成本、资源和教育过程	教育结果
学生背景: 人口与教育成就 教育中的性别差异 青年与人口	教育的开支: GDP 中的教育开支 公共经费教育所占比例 各级各类教育的资金配额 教育经费的来源 自然教育支出开支 各级教育生均开支 GDP 中的生均开支 各级教育以及生均开支指数	学生的表现: 阅读表现 科学表现 数学表现 阅读成绩的性别差异
学校、社会背景: 家庭成员的语言习惯 劳动力就业与教育 青年和成人的失业情况 人均国民收入	人力资源: 学校雇佣的职工 师生比例	系统结果: 高中学校学生毕业率 大学学生毕业率 科学和工程学科教育水平 科学和工程学占劳动力总数的比例
	入学率: 正式教育的学生入学率 学前教育入学率 中等教育入学率 转变特征 高等教育入学率 非大学教育入学率 大学教育	劳动力市场结果: 失业与教育 教育与收入
	决策特征: 决策的重心 学校的决策 决策的范围 决策的模式	

资料来源:Bottani, N. (1993). *Education at a glance:OECD indicators*. Pairs:OECD Publishing.

(三) 国际教育指标的发展

此后,国家教育系统发展指标(INES)成为全球教育相关信息的权威来源。它提供了有关经合组织 38 个成员国和包括非二十国集团成员国在内的一系列伙伴国家教育系统绩效的数据。

INES 通过提供国际比较数据和信息,使教育系统能够根据其他国家的教育表现进行自我评估,包括教育产出及其影响、学习和社会成果、投资于教育的财政和人力资源,等等。通过《教育概览》及其他研究,INES 计划力求:通过将它们置于全球范围内来支持各国对其教育系统的理解;通过提供有关成员国和伙伴国在不同地区的教育系统质量地位的宝贵信息,促进对成员国和伙伴国教育政策与实践的改革;通过突出成功的教育成果和战略,促进成员国和伙伴国的教育发展;通过使成员国和伙伴国互相学习,从而加快教育发展水平。此外,INES 满足了不同人群的需求,其中包括:寻求了解和改善其国家教育系统绩效的决策者;寻找全球比较教育统计数据的研究人员;想更多地了解世界各地成功的教育实践的教育工作者;有兴趣了解本国和世界各地教育状况的公众。

除了《教育概览》,INES 计划发布各种报告(表 1.3),包括重点教育指标、国家教育概览、教育一览表、教育导航、经合组织统计等项目,旨在帮助政策制定者、教育者、研究人员和公众等教育相关利益主体以最能满足其需求的格式获取他们所需要的信息。此外,经合组织网站还包含《美好生活指数》(Your Better Life Index)、《教育的今天》(Education Today)等资源和数据库。

表 1.3 INES 计划发布报告

项目名称	主要内容
重点教育指标 Education Indicators in Focus	每月发布一次,重点介绍了《教育概览》中的特定指标。
国家教育概览 Education at a Glance Country Notes	每年 9 月发布的"国家/地区概览"以简短易懂的格式呈现并附有图表,按国家/地区列出了教育概况的关键数据。介绍了国家/地区教育系统各个层面的最重要发现,并强调了成功和挑战的特定领域。
教育一览表 Education at a Glance Highlights	每年发布一次,提供了《教育概览》中的国际可比数据,展示了有关教育水平、学生人数、教育的经济和社会效益、教育经费以及学校环境的主要图表。
教育导航 Education at a Glance Navigator	专为政策制定者、研究人员和从业人员设计的,它是一种在线工具,让用户可以一目了然地搜索"教育"中的特定指标,并通过在线图表来比较不同国家/地区的结果。
经合组织统计 OECD. stat	为研究人员设计的,其中包含各国为构建《教育概览》和其他 OECD 出版物中提出的指标而提交的原始调查数据,以及提供国家数据背景和解释的元数据。

二、PISA 的形成

如果说 20 世纪 70 年代经合组织关于建立收集和比较教育统计数据模型的努力只是一种美好的幻想,那么 20 世纪 80 年代中期,建立衡量教育系统绩效指标的方法才成为经合组织的主要关注领域之一。正如有学者提出的,建立 INES 项目是在国际上进行教育统计数据比较的一次尝试。[①] 的确,PISA 代表了 INES 的工作发展为更复杂的版本,PISA 与其他指标之间的重要区别在于 PISA 利用收集、测量技术等生成自己的数据,并不需要借助别的数据来源。例如,《教育概览》的各项指标都是借用各国的统计数据,或直接利用现有的国家教育评价项目所公布的数据作为确定指标、发布报告的主要证据。

PISA 起源于那些最初建立国际比较框架的尝试,尽管最初有一些内部抵制,但也有一些支持的声音,为经合组织开发 PISA 指标奠定了基础。例如,有学者提出,国际教育成就评价协会提供的跨国学生成绩数据的质量和覆盖面都不够。[②] 与此同时,经合组织秘书处的工作人员和经合组织教育委员会的国家代表都越来越清楚地认识到,数据收集质量欠佳,没有定期收集,而且并非所有成员国的数据都可利用等一系列问题均对建立新的指标框架提出了要求。[③] 在此背景下,PISA 项目的构想最早于 1995 年提出,经过几年的审议和试点,该项目达成了协议。1997 年,经合组织确定要通过自己收集学生在阅读、数学、科学方面的知识和技能指标,以避免以上借鉴二手数据引发的各种问题,由此确定了经合组织对教育指标的自我把控,但文件使用的名称为"OECD 定期制作学生成就指标项目"(The OECD Programme for Producing Student Achievement Indicators on a Regular Basis)。[④] 同年,经合组织发起了"能力的界定与遴选:理论框架与概念基础"(Definition and Selection of Competencies: Theoretical and Conceptual Foundation, DeSeCo)计划,该计划由瑞士联邦统计办公室主持,并与美国教育部国家教育统计中心及加拿大统计局合作进行,为定义和选择关键能力提供理论与概念基础,并为将来继续发展基于个人能力的统计指标提供坚实的基础。1999 年,经合组织正式使用 PISA 的表达,并将 DeSeCo 作为构成 PISA 的理论基础。进入

---

① Martens, K., & Wolf, K. D. (2004). *Boomerangs and trojan horses — the unintended consequences of internationalising education policy through the EU and the OECD*. New York: Springer.

② Bottani, N. (1996). OECD international education indicators. *International Journal of Educational Research*, 25(03): 279 - 288.

③ Martens, K., & Jakobi, A. P. (2010). Introduction: the OECD as an actor in international politics. In Martens, K., & Jakobi, A. P. (Eds.), *Mechanisms of OECD governance: international incentives for national policy-making?*. Oxford: Oxford University Press.

④ Ydesen, C. (2019). *The OECD's historical rise in education: the formation of a global governing complex*. Switzerland: Palgrave Macmillan, 74.

21 世纪以来,随着教育成为经合组织的一个自治分支机构,PISA 项目的影响力越来越大。通过对参与国家或地区学生技能的测量,PISA 发挥了更大的政策影响,重塑了教育在经合组织中的整体作用与价值。

PISA 基于终身学习的动态模型,通过测量阅读、数学和科学等关键领域的 15 岁学生的学习水平来填补监测教育系统成果指标的空白。之所以选择 15 岁作为测试的目标年龄,是因为这个年纪的学生在大多数经合组织国家意味着义务教育的结束,其总体目标是衡量学生的阅读、数学、科学素养,重点在于他们如何将知识运用到现实情境中。自 2000 年第一轮 PISA 开始,至 2020 年已经进行了七次测评,测评结束后,经合组织秘书处一般会在第二年下半年提供一份详细的结果报告。结果报告由大量的文字、图表组成,详细说明了各国或地区在不同领域的平均排名、影响成绩的因素以及与成绩具有相关性的其他内容等,这些评价结果以及对结果的阐释,使得各国或地区了解了本地教育质量的现状,也为它们的教育政策调整提供了依据。历次 PISA 测评的主报告如下(表 1.4),从 PISA 测评主报告中可以看出每轮 PISA 测评的关注点,例如 PISA 2015 强调教育公平与质量。此外,PISA 还发布其他相关报告,例如 PISA 2018 除主报告之外的其他两个报告,分别为《对学生的生活意味着什么》(What School Life Means for Students' Life)、《所有学生在哪些方面能成功》(Where All Students Can Succeed),从不同角度阐述与学生表现相关的其他问题。

表 1.4　历年 PISA 测评主报告

各轮 PISA 测试	报告题目	发表时间
PISA 2000	《生活的知识与技能》 Knowledge and Skills for Life	OECD，2001
PISA 2003	《为未来世界学习》 Learning for Tomorrow's World	OECD，2004
PISA 2006	《为未来的科学能力》 Science Competencies for Tomorrow's World	OECD，2007
PISA 2009	《阅读、数学和科学关键能力评价框架》 Assessment Framework Key Competencies in Reading, Mathematics and Science	OECD，2010
PISA 2012	《学生知道和能做什么》 What Students Know and Can Do	OECD，2013
PISA 2015	《优质平等的教育》 Excellence and Equity in Education	OECD，2016

各轮 PISA 测试	报告题目	发表时间
PISA 2018	《学生知道和能做什么》 What Students Know and Can Do	OECD，2019

三、PISA 的独特性

PISA 不是第一个国际比较调查项目。在过去的 50 年间，国际教育成就评价协会（IEA）率先开展了跨国家、地区的教育调查，测试范围包括了对基本科目，如阅读、数学、科学等的比较分析，在学界得到广泛认可，被认为是"国际比较研究中的典范""最具特色的比较教育研究"等。[①] 这些调查集中于与课程相关的成果之上，而且只集中于参与国家或地区中基本相同的课程部分。一个或少数几个国家或地区独有的课程在评估中通常没有被考虑在内，无论这一部分课程对有关国家或地区多么重要。

相比之下，PISA 项目与 IEA 实施的项目存在不同的地方：从测评的目的来看，IEA 作为 20 世纪 50 年代末成立的国际教育研究合作机构，是由国家研究机构、政府研究机构、学者和分析人员组成的国际合作组织，致力于研究、理解和改善世界范围的教育。IEA 实施了国际数学与科学教育成就趋势调查（Trends in International Mathematics and Science Study，TIMSS）、促进国际阅读素养研究（Progress in International Reading Literacy Study，PIRLS），以上项目的设计使它们的评估框架尽可能紧密地与学校课程联系在一起，而经合组织则希望避免这种情况。PISA 作为经合组织的学生能力国际评估计划，成立于 20 世纪 90 年代末，其目的在于为各国或地区政府提供政策支持与服务。从测评的周期来看，不像 IEA 某个项目专注单个学科的测评，PISA 涵盖多项评估内容，每三年进行一次评估，这将使各国或地区能够定期和可预测地监测其在实现关键学习目标方面的趋势。从测评的对象来看，PISA 测评义务教育末期（15 岁）学生的能力素养，IEA 则根据不同的项目选择不同的对象。从测试的知识和技能来看，PISA 对于知识和技能的定义主要不是根据国家或地区学校课程的共同点，而是根据哪些知识和技能被认为对未来生活至关重要。这是 PISA 区别于其他跨国比较项目最根本的特征。PISA 的评估工具基于对学科特定文化的整体定义——在 21 世纪的经济发展中年轻人应具备的面对未来挑战的技能。这种偏离打

---

① Crossley，M.（2000）. Bridging cultures and traditions in the reconceptualisation of comparative and international education. *Comparative Education*，36（03）：319-332.

破了课程驱动的调查传统,并取消了使用"最低标准"的必要性,这需要考虑所有参与国家或地区的课程覆盖范围,以开发和选择测试内容。同时,PISA 旨在调查"具备什么",并记录年轻人准备好迎接未来挑战的准备:有效地分析、推理和传达他们的想法,并促进终身学习。[①]

通过直接测试接近义务教育末期学生的知识和技能,PISA 审查了年轻人对未来生活的准备程度,并在某种程度上检查了参与国家或地区教育系统的质量。其目标是评估与教育系统的基本目标(由社会定义)相关的成就,而不是与知识体系相关的建构。其中,PISA 与其他评估最大的不同是,经合组织强调各参与国家或地区从 PISA 中吸取教训,并基于 PISA 反映的问题或提出的建议进行教育系统改善。具体来看,其主要功能在于:

(1)政策导向,将学生学习成果数据与学生背景以及影响他们学习的关键因素相关联,突出不同国家或地区学生的表现差异,以识别学校以及教育系统的质量;

(2)重新界定"读写能力",通过测量学生将知识和技能应用于关键素养的能力,以及学生在各种情况下识别、解释和解决问题时分析、推理和沟通的能力,来判断一个国家或地区的教育系统质量;

(3)终身学习,监测一个国家或地区学生的学习动机、信念和学习策略等;

(4)规律性,使各个国家或地区能够监测其在实现主要学习目标方面的进展;

(5)覆盖范围广泛,例如,2018 年已有 79 个国家或地区参与 PISA 测评。

PISA 自实施以来,其政策导向是 PISA 区别于其他项目的显著特点。数据收集与分析仅仅是 PISA 项目的第一步,基于此影响参与国家或地区通过教育改革与政策调整改进教育系统质量才是 PISA 项目的重要目标。

第三节　PISA 的改进与发展

从 2000 年第一次测评至今,PISA 项目一直契合社会发展对未来学生素养的需

---

① OECD. (1999). *Measuring student knowledge and skills: a new framework for assessment.* Paris: OECD Publishing.

要,这与其不断改进与发展有关。PISA 通过确定评估内容、扩大测评范围、保证试题的科学性等,不断适应当下教育环境以及社会对人的发展需求的变化。

一、评估内容

　　PISA 项目实施的目的之一在于评估年轻一代是否为应对未来生活的挑战作好了准备。自 2000 年第一次启动以来,PISA 确立了阅读、数学、科学素养三个基本评估领域,同时在每轮测评中,都会对阅读、数学、科学三门科目的其中一门科目进行详细测试,约占总测试时间的一半。与 2000 年和 2009 年一样,2018 年测试的主题是阅读。数学是 2003 年、2012 年和 2021 年的主题,而科学是 2006 年和 2015 年的主题。通过这种交替的方式,每三年对一门科目的核心素养的测评进行详尽的趋势分析(表 1.5)。在对阅读、数学、科学素养测评的基础上,为使学生进一步适应未来生活的挑战,PISA 定期引入新的测试来评估与现代社会相关的技能,以适应当下教育环境与社会需求的变化。例如,2015 年在 PISA 2003 问题解决能力的基础上,增加了协作问题解决能力测评;2018 年增加了全球胜任力测评,旨在评估学生是否能够从更多视角看待全球以及跨文化问题,是否能够理解不同文化背景下的思想,并与具有不同文化背景的人进行有效的互动等。

表 1.5　PISA 历年测评的主要能力素养

	2000 年	2003 年	2006 年	2009 年	2012 年	2015 年	2018 年	2021 年
阅读	√			√			√	
数学		√			√			√
科学			√			√		
选测		问题解决		信息与通信技术问卷	财经素养	问题协作	全球胜任力	创造性思维

*√为当年测评的主要科目。

　　同时对基础测评素养的内涵也进行更新,例如 PISA 2018 是第七轮国际评估,测评领域集中于阅读素养。PISA 2018 中指出,随着我们访问文本信息的媒介从印刷品到计算机屏幕再到智能手机,数字环境(Digital Environment)下的阅读素养评估使得文本的结构和格式已经发生了变化。当下,技术使学生能够搜索和访问的知识越多,深入理解的能力就越重要。理解涉及知识和信息、概念和思想、实践技巧和直觉。但从根本上讲,它涉及以适合学习者背景的方式集成和应用的方法。例如,阅读不再主要是提取信息。它是构建知识、批判性思考和作出有根据的判断的重要工具。PISA 2018 调查结果表明,经合组织国家中,不到十分之一的学生能够基于与信息内容或信息来源有关的隐含线索来区分事实和观点。在 2018 年的评估中,对表现最佳的学生在阅读方面的能力的描述是不仅包括能够理解和交流复杂的信息,还包括在阅读不熟悉的主题时能够区分事实和观点。PISA 2018 阅读评估中包含的文字性质和问题类型反映了数字时代对于阅读的新要求。① 总的来看,PISA 关注的问题突破了传统的阅读、数学和科学等领域认知能力的范畴,重视对创新思维、问题解决、合作能力、信息素养、财经素养的测评,同时逐渐开始关注非认知能力,例如全球胜任力、幸福感,这些都是采用问卷调查的方式进行测评。

二、测评范围

自 2000 年首次评估以来,PISA 的参与率显著增加。它跨越了时空,通过纳入更多国家、地区(如城市和学校)参与评估,扩大了经合组织的人力资本库。② 第一次 PISA 于 2000 年在 32 个国家或地区(包括 28 个经合组织成员国)进行,代表了 1 700 万名 15 岁的学生,PISA 2003 测评样本超过了 25 万名学生,代表了 41 个参与国家或地区 2 300 万名 15 岁的在校生,PISA 2006 有来自 57 个国家或地区的 40 万名学生参加,2009 年,共有 47 万名 15 岁学生代表 65 个国家或地区参加了 PISA 测试,该年中国首次参加,上海学生的出色表现使得 PISA 全球扩张的影响得到了很好的体现。PISA 的覆盖范围逐渐扩展到了亚洲、南美、北非和阿拉伯海湾的新地区,重要的是包括每个金砖国家(巴西、俄罗斯、印度、中国、南非)。PISA 2012 有 65 个国家或地区超过 51 万名学生参与,2015 年 PISA 测量了 72 个国家或地区教育系统的绩效,其中包括 38 个非经合组织成员,共超过 53 万名学生参与,2018 年,79 个国家或地区的近 60 万名 15 岁学生(代表所属逾 3 200 万名学生)参加了测试。PISA 项目的实施在一些国家或地区并没有产生很大影响。但随着参与国家或地区数量的增加,中国和印度等新经济强国的参与使得新的比较成为可能,引起了美国和英国的政治家及其教育行政部门的关注。

就单个国家而言,参与 PISA 的学校和学生也在不断增加。例如,在中国,2009 年上海 152 所学校 5 115 名学生首次代表中国参加 PISA 测试;2012 年上海 155 所学校

---

① OECD. (2019). *PISA 2018 results (volume i): what students know and can do*. Paris: OECD Publishing.

② Sellar, S., & Lingard, B. (2014). The OECD and the expansion of PISA: newglobal modes of governance in education. *British Educational Research Journal*, 40(06): 917 - 936.

6 374 名学生参加;2015 年,中国选取北京-上海-江苏-广东(B-S-J-G)四省市 268 所学校 1 万多名学生参加;2018 年北京-上海-江苏-浙江(B-S-J-Z)四省市共 361 所学校 12 058 名学生参加。从 2009—2018 年,参与的地区由上海扩展到其他地区,人数增加了 1.36 倍,越来越多省市的学校和学生参与到 PISA 项目中来。

三、试题题目

PISA 的试题开发是一整套复杂规范的流程。在测试试题的内容上,PISA 项目组要求试题必须紧扣 15 岁青少年未来生活和工作必需的知识、技能、态度和价值观等;试题的编制必须根据各素养内容界定的要素进行设计;在每个题目中需要考察学生一种或多种认知过程;合理划分试题难度水平,在同一材料中为学生提供较容易、中等以及较难的题目,等等。

在此命题原则下,为了进一步保证试题的科学性,使得试题内容能涵盖未来社会发展需要的知识和技能,PISA 利用多方命题,反复修改、试测以保证试题质量。以 PISA 2006 的试题开发为例,委托机构以及专家组共同参与试题制定的相关工作。就委托机构来看,主要包括了澳大利亚教育研究理事会、奥斯陆大学、日本国立教育研究所、荷兰教育考试院、基尔大学五所国际知名的研究机构。专家组分为科学、阅读、数学、技术专家组,配合命题工作。[①] 专家组在负责本部分命题工作的基础上,对各参与国家或地区提交的试题进行评审和修订,保证试题的质量,澳大利亚教育研究理事会从整体上协调监督命题专家组的工作。具体来看,PISA 试题从命题到最后确定分为两个阶段(图 1.1):首先,确定参与 PISA 测评的国家或地区提交的试题都必须经过至少一个国际命题专家组的审核和修订,并由此专家组将经过筛选或修订的试题提交给澳大利亚教育研究理事会。其次,澳大利亚教育研究理事会对接收到的所有题目进行汇总,通过一系列严苛的审核、筛选、修改,对试题进行格式化并制定评分指南,确定试题后,专家组对试题进行审查,这其中包括翻译等技术问题,如存在问题,则对试题进行剔除或修改。安排至少 50 名学生参与试测,分析试测结果。如果有试题存在问题,则对试题进行剔除或修改。与此同时,专家组继续审查,如此重复 4—7 次,保证试题质量,最终确定试题,着手进行试测。

---

① 国际学生评估项目中国上海项目组.(2014).质量与公平:上海 2012 年国际学生评估项目(PISA)结果概要.上海:上海教育出版社,11.

```
                          ┌──────────────────────────────────────┐
                          │ 澳大利亚教育研究理事会从某个国际命题专家组接收试题 │
                          └──────────────────────────────────────┘
┌─────────────┐                           │
│ 形成试题    │                           ▼
│ 格式化      │──────────→  ┌──────────────────────────┐
│ 制定评分指南 │              │        最后确定试题         │
└─────────────┘              └──────────────────────────┘
┌──────────────────────┐                 │                        ┌──────────────┐
│ 试题的实验性认知活动   │                 ▼                        │ 至少要有另外一 │
│ 1：                   │     ┌──────────────────────────┐         │ 个命题专家组的 │
│ 专家组审查研讨（包括检 │────→│  如需要，剔除或修改试题    │←────────│ 专家参与      │
│ 查英文表达的清晰度及可 │     └──────────────────────────┘         └──────────────┘
│ 能存在的翻译困境）     │                 │
└──────────────────────┘                 ▼
┌──────────────────────┐
│ 试题的实验性认知活动   │
│ 2：                   │     ┌──────────────────────────┐
│ 至少有50名学生参与试   │────→│  如需要，剔除或修改试题    │
│ 测，分析试测结果       │     └──────────────────────────┘
└──────────────────────┘                 │
┌──────────────────────┐                 ▼
│ 评审试题：             │
│ ——科学专家组          │     ┌──────────────────────────┐
│ ——国家项目负责人       │────→│  如需要，剔除或修改试题    │
│ ——PISA论坛            │     └──────────────────────────┘
└──────────────────────┘                 │
┌──────────────────────┐                 ▼
│ 试题评审：             │     ┌──────────────────────────┐
│ 由科学专家组筛选       │────→│          试测             │
│ 试题                  │     └──────────────────────────┘
└──────────────────────┘
```

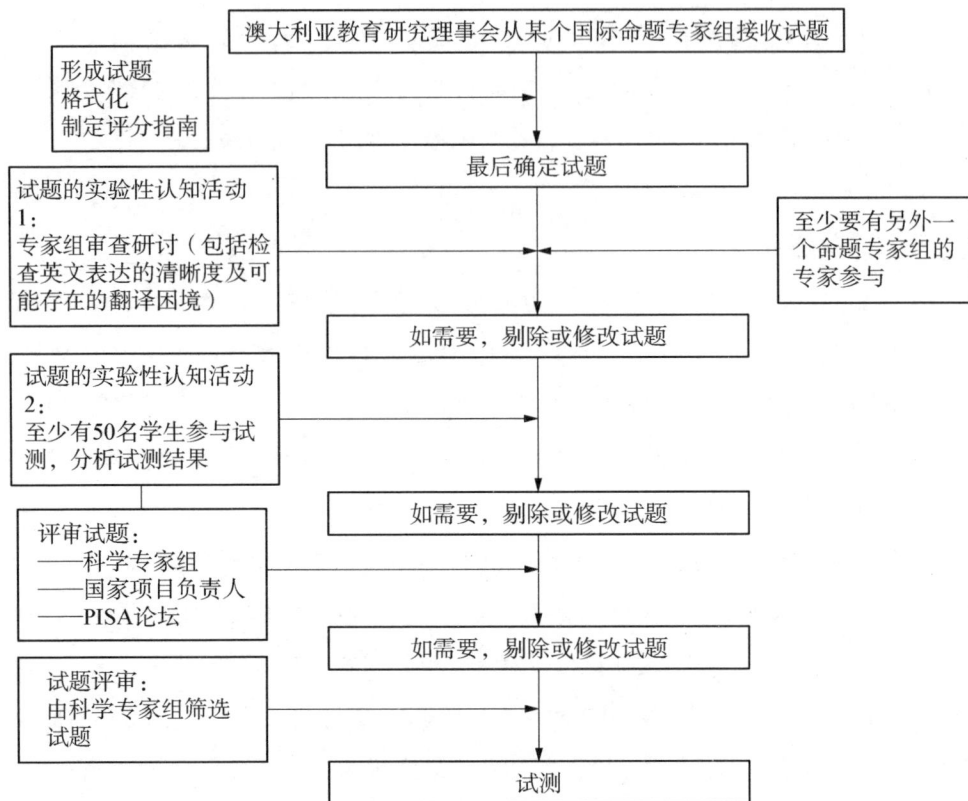

图 1.1　PISA 命题程序

本章小结

　　对于经合组织来说,随着全球化、信息化等不断推进,教育政策被视为国民经济竞争优势的核心。经合组织通过 PISA,加强了其在全球教育领域的影响力。随着每三年参加评估国家或地区的排名公布,PISA 测评结果使得参与国家或地区明确自身教育的发展现状,以便进行改进与修正。从第一轮测评至今,PISA 在测评过程中不断改进与发展,拓宽了评估内容,增添了诸如财经素养、全球胜任力等能力测评;扩大了覆盖范围,越来越多的国家参加 PISA 测评以检验本国或地区的教育质量。PISA 通过完善的试题编制系统,确保试题的科学性、有效性。

　　PISA 以人力资本理论为基础,旨在提供有关学生在阅读、数学和科学核心领域中的测试结果与政策相关信息。所产生的信息包括学生成绩、学生的特征和观念,以及学校管理者和学校的特征。经合组织指出,与这些领域相关的知识和技能"是适应不断变化的世界所必需的"。① PISA 的核心目标是在全球化和新兴的知识社会的背景下,提供跨学科可比的证据,呈现学生在被认为对未来生活有重要意义的技能方面的表现。② PISA 评估提供了三种主要类型的结果:提供有关学生知识、技能等方面的基本指标;显示学生技能与人口、社会、经济和教育相关指标的关系;显示学生成绩以及学生与学校层面变量和结果之间的关系变化。③ 本章着重阐述了在经合组织产生与发展的过程中,教育在其事务中的地位与变化,以及如何通过构建国际教育指标促进 PISA 的形成与发展、PISA 项目的改进与更新,以此为基础,下一章将对 PISA 如何影响教育改革进行分析。

① OECD. (2003). *The PISA 2003 assessment framework:mathematics, reading, science and problem solving knowledge and skills*. Paris:OECD Publishing.
② Schleicher, A. (2007). Can competencies assessed by PISA be considered the fundamental school knowledge 15-year-olds should possess?. *Journal of Educational Change*, 8(04):349-357.
③ OECD. (2013). *PISA 2012 results (volume ii):excellence through equity:giving every student the chance to succeed*. Pair:OECD Publishing.

第二章　影响与回应：PISA 与教育改革的双向互动

　　20 世纪以来,全球化不仅增加了国家间的经济竞争,而且加剧了教育系统内部和外部的竞争。通过在教育系统中创建指标以评估、比较国家或地区教育系统的水平,已成为教育改革的重要依据。许多国家正在改革其教育体系,向其公民提供知识和技能,使他们能够积极参与民主社会,应对未来的知识经济的挑战。[①] 经合组织作为一个全球性的国际组织,其在经济、教育、环境等公共事务的多个领域的研究,成为了许多国家进行改革、制定政策的重要参考。随着知识经济、信息时代的来临,各国都需要重新制定长远的教育发展规划。多年来,PISA 确立了自身在跨地区教育改革中的力量,通过参与国家或地区的学生在三年一次的阅读、数学、科学素养测试上的表现以及各项指标的占比、指数等衡量教育系统的优劣与变化。随着媒体、政策制定者和公众越来越多地接受 PISA 作为教育系统质量强大而合法的评估工具,PISA 就越有可能塑造其评估系统绩效、定义教育问题、设定改进目标的方式,并促进参与国家或地区进行改革。PISA 调查结果的披露带来了广泛的社会共识,即教育改革是不可或缺的。[②] 本章从 PISA 引出其对教育价值取向的引领作用,分析 PISA 以哪种方式影响教育改革,并针对一些国家或地区对于 PISA 结果的反应进行分析说明,以展现 PISA 与教育改革之间的双向互动,揭示 PISA 影响教育改革的内在机理。

第一节　PISA 的教育价值引领

　　20 世纪以来,世界范围内的教育改革此起彼伏。面对不断变化的社会环境以及对人才质量的新要求,如何实现对教育系统质量的实时、有效监控,促进教育系统健康发展,成为各国在教育领域关注的焦点问题。[③] 但在讨论教育系统质量之前,有必要对其教育价值导向进行探讨。教育价值问题,是诸多教育问题中的最根本问题。

---

① OECD. (2000). *Knowledge management in the learning society*. Paris：OECD Publishing.

② Ertl, H. (2006). Educational standards and the changing discourses on education：the reception and consequences of the PISA study in Germany. *Oxford Review of Education*, 32(05)：619-34.

③ 蒋德仁. (2012). *国际学生评价(PISA)概说*. 杭州：浙江教育出版社,1.

　　在过去的十年中，PISA 已成为全球评估学校系统质量、公平性和效率的首要标准。[①] 经合组织声称，PISA 调查"评估了义务教育临近结束的学生在多大程度上获得了充分参与现代社会必不可少的关键知识和技能"。[②] PISA 项目负责人安德烈亚斯·施莱歇尔（Andreas Schleicher）认为，以背诵作为知识获取方式的时代已经一去不复返。全球化背景下，经济越是发展，背诵得来的知识就显得越无用；卓越的教育系统不是注重知识的死记硬背，而是关注学生面向未来的思维能力、问题解决能力的培养。PISA 正是通过测量学生素养水平，揭示学生、学校和教育系统的共同特征，为"政策制定者和实践者提供了有益的工具，以提高教育质量、公平性和效率。[③] 作为一项国际评估项目，它立足于学生的未来发展，不仅仅关注知识的获得，更注重对学生运用知识解决现实生活中的问题的能力、创新能力等多方面的综合素养的评估。回到 PISA 对教育改革的影响这一问题上来，在 PISA 影响教育改革的进程中，价值引领是必须以及首先要讨论的问题，因为它反映了 PISA 如何认识教育系统，以及如何促进教育系统发展的理念。作为经合组织创办的评估项目，PISA 对教育改革的价值引领离不开经合组织对相关教育理念的阐释。

一、PISA 与教育质量

　　教育质量是一个多层次的概念，涵盖了与教育活动相关的各个方面，例如教师与学生、建筑设置、课程、教学等，同时也包括了学生接受到的不同水平、类型的教育或培训活动。[④] 对于教育系统的质量要求并不是经合组织所独有的。20 世纪 80 年代，各国就已经开始通过教育对经济发展的重要作用，反观自身教育系统的质量。从 20 世纪 90 年代至今，国际上对于教育质量的界定标准主要以成就（教育投入—过程—产出）、学业成绩、过程与结果并重等为指标框架类型。一些国际组织（例如国际教育成就评价协会、经合组织）、国家（例如美国）都提出了关于教育质量的标准框架。

　　自 2001 年第一次公布 PISA 结果以来，该结果已成为一种全球教育质量的标准。尽管 PISA 在政治和教育方面的重要性因国家或地区而异，但其结果往往为关于教育质量的公开辩论奠定了基础。[⑤] 就 PISA 本身性质而言，作为具有国际影响力的教育

① Bloem, S. (2014). PISA in low and middle income countries. (2013 - 08 - 20)[2019 - 03 - 21]. https://www.norrag. org/pisa-in-low-and-middle-income-countries/.
② OECD (2014). *About PISA.* [2019 - 03 - 21]. http://www.oecd.org/pisa/aboutpisa/PISA-trifold-brochure-2014.pdf.
③ ［德］安德烈亚斯·施莱歇尔. (2018). *超越 PISA：如何建构 21 世纪学校体系.* 徐瑾劼, 译. 上海：上海教育出版社, 45.
④ 中国教科院教育质量标准研究课题组, 袁振国, 苏红. (2013). 教育质量国家标准及其制定. 教育研究, (06)：4－16.
⑤ Sjøberg, S. (2015). PISA and global educational governance — a critique of the project, its uses and implications. *Eurasia Journal of Mathematics, Science and Technology Education*, 11(02)：111 - 127.

质量监测项目,其制定与实施秉承着经合组织关于教育事务的价值导向。经合组织对教育质量的追求在于教育对提高生产力、促进经济增长的重要性。从理论上讲,教育至少可以通过三种机制影响经济增长。首先,从微观的角度看,教育增加了劳动力固有的人力资本,从而提高了劳动生产率,实现了产出水平的过渡性增长。[1] 其次,教育可以提高经济的创新能力,并且可以促进新技术、产品和过程方面的新知识的增长。[2] 最后,教育可以促进理解和处理新信息以及成功实施他人设计的新技术所需的知识的传播,从而再次促进经济增长。[3]

> 经合组织对教育质量的追求涵盖了学前教育、基础教育、高等教育、成人教育等不同学段,从背景指标(Context)、输入指标(Input)、过程指标(Process)和成果指标(Production)四个方面入手,包含了教育活动的所有流程。
>
> (受访者:UK - 191120 - B)

PISA 对一个国家或地区教育质量的界定离不开经合组织对教育质量的理念。正如受访者(UK - 191120 - B)所述,经合组织对于教育质量的追求涵盖了教育活动的整个流程。有学者指出,PISA 对教育质量的追求是通过衡量学生在阅读、数学、科学素养测评中的分项表现、达标率以及高水平学生比例等角度进行考察的,[4]强调通过比较,展现一个国家或地区教育产出的质量,并建议一些表现不好的国家借鉴高绩效国家的政策进行改革。例如,自上海学生代表中国蝉联 PISA 冠军之后,其高质量的教育系统,促使世界上许多国家将教育政策调整的目光转向东方,[5]澳大利亚、美国、英国等国家将中国作为学校系统乃至国家教育改革的优先参照模版。[6]

PISA 测评实施的主要目的在于提高参与国家或地区的教育质量。对于教育质量的追求由来已久,20 世纪 80 年代美国的标准化运动就是针对学校教育质量低下所采

---

[1] Gregory, M. N., David, R., & Weil, D. N. (1992). A contribution to the empirics of economic growth. *Quarterly Journal of Economics*, 107(02): 407 - 437.

[2] Lucas, R. E. (1988). On the mechanics of economic development. *Journal of Monetary Economics*, 22(07): 3 - 42.

[3] Benhabib, J., & Spiegel, M. M. (2005). Human capital and technology diffusion. In Aghion, P., & Durlauf, S. N. (Eds), *Handbook of Economic Growth*. Netherlands: Elesvier, 935 - 966.

[4] 辛涛. 教育质量与公平:对 PISA 2018 结果的思考. (2019 - 12 - 04)[2019 - 12 - 12]. http://www.moe.gov.cn/jyb_xwfb/moe_2082/zl_2019n/2019_zl94/201912/t20191204_410711.html.

[5] Kamens, D. H. (2013). Globalisation and the emergence of an audit culture: PISA and the search for best practices and magic bullets. In Meyer, H.-D., & Benavot, A. (Eds.), *PISA, Power and policy: the emergence of global educational governance*. Oxford: Symposium Books, 117 - 139.

[6] Sellar, S., & Lingard, B. (2013). Looking east: Shanghai, PISA 2009 and the reconstitution of reference societies in the global education policy field. *Comparative Education*, (04): 464 - 485.

取的重要措施。日本进行了面向 21 世纪的课程改革，其间进行了多次课程实施状况调查。一方面在于验证新课程的成效，进一步完善课程标准等；另一方面在于从国家层面监测教育系统的现状。日本自 2007 年以来实施的学力调查，则是针对在 PISA 中本国学生的测试结果反映出的学习质量下降而采取的措施。另外，德国也受到了 PISA 的冲击，其核心问题也是教育质量低下。各国制定了全国统一的教育质量标准，明确提升和监控国家教育质量。综上，PISA 测评对于教育质量的价值引领一定程度上促成了现代教育质量观的形成和彰显，强化了基于教育质量的问责意识与能力。[①]

二、PISA 与教育公平

公平的教育确保所有学生，不论其背景如何，都有机会获得高质量的教育并发挥其全部潜能。没有公平的教育制度，社会和经济不平等就会长期存在。因此，教育系统的目标是确保所有学生都掌握基本技能，并且学生的社会经济地位对其学习机会和教育成果的影响不大。教育公平是 PISA 的长期重点目标，也是世界各国的主要关注点。教育系统的目标在于无论学生的社会背景如何，都力图帮助学生发展实现其在社会和经济生活中的全部潜力所必需的技能。但是，PISA 结果表明，在许多国家或地区，即使是在 PISA 中表现出色的国家或地区，学生的背景也继续影响着他们从教育中受益和发展技能的机会。这就是为什么教育公平（确保教育成果是学生的能力、意志和努力而不是他们的个人情况的结果）是促进社会正义和包容性的核心所在。[②]

PISA 将"教育公平"定义为所有学生，无论性别、家庭背景或社会经济地位，提供高质量的教育机会。以这种方式定义，公平既不意味着每个人都应该取得相同的结果，也不意味着每个学生都应该接受相同的、"千篇一律"的教学方法。相反，它是指创造条件以最大限度地减少学生的社会经济地位或移民背景对其表现的不利影响。这种对教育公平的认识在各国或地区之间达成了共识，例如 PISA 2015 教育公平概念框架包括了平等、结果、背景特征以及中间因素等维度（表 2.1）。这与联合国于 2015 年 9 月通过的可持续发展目标相一致。特别是目标 4 鼓励各国或地区"确保包容和公平的优质教育，让全民终身享有学习机会"。该目标与先前的千年发展目标有两个不同之处：首先，它把教育和学习成果的质量放在首位，而千年发展目标的议程仍然侧重于入学机会。其次，该目标具有真正的全球影响力，因为任何国家（无论贫富）都无法声称已经实现了目标。通过提供有关学生的技能及其家庭和社区背景的广泛且在国

---

① 田慧生,孙智昌.(主编).(2012).*学业成就调查的原理与方法*.北京：教育科学出版社,15.

② OECD.(2016).*PISA 2015 results（volume i）：excellence and equity in education*.Pairs：OECD Publishing,.

际上可比的信息,PISA 提供了一种独特的措施来评估实现可持续发展目标的进度,并从国际角度分析教育的包容性和公平性。

表 2.1   PISA 2015 教育公平概念框架

维度	内容
平等	包容;公平
结果	入学机会;平均表现;低水平;表现变化;态度
背景特征	社会经济地位;移民背景;性别;家庭结构
中间因素	不利因素的整合;获得教育资源;学习的机会;分层策略

资料来源:OECD. (2016). *PISA 2015 results (volume i): excellence and equity in education*. Paris: OECD Publishing.

PISA 通过测量学生的学习成果在多大程度上取决于他们的社会背景,从而阐明了"教育系统在多大程度上可以公平分配学习机会"。PISA 的数据分析表明,在加拿大、日本、芬兰等国家,学生的经济文化背景对于学生表现有重要影响。因此,在 PISA 各指标分析中总是涉及社会经济地位高的学校或学生,以及性别等,从多重维度阐述了 PISA 对教育公平的认识。

(受访者:S‑191030‑S)

正如受访者所述,在 PISA 中,公平与获得优质教育的机会的分配有关,更具体地说,与背景特征对学生的教育成果的影响程度有关。2015 年在所有经合组织国家中,优势学生[在 PISA 的经济、社会和文化地位指数(Index of Economic, Social and Cultural Status, ESCS)分布中位于前 25% 的学生]在科学方面的得分要比处于不利地位的学生高 88 分。学生的社会经济地位是由 PISA 的 ESCS 指数估算得出的,该指数是根据与学生家庭背景有关的几个变量得出的:父母的教育程度,父母的职业,可作为物质财富的家庭财产,以及家庭中可用的书籍和其他教育资源的数量。PISA 的 ESCS 是通过主成分分析从这些指标中得出的综合得分。在 2015 年的 PISA 中,主成分分析首次在加权平均的国家(包括经合组织和合作伙伴国家或地区)中运行。因此,所有国家或地区对 ESCS 评分的贡献均相等。但是,出于报告目的,对经合组织国家的学生人数、ESCS 量表的值进行了标准化,以使其平均值为零,标准差为 1,每个国家的权重均相等。为了进行趋势分析,在 PISA 2015 中,针对当前周期计算了 ESCS,并使用类似的方法对早期周期进行了重新计算。

可以利用 ESCS 对具有不同社会经济特征的学生和学校进行比较。在 PISA 报告中，如果学生的 ESCS 值在其国家或地区中排名在前 25％，则被认为具有社会经济优势；如果学生的 ESCS 排名在倒数 25％之列，则他们在社会经济方面处于劣势。ESCS 值在其国家或地区中处于中间 50％的学生被归类为具有平均社会经济地位。按照相同的逻辑，学校根据学生在 ESCS 上的平均值将其在其所属国家或地区中的社会经济地位分为优势、劣势或平均水平。通过分类，了解处于不同经济、社会和文化地位的学生在不同指标中的表现，以评测一个国家或地区的教育公平的程度。

三、PISA 与人力资本

内生增长理论的相关研究认为，经济增长取决于内生力而不是外力，其与生产率的提高、人力资本的额外投资和创新速度相关，而人力资本的提高和创新都离不开教育或知识。实际上，"内生"一词表明经济增长受投资资源使用的影响，重要的投资之一是教育。[①]

在教育领域，经合组织是将教育作为人力资本提供者的主要支持者。二战后至 20 世纪 70 年代，经合组织的经济学家和教育研究人员从人力规划和教育投资的角度界定了教育问题。各国需要对其人力进行投资，因为人力资本有助于经济增长。因此，经合组织的工作重点是为教育规划者收集和统一教育统计数据，建立基于人力资本需求的数学模型、教育经济学领域的知识库，定期审查国家教育系统。[②]

库恩(Kuehn)在对二十年前关于经合组织教育指标项目的评论中，描述了这个强大的组织通过指标来观察和解释教育的作用：经合组织对教育的看法背后的中心假设是将学生视为"人力资本"。从逻辑上讲，这种观点是基于促进经济增长的需求，而文化和教育也从属于经济。当经济目标成为中心时，教育的价值主要通过其对经济增长的贡献来衡量。[③] 经合组织的教育指标体系主要集中在被视为发展"人力资本"并因此为经济增长作出贡献的教育要素上。经合组织将知识和学习置于经济发展的辅助位置，即为满足需求，稳定和加强经济增长与生产力。"知识已被公认是生产力和经济增长的驱动力"，而知识正在产生"对信息、技术和学习在经济绩效中的作用的新关

① Johansson, B., Karlsson, C., & Stough, R. R. (2001). *Theories of endogenous, regional growth: lessons for regional policies*. New York: Springer, 406 - 414.

② Rubenson, K. (1999). Adult education and training: the poor cousin. An analysis of OECD reviews of national policies for education. *Scottish Journal of Adult and Continuing Education*, 5(02): 5 - 31.

③ Kuehn, L. (2004). Leaning between conspiracy and hegemony: OECD, UNESCO and the tower of PISA. In Moll, M. (Ed.), *Passing the test: the false promises of standardized testing*. Ottawa: Canadian Centre for Policy Alternatives, 57 - 66.

注"。正如其名称所暗示的那样,经合组织致力于帮助各成员国促进经济、合作与发展。随着知识经济的迅速发展,教育成为国家发展的关键政策杠杆。经合组织试图将教育与经济成果联系起来,通过教育数据比较,呼吁成员国对教育系统采取科学、有效的措施,以促进经济的发展。其根本依据在于结合人力资本的框架,通过使用标准化测试作为衡量教育成果的手段,对国家或地区的教育系统进行量化和比较,以排名的形式呈现不同国家或地区在教育发展上的"赢家和输家"。作为处理国家教育政策改革的核心工具,PISA 无疑成为经合组织衡量跨国教育系统绩效的重要参考。对此,受访者(A‐181025‐H)认为:

> 经合组织将人力资本定义为"体现在促进创造个人、社会和经济福祉的个人知识、技能、能力和特质"。它断言,教育是形成人力资本的关键因素,并且人力资本的影响反映在一系列经济和社会领域。例如,经合组织的研究表明,人力资本可以促进经济增长、就业前景、健康水平和社会参与。正如对银行的投资具有提供长期收益的潜力一样,经合组织认为,对教育的投资会产生人力资本收益,对个人和国家都有好处。基于这种说法,世界各国政府必须采取积极措施来改善人力资本,以便其公民参与迅速变化的 21 世纪知识经济社会。自 20 世纪 90 年代中期以来,经合组织一直在强调人力资本的重要性,以应对经济全球化的影响。其中,教育被视为在全球市场上取得成功的前提。从人力资本的角度来看,教育是一项由公共机构负责的投资。这种观点很大程度上是从英美意识形态教育框架中借用的,该框架比其他传统更加关注教育的经济可用性。PISA 是对人力资本向经济流动的测量。对于创新而言,重要的不是人力资本的第一储备,而是劳动力产生的创造新产品和新工艺的能力。

(受访者:A‐181025‐H)

正如受访者所述,PISA 反映了经合组织的目标,重点是经济优先事项,以及建立高效的教育系统,培养高质量的劳动力。教育是发展人力资本所必需的投资,而且教育系统的良好效果和成功之间有着直接的关系。正如波涅特(Bonnet)指出的那样,PISA 之类的研究吸引了决策者,因为他们相信拥有高质量教育系统的国家会成为成功的经济体。[①] 他的观点并不是关于两种关系的强弱,而是对跨国研究的政治兴趣主

---

① Bonnet, G. (2002). Reflections in a critical eye: on the pitfalls of international assessment. *Assessment in Education: Principles, Policy & Practice*, 9(03): 387-399.

要来自经济利益而非教育利益。在 PISA 框架下的阅读、数学和科学素养评测方面，经济观点显而易见。尤其是对数学、科学进行测评的内容，这些都能证明 PISA 以教育促进经济发展的理念。例如，经合组织认为表现出较高成就水平的学生离开教育系统后更有可能成为具有一定技能的生产工作者和社会成员。[①]

四、PISA 与终身学习

作为 20 世纪重要的国际教育理念，终身教育成为世界上许多国家或地区教育改革与发展的重要战略目标。在这种浪潮的推动下，经合组织 1973 年发布的《回归教育：终身学习的一种策略》(*Recurrent Education：A Strategy for Lifelong Learning*) 以及 1986 年发布的《重审回归教育：参与与融资方式》(*Recurrent Education Revisited：Modes of Participation and Financing*) 两个报告体现了它开始关注和推广终身学习。

到 20 世纪 90 年代中期，经合组织在概念上发展了一个关于教育目的的人力资本理论，以及终身学习的概念。与此同时，其他教育组织也强调基于权利而非人力资本的教育方法。例如，经合组织关于教育作用的经济概念及其对终身学习的看法与联合国教科文组织倡导的人文主义观点有很大不同，后者强调学习社会和民主参与。经合组织 1996 年发布《全民终身教育》(*Lifelong Learning for All*)，提出了全民终身学习的新理念，相较于以往，全民终身学习更强调每个人能够被鼓励地、积极地利用所有学习形式进行终身的学习，既关注所有个体所需的知识技能，也注重成人学习的重要性，其特点在于全纳与宽泛。[②] 正如受访者 (UK‑181013‑Y) 所述，PISA 通过将教育与经济发展相结合，确立了终身学习对经济的重要意义。

> PISA 链接了两个功能系统：将素养评估与全球化知识经济相关的技能转化为教育系统的语言。在经济体系中追求的知识经济的功能等同于在教育体系中教授和评估素养。由于这两个功能系统之间的链接，公共教育引入了市场机制，经济发展需要教育助力，这体现在诸如终身学习的概念中。
>
> （受访者：UK‑181013‑Y）

PISA 并不是经合组织制定的第一个指标项目，例如基于学校课程设计的 TIMSS

[①] OECD. (1996). *Education at a glance：OECD indicators*. Paris：OECD Publishing.

[②] OECD. (1996). *Lifelong learning for all*. Paris：OECD Publishing.

测评①,但 PISA 项目面向学生终身学习的需要,通过确定学生未来所需的知识和技能,以促进国家或地区教育系统的发展。从抽样对象来看,TIMSS 是对小学四年级和初中八年级一个完整的班级的学生进行抽样以研究教学过程,而 PISA 是针对学校不同班级中的 15 岁学生。此外,在测试结构方面也完全不同。简而言之,PISA 的目标更加面向未来,与监测社会的可持续性和发展密切相关,而 TIMSS 则着眼于研究与教室内发生的事情相关的因素的教育效果。PISA 的设计依据终身学习的动态模型。其原因在于,现在的课堂课程学习的特点是用过去的知识教学生应对未来生活的挑战,一定程度上不利于学生的发展。为适应迅速变化的世界,与传统的学科测试相比,PISA 强调学生终身学习和未来职业发展所需的应用知识的能力和批判性思维能力。PISA 要求学生必须具备新的知识与技能,而学生不可能在学校里学到为未来所需的每一种知识和技能,这只有通过终身学习才有可能获得。

第二节　PISA 影响教育改革的主要方式

从 PISA 测评本身来看,它通过确立现代、未来社会所需要的学生素养结构,以科学的测评工具、规范的抽样方式,对影响学生成绩的因素指标进行分析,其整体设计科学、系统,且在整个评估过程中严格地管控数据,并提供清晰易懂、科学可靠的证据,其主要目标是通过对学生素养的跨国比较分析进而影响教育改革。

一、标准引领

PISA 标准框架的构建是在通力合作的基础上,力求构建适合不同文化背景的具有可比性的标准体系。受访者(K‑191119‑J)提出了标准化考试作为 PISA 测评手段的重要性,其目的在于透过 PISA 结果促进教育改革。PISA 旨在以创新的方式反映政策对与成人生活相关的技能的判断,从而为改革以及在确定和实施教育目标方面的合作提供新的基础。它通过定义学习成果、规定抽样方式、制定评分程序等方式,对素养框架进行标准化,有助于参与国家或地区更好地了解观察到的技能短缺的原因和后果。

---

① Mullis, I. V. S., Martin, M. O., Ruddock, G. J., O'Sullivan, C. Y., & Preuschof, C. (2009). *TIMSS 2011 assessment frameworks*. TIMSS & PIRLS International Study Center Lynch School of Education, Boston College.

　　通过使用标准化考试作为衡量教育成果的一种手段，像 PISA 这样的大规模评估可以对国家、地区甚至个别学校的教育系统进行量化和比较。这些比较被用来确定教育体系的优势和劣势，这些优势和劣势可以促进与塑造教育改革的进程。在许多国家或地区中都出现了这种趋势，在 PISA 结果公布后，教育改革就开始了。

（受访者：K‑191119‑J）

（一）定义学习成果

　　PISA 的主要目标是，在全球化和新兴知识社会的背景下，提供学生在被认为对未来生活至关重要的技能上的表现的跨国可比证据，旨在评估学生在多大程度上利用所学知识和技能来应对现实生活中的挑战。与国际教育成就评价协会（IEA）施行的国际阅读素养研究（PIRLS）和国际数学与科学教育成就趋势调查（TIMSS）所采用的方法不同，无论是对阅读、数学、科学素养的测评，还是对非认知能力的测量，PISA 都是在其设定的框架下进行的。

　　首先，PISA 制定了关于 15 岁学生认知能力方面的测试标准，采用了独特的素养定义，考核重点不是学生对课程内容的掌握程度，而是侧重于对学生阅读、数学、科学素养的测评，强调在现实生活中推演和应用知识的能力，以及他们在解释和解决问题时进行有效分析、推理和交流的能力。PISA 测评的不是单纯的阅读、科学、数学等学科课程的组合能力，而是与日常生活情境、社会经济生活及工作紧密相关的实践能力。虽然具体的知识获取在学校学习中很重要，但知识在成人生活中的应用，关键取决于个人对更广泛的概念和技能的习得。从知识的构成来看，构成 PISA 阅读、数学、科学素养测试的实践性知识，属于特殊的理性推理系统（System of Reason），这一系统把学校的课程知识（物理、数学）转化为学科教学内容，[①]但转化成的不是具体知识和文化领域的学科内容，而是超越了课程本身的知识建构。通过对以上素养的测量，按照不同的水平占比对参与国家或地区的学生进行分类。以 PISA 2015 阅读素养评价水平为例（表 2.2），旨在通过文本的访问与检索、整合与解释、反思与评价，界定不同国家或地区学生的阅读表现，强调阅读的互动性和理解的建构性。根据素养测试的分数划分为 Level 1b、Level 1a、Level 2、Level 3、Level 4、Level 5、Level 6 七个等级，其中 Level 2 为基础线，根据不同的等级确定本国或地区学生在阅读素养中的表现情况。

---

① ［美］托马斯·波克维茨，吴明海，梁芳.（2015）.国际学生评估项目（PISA）对学校课程影响——成绩排名、标准化及学校课程炼金术.*教育学报*，11(02)：73—86.

由 PISA 2015 阅读成绩不同层级的学生比例可见（表 2.3），相比排名前三位的新加坡、加拿大、芬兰，我国学生未达到基础线（Level 2）的人数比例较高，占 21.8％。也就是说，我国被测学生中，大约每五个学生就有一人的阅读素养未达到阅读的最低标准；而在加拿大，低于 Level 2 的人数比例低于 11％。此外，我国学生在 Level 1b 和低于 Level 1b 这两个水平上的人数比例多达 8.3％，大约是其他三个国家的三倍，高出经合组织平均水平 1.8 个百分点。这说明了在 PISA 2015 中我国低水平学生较多，反映了我国在阅读素养中存在的诸多问题。在科学、数学素养以及其他素养的测评中，也通过统一的标准水平对不同国家或地区的学生学习成果进行划分。

表 2.2　PISA 2015 阅读素养评价水平

	访问与检索	整合与解释	反思与评价
Level 1b （262—335 分）	熟悉上下文和文本的类型，能在显著位置定位到明确的信息。	能解释说明与相邻信息之间的简单关系。	能调动已有知识和经验与文本建立简单的联系。
Level 1a （335—407 分）	找到一个或多个独立的明确说明的信息。	在熟悉的主题文本中识别主题或作者的目的。	能在文本的信息与常见的日常知识之间建立简单的联系。
Level 2 （407—480 分）	找到一条或多条信息，这些信息可能需要推断并且可能需要满足几个条件。	在有限的语句中识别文本的主要思想；解释关系或建构意义，进行低水平的推断；能对文本的单个特征进行比较。	通过借鉴个人经验和态度，在文本及外部知识之间进行比较或建立若干联系。
Level 3 （480—553 分）	找到并且在某种情况下识别必须满足多个条件的若干信息之间的关系。	整合文本中的几个部分，以便识别主要观点；解释关系或单词、短语的含义；在比较、对比或分类中总结多种特点。	通过连接、比较和解释，评价文本的特征；展示对熟悉的日常知识文本有良好的理解。
Level 4 （553—626 分）	能从文本中定位和组织好若干隐含信息。	基于整个文本解释部分语言有细微差别的文本的含义，并在不熟悉的环境中进行理解和应用。	使用正式的或公共的知识来解释或批判性地评价文本。
Level 5 （626—698 分）	定位和组织若干深度隐含的信息，推断文本信息的相关性。	对内容或形式不熟悉的文本进行全面而详细的理解。	利用专业知识进行批判性评价或解释。

续　表

	访问与检索	整合与解释	反思与评价
Level 6 （高于 698 分）	对复杂文本进行精确分析，把控细节。	进行详细和精确的多重推理、比较与对比；对一个或多个文本进行完整的、详细的理解，能整合多个文本中的信息，并生成抽象的解释和分类。	对不熟悉的主题的复杂文本进行解释或批判性评价；兼顾多个标准和观点，运用文本之外的复杂性知识进行理解。

资料来源：OECD. （2016）. *PISA 2015 results（volume i）：excellence and equity in education*. Paris：OECD Publishing.

表 2.3　部分国家 PISA 2015 阅读不同成绩层级的学生比例

	抽 样 学 生							
	低于 Level 1b （低于 262 分）	Level 1b （262— 335 分）	Level 1a （335— 407 分）	Level 2 （407— 480 分）	Level 3 （480— 553 分）	Level 4 （553— 626 分）	Level 5 （626— 698 分）	Level 6 （高于 698 分）
中国 （B-S-J-G）	2.1%	6.2%	13.5%	20.9%	25.4%	20.9%	9.1%	1.8%
新加坡	0.3%	2.5%	8.3%	16.9%	26.2%	27.4%	14.7%	3.6%
加拿大	0.4%	2.1%	8.2%	19.0%	29.7%	26.6%	11.6%	2.4%
韩国	0.5%	0.6%	3.8%	19.5%	31.5%	35.7%	6.8%	1.6%
芬兰	0.6%	2.6%	7.8%	17.6%	29.7%	27.9%	11.7%	2.0%
经合组织平均	1.3%	5.2%	13.6%	23.2%	27.9%	20.5%	7.2%	1.1%

资料来源：OECD. （2016）. *PISA 2015 results（volume i）：excellence and equity in education*. Paris：OECD Publishing.

其次，PISA 项目还通过问卷调查对学生、教师、校长等群体进行背景调查。其中，PISA 要求学生提供关于自己、家庭和学校以及学习经历的信息，回答时间为 30 分钟；要求学校校长在 30 分钟内完成涵盖了学校系统和学习环境的问卷，例如班级规模、学校环境等；在一些国家或地区，通过向家长分发问卷，要求他们提供关于他们对孩子学校的看法和参与的信息，他们对在家中学习的孩子的辅导情况，以及他们的孩子对职业的期望，等等。另外，PISA 在不同周期还额外设置了其他问卷作为选择，例如 PISA 2018 设置了五个问卷，分别是：（1）计算机熟悉度调查表，重点关注信息和通信技术的可用性与使用，学生在计算机上执行任务的能力及其对使用计算机的态度；（2）福利问卷(PISA 2018 的新功能),了解学生对其在校内和校外的健康、生活满意度、社交关系和活动的看法;(3)教育职业调查表,该调查表收集了上学中断、准备教育等其他信息;(4)学生的未来职业,以及语言学习的支持;(5)父母问卷,重点关注父母对孩子学校的看法和参与度,以及他们对学习的支持度。

最后,近年来 PISA 加强了对非认知能力测评的重视,非认知能力部分根据给出的固定选择对学生与成绩有关的能力进行划分。例如,对于归属感的研究,PISA 认为学校不仅是学生学习学术技能的地方,还是发展他们赖以生存的社交和情感技能的地方。[1] 在学校有较高归属感的学生往往会表现出较高的学习动机、自尊心和成就。[2][3] 尽管这些关系取决于各个社会群体对学业成就的社会渴望。[4][5] 在大多数国家或地区,即使考虑到学生和学校的社会经济状况,在学校里有较强归属感的 15 岁学生的阅读成绩也较高。在考虑了学生水平以及学生和学校的社会经济状况之后,在校归属感指数(即学校在校学生的归属感平均值)每增加一个单位,学生的阅读得分则相应增加 25 分。对于学生归属感的测量,PISA 2018 询问学生们是否同意("非常不同意""不同意""同意""完全同意")关于他们学校的以下陈述:"我在学校很容易结交朋友""我觉得我属于学校""其他学生似乎喜欢我""我感觉像是学校的局外人(或被排斥在外)""我在学校感到尴尬和不适应"和"我在学校感到孤独"。这些陈述被合并以创建归属感指数,在经合组织国家中,该指数的平均值为 0,标准差为 1,以参与国家或地区学生对这些选择的占比衡量其归属感,从性别、社会经济文化地位等不同视角探究学生的归属感对成绩的影响。

(二) 规定抽样方式

由于不同国家或地区的学生在接受正规学校教育的年龄、教育系统的结构以及年级复读的普遍程度方面存在差异,这意味着学校的年级水平通常不能很好地展示学生认知发展的情况与状态。为了更好地比较不同国家或地区学生的表现,PISA 选择年龄在 15 岁 3 个月至 16 岁 2 个月之间的学生,并且他们已经完成了至少 6 年的正规教育。这样做的目的是,在他们面临重大生活选择(例如进入劳动力市场或接受进一步

---

① OECD. (2017). *PISA 2015 results (volume iii): students' well-being*. Paris: OECD Publishing.

② Goodenow, C. , & Grady, K. (1993). The relationship of school belonging and friends' values to academic motivation among urban adolescent students. *The Journal of Experimental Education*, 62(01): 60 - 71.

③ Sirin, S. , & Rogers-Sirin, L. (2004) Exploring school engagement of middle-class African American adolescents. *Youth & Society*, 35(03): 323 - 340.

④ Bishop, J. , et al. (2004). Why we harassnerds and freaks: a formal theory of student culture and norms. *Journal of SchoolHealth*, 74(07): 235 - 251.

⑤ Fuller-Rowell, T. , & Doan, S. (2010). The social costs of academic success across ethnic groups. *Child Development*, 81(06): 1696 - 1713.

教育)之前不久,对他们能否应对未来生活进行分析与比较。他们可以在任何类型的机构中就读,可以接受全日制或非全日制教育,可以参加学术或职业课程,还可以接受公立或私立学校教育。

参加 PISA 的学生人数抽样具有严格的技术标准。首先采用两阶段抽样程序,至少要选择 150 所学校的代表性样本,要考虑到学校地理位置(州或省;学校是否位于农村、县镇或城市)和教育水平(初中或高中)两个层面。[①] 具体来看,第一阶段的取样单元为含有 15 岁学生的个体学校,以随机抽样的方式在每层抽取学校,各层的抽取率与各层学校的数量及学校内的学生数量成比例,参与率要求达到 85%。第二阶段,在每一所样本学校抽取 30—40 名学生参与评估,作答率要求达到 80%(底线为 50%)。如果所选学校的学生作答率低于 80%,则需要从候补学校中取样来达到要求。从 PISA 2015 的抽样组成来看(表 2.4),中国选取北京-上海-江苏-广东(B-S-J-G)4 个省市参加,严格按照国际统一标准收集抽样信息,上报 9 178 所学校约 14.5 万名符合要求的 15 岁学生。按学校地理位置分为城市、农村、县镇;按学校类型分为普通教育和职业教育;按学段分为初中、高中、完全中学,最后选择 268 所学校 10 682 名学生参加测试,样本总量涵盖了城市、乡村等多层级的各类学校。PISA 2018 从每所学校选取大约 42 名 15 岁的学生参加评估。在 PISA 2018 中,大多数国家或地区抽取了 4 000 至 8 000 名学生。[②]

表 2.4　PISA 2015 中国抽样及样本情况

	学校地理位置			学校类型		学段			总计
	城市	县镇	农村	普通	职业	初中	高中	完全中学	
抽样学校(所)	4 239	3 382	1 557	8 276	902	6 125	1 996	1 057	9 178
抽样学生(人)	676 676	603 195	169 008	1 350 319	98 560	834 849	309 280	304 750	1 448 879
参测学校(所)	98	97	73	243	25	134	68	66	268
样本学生(人)	4 079	3 977	2 626	9 644	1 038	5 098	2 844	2 740	10 682

资料来源:教育部考试中心.(编).(2016).中国 PISA 2015 测试实践指导.广州:广东高等教育出版社,78.

---

① 滕梅芳,等.(2010).面向未来:国际学生评价项目 PISA 启示.上海:上海教育出版社,65.
② OECD.(2019). *PISA 2018 results(volume i):what students know and can do*. Paris:OECD Publishing.

同时 PISA 要求被排除在外的学生的比例不得高于 5％。一个国家或地区的总体排除率必须低于 5％，以确保在合理的假设下，国家或地区平均得分的任何偏差都保持在正负 5 个得分点之内，即通常在 2 个标准误差的数量级内采样。可以根据参与学校的实际情况进行排除。将学校或学生排除在 PISA 之外有多种原因，可能由于学校位于偏远地区且交通不便、学校很小、组织或运营因素而被排除在外；学生可能由于智力障碍或语言的熟练程度较低等而被排除在外。在参加 PISA 2018 的 79 个国家或地区中，有 31 个国家或地区的学校排除情况所占百分比不到 1％；在大部分国家或地区中，该比例均不超过 4％，以保证抽样的代表性。

（三）制定评分程序

从 PISA 测试的评分原理来看，它使用单参数项目反应理论（Item Response Theory，IRT）模型分析来生成学生成绩。对于经合组织国家，绩效估计的平均值为 500，标准差为 100。使用项目反应建模方法进行评分和分析会产生特定于能力分数分布中不同位置的误差估计，这与经典测试分析和评分不同，后者为测试生成的所有分数生成单个标准误差估计。IRT 方法中对评估质量的关注是对错误的准确估计（因此使用重复抽样权重来解决抽样误差和使用合理值以解决测量误差），用于个别分数和国家级参数（平均值、百分比、相关性和回归系数）。这些标准误差估计的生成提供了素养估计和国家级参数的一致性指数，并可用于对各国进行比较。

PISA 将评分和计分两个过程独立开来。从 PISA 的题型来看，除了使用机器评分的选择题、封闭式问答题等，还有开放式问答题以及部分简答题，由于这些问题没有固定答案，因此需要人工编码，这部分试题大约占试题总量的 45％，如果按每个国家或地区最少 4 500 人参与测评来算，大约有 116 000 个问题需要进行人工评分。其中，开放式题目的评分标准是根据评分要点对学生的回答进行评分，评分要点类似考试中的"标准答案"，主要来源于 PISA 评估试题编制过程中的测试情况。首先，各参与国家或地区需提交至少由 30 名学生参加的试题实验性测试情况。若试题能够进入第二阶段的审核，澳大利亚教育研究理事会将会组织 50 名学生对再次修订过的试题进行实验性测试。除了要保证试题的准确性，还要及时收集学生的答案，用于评分指南中对于评分要点的描述。同时，一些具有代表性的答案将补充到回答示例中作为代码编号，以完善这一题目的得分点。[①]

PISA 试题的评分标准具备以下几条基本原则：第一，拼写和语法造成的错误一

---

① 教育部考试中心.（编）.（2016）.中国 PISA 2015 测试实践指导.广州：广东高等教育出版社,78.

般会被忽略，除非它们影响到了对整句话的理解；第二，对于一些主观题，评分为满分、零分、部分得分三个档次，分数是在确定等级后，根据所有参测学生的回答状况，以及对学生回答进行量化分析后才能最后确定；第三，尽管通过示例回答方便评分人员进行赋分，但评分员需要判断示例与学生回答之间的边界。以上原则表明，PISA重视学生是否真正了解了文本内容，如果学生的回答是合理的，一些拼写或语法错误一般可被忽略，这需要评分员区分、理解学生的答案，而不是找学生回答存在的错误。

无论是在学生学习成果的评估上，还是在抽样方式和评分程序上，PISA都制定了一整套标准框架，将影响学生成绩的相关因素囊括到这个标准内，通过这一整套的程序，PISA尽可能地促进指标的可比性，减少结果误差，实现测量的有效性。

二、指标导向

自PISA问世以来，比较教育分析不再是要比较各国的课程目标和内容，而是探究不同的因素与学生成就之间的关系：分析已经从研究学生所学到的知识转变为研究学生可以用所学的知识做什么。①

> 对教育系统的进度和质量的监控在很大程度上取决于指标，这些指标使政府当局和其他有关团体能够判断教育的投入和功能的发挥，以及所取得的成果。教育指标可以揭示教育系统的一些最关键的弱点，并且可以帮助政策制定者制定纠正政策。经合组织对于指标的构建是推行大规模教育评估的前提，因为没有这些指标，就无法定义教育系统的优劣。
>
> （受访者：C-191123-Z）

正如受访者（C-191123-Z）提出的那样，指标建构对于跨国或地区教育质量比较具有重要的意义。有学者指出，对于经合组织来说，其最大的影响与其包括PISA在内的指标议程，以及它在通过治理进行比较以构建全球教育政策领域方面的作用有关。② 经合组织认为，对教育系统内的进步和实践进行监测需要依赖指标，这些指标

---

① Hutchison, D. , & Schagen, I. (2007). Comparisons between PISA and TIMSS — are we the man with two watches?. In Loveless, T. (Ed.), *Lesson learned-what international assessments tell us about math achievement*. Washington, DC: Brookings Institute Press, 227-261.

② Martens, K. (2007). How to become an influential actor: the comparative turn in OECD education policy. In Martens, K. , Rusconi, A. , & Leuze, K. (Ed.), *New areas of education governance: the impact of international organizations and markets on educational policy making*. Basingstoke: Palgrave Macmillan.

可以帮助政府以及其他利益主体更好地判断教育运行过程中的结果,同时可以解释教育系统内存在的问题,进而促进教育改革或对政策进行改进。[①] 这样一来,构建统一的指标体系显得尤为重要。经合组织的指标体系主要有 6 类:A 类指标,主要涉及教育背景;B 类指标,主要涉及教育财政、人力投入;C 类指标,主要是公民的受教育机会、教育参与以及教育进步等;D 类指标,主要是学习环境及学校组织;E 类指标,主要是教育的个人社会产出和劳动力市场等;F 类指标,主要是学生的学业成就。

  经合组织 2002 年启动了一套新的概念框架:一是将教育系统的行为体分为个体学习者、教学环境、教育服务提供者以及整个教育系统四个层次;二是将指标分为产出与结果,塑造教育成果的政策框架和背景,作为政策背景的前因以及限制性因素;三是明确指标涉及的政策问题。在此背景下,PISA 指标简化并量化了国家或地区教育系统中要解决的政策问题,该过程涉及将复杂的教育成果简化为易于理解和使用的指标。PISA 测评会跟踪一个国家或地区的教育系统在一段时间内的趋势,每三年报告一次系统在阅读、数学和科学方面的表现是否客观,相对于其他国家或地区而言是否正在提高、下降或保持稳定。通过指标测评,PISA 正在塑造和确定决策者如何理解其教育系统的性能以及需要重点关注的领域。

(受访者:S - 191030 - S)

  正如受访者(S - 191030 - S)所述,PISA 指标的构建注重教育产出,强调通过影响学生成绩的相关因素,探究教育系统质量,并引发政策讨论。在 PISA 测评中,其指标体系的构建是经过长时间的调查、分析、研究,在经合组织成员国内达到广泛共识的,延续了经合组织围绕学生成绩进行指标构建的做法,旨在通过指标反映出当前参与国家或地区教育的实际情况,其目的在于搭建成绩与影响因素之间的链接,促进参与国家或地区教育政策的改进与调整。从指标来源来看,主要包括学生、家长、学校(校长与教师)三部分,通过阅读、科学、数学素养测试以及相关非认知问卷获得。从各主体的调查问卷来看(表 2.5),就学生层面,涵盖了学生的基本情况,根据这些内容构建相关指标,例如学习动机、自我效能感、自我认知、职业期望等;就家长层面,主要是通过调查家庭背景,辅助了解学生的基本情况,以及家长参与学生学习、对学校的了解程度、择校等情况,了解诸如家长参与学生学习等指标;就学校层面,包含了学校属性、学

---

① OECD. (1993). *Education at a glance: OECD indicators 1998*. Paris: OECD Publishing.

校的硬件与软件设施、资源，以及具体到课程、班级规模等因素，了解诸如学校学习氛围指标等。基于不同主体的测量因素，通过测试与问卷调查进行数据收集，形成与学生表现相关的指标，例如职业期望、学习动机、兴趣、参与度、幸福感、自我效能感、成长型思维、自我认知、社会关系、课外学习时间等，构建回归模型，利用相关性分析对各参与国家或地区学生的表现进行说明。

表 2.5　PISA 测评部分指标来源以及相关内容

指标来源	相关内容
学生	学生基本情况，包括性别、家庭情况、学生生活的各个方面等，例如他们对学习的态度、习惯、校内外生活以及家庭环境。
家长	家庭背景（经济、社会和文化地位，移民或非移民）、家庭环境、家长对学校的看法以及参与程度、择校、家长对孩子的职业期望等。
学校	学校属性，社会经济地位高的学校或是处境不利的学校； 学校方面，例如学校人力和物力的质量、公共和私人管理、资金、决策过程、培训实践、课程重点及提供的课外活动； 教学内容，包括机构结构和类型、班级规模、教室和学校环境以及课堂活动； 学习的各个方面，包括学生的兴趣、动机和参与度。

三、内容规范

PISA 旨在评估学生在多大程度上有能力利用他们所学到的知识和技能来应对现实挑战。PISA 采用了一种独特的"素养"概念，侧重于学生能够将他们的知识运用到现实环境中，以及他们在各种情况下能够有效地分析、推理和沟通的能力，其核心目标是提供跨学科可比的证据，证明学生在被认为对成年生活很重要的技能方面的表现。

PISA 框架中的"素养"，不同于知识，它是"学生在主要学科领域应用知识和技能的能力，以及在不同情境中提出、解决和解释问题时有效地分析、推理与交流的能力"。由此，确定了 PISA 评估的基调。例如，PISA 2009 考察了阅读、数学、科学三个基本素养的定义和测试的维度、基本内容（表 2.6），三个素养都强调对知识和技能的运用，以及是否能积极参与社会活动。这些素养都侧重于三个方面：学生在每个领域需要获得的知识内容或结构；需要执行的一系列过程、各种认知技能；应用或利用知识和技能的情况或背景。[①]

---

① 陆璟.(2013). PISA 测评的理论和实践. 上海：华东师范大学出版社,13—15.

表 2.6　PISA 2009 测评素养维度

素养	阅读素养	数学素养	科学素养
定义	个人理解、使用、反思和参与书面文本以实现其目标,发展其知识和潜力以及参与社会的能力。除阅读和字面理解外,阅读素养还涉及解释和反思,以及利用阅读来实现人生目标的能力。	个人在各种情况下设计、运用和解释数学的能力。它包括数学推理以及使用数学概念、过程、事实和工具来描述、解释和预测现象。它帮助个人认识数学在世界上所扮演的角色,并作出建设型、参与型和反思型公民所需的有根据的判断和决定。	• 拥有科学知识,并使用该知识来识别问题、获取新知识、解释科学现象并得出与科学有关的问题的循证结论。 • 了解科学作为人类知识和探究形式的特征。 • 了解科学和技术如何影响我们的物质、知识和文化环境。 • 以反思型公民的身份参与与科学有关的问题并具有科学观念。 科学素养需要对科学概念的理解,以及应用科学观点和科学地思考证据的能力。
知识领域	• 连续文本:包括不同种类的散文,例如叙述、论述、论证 • 非连续文本:包括图形、表格和列表 • 混合文本:包括连续和非连续格式 • 多种文本:包括用于特定目的的并列的独立文本(相同或不同格式)	定义数学所需的知识: • 数量 • 空间和形状 • 变化和关系	科学知识,例如: • "物理系统" • "生活系统" • "地球和空间系统" • "技术系统" 有关科学的知识,例如: • "科学询问" • "科学解释"
涉及的能力	阅读任务或过程的类型: • 访问与检索 • 整合与解释 • 反思与评价 • 综合型。例如,从多种电子文本中查找、评价和整合信息	定义数学所需的技能: • 运用(简单的数学运算) • 联系(汇集思想以解决简单的问题) • 反思(更广泛的数学思维)	科学任务或过程的类型: • 确定科学问题 • 解释科学现象 • 利用科学证据
背景	文本构造的用途: • 个人 • 教育 • 职业 • 公共	数学的应用领域,重点是与个人、社会和全球环境有关的用途,例如: • 个人 • 教育和职业 • 公共 • 科学	科学的应用领域,着眼于个人、社交和全球环境相关的事务,例如: • 健康 • 自然资源 • 环境 • 科学技术前沿

资料来源:OECD.(2010). *PISA 2009 results*(*volume i*):*what students know and can do — student performance in reading*,*mathematics and science.* Pairs:OECD Publishing.

随着社会环境的变化以及对未来学生所具备能力的新要求，PISA 的测评内容也在不断更新，本部分研究选择 PISA 2000—2018 年的素养框架为分析内容，探究 PISA 测评在发展中如何通过不断更新内容来适应教育改革的需要。

（一）阅读素养

PISA 对素养的界定随着每一轮测评也在发生着变化。随着阅读素养性质的变化，该框架也发生了变化。

　　阅读素养是第一个 PISA 周期（PISA 2000）评估的主要领域。在第四个 PISA 周期（PISA 2009），它是第一个作为主要领域而被重新审视的，需要对其框架进行全面审查并开发代表该框架的新工具。2018 年，在第七个 PISA 周期，再次对该框架进行了修订。PISA 的原始阅读素养框架是为 PISA 2000 周期（从 1998 年到 2001 年）而开发的，该过程由参与国选定的阅读专家组成 PISA 2000 阅读专家组来建立共识。阅读素养的定义部分来自 IEA 阅读素养研究（1992）和国际成人素养调查。

（受访者：J-191117-Y）

　　PISA 阅读素养的评估反映出成人识字率调查所强调的阅读技巧对参与社会的重要性。同时它受到诸多阅读理论的影响，其中绩效理论强调阅读中多种语言认知过程及其互动[1][2][3]、话语理解和解决问题。[4] PISA 阅读框架旨在适应并整合理论和实践的新发展，既反映了我们对阅读本质的理解的扩展，也反映了当下教育环境以及未来社会对学生要求的不断变化。自 2000 年以来，阅读观念发生了变化，阅读素养的定义得到了扩展与修正。PISA 2000 提出阅读素养是指理解、使用和反思书面文本，以实现自己的目标，发展自己的知识和潜力，并参与社会的能力。PISA 2009 对阅读素养的定义（也用于 2012 年和 2015 年）增加了对阅读的参与：阅读素养是指理解、使用、反思和参与书面文本，以实现自己的目标，发展自己的知识和潜力，并参与社会的能力。PISA 2018 对阅读素养的定义包括将"文本评估"作为阅读素养的组成部分，并删除了

---

[1] Perfetti, C. (1985). *Reading ability*. New York: Oxford University Press.

[2] Perfetti, C. (2007). Reading ability: lexical quality to comprehension. *Scientific Studies of Reading*, 11(04): 357 - 383.

[3] Britt, M. A., Goldman, S. R., & Rouet, J. F. (Eds.). (2013). *Reading — from words to multiple texts*. New York: Routledge.

[4] Rouet, J. (2006). *The skills of document use: from text comprehension to web-based learning*. Erlbaum: Mahwah.

"书面"一词。

　　PISA 阅读框架明确到阅读的动机、行为以及认知特征。在第一个 PISA 阅读框架的"其他问题"下,简短地提到了阅读参与和元认知(一种对人们如何发展对文本的理解和使用阅读策略的认识与理解)。[①] 根据最近的研究,在 PISA 2009 和 PISA 2015 的阅读框架中,阅读参与和元认知的特征更为突出,可以作为阅读素养的组成部分加以发展和促进。从 PISA 2000 到 PISA 2009 的框架的第二个重大修改是增加了数字文本,这是因为认识到此类文本在个人成长和积极参与社会中的作用日益增强。[②] 这种修改与评估是基于计算机的格式,因为测评涉及在计算机屏幕上显示文本。

　　PISA 2015 的阅读只是次要领域,并且保留了针对 PISA 2009 开发的阅读素养的描述和说明。但是,PISA 2015 涉及测试管理程序的重要更改,其中一些要求对阅读框架的措辞进行调整。例如,PISA 2015 的阅读评估主要通过计算机进行,并重新对"环境"和"中等"维度进行了讨论,在其中加入了"固定"和"动态"两个术语。PISA 2018 阅读素养框架保留了 PISA 2009/2015 框架的部分方面。对此,有受访者(G-191115-K)指出了 PISA 2018 与之前版本的不同:

　　　　首先,该框架将传统意义上的阅读与过去几十年来由于数字设备和数字文本的传播而不断出现的新阅读形式完全集成在一起。其次,该框架包含基本阅读过程中涉及的结构。这些结构,例如阅读的流利性、直译、句子间的整合、中心主题的提取和绘图推断,是处理特定内容的复杂或多种文本的关键技能。如果学生无法进行更高级别的文本处理,则至关重要的是要知道失败是不是由这些基本技能的困难所致,以便为这些学生提供适当的支持。再次,框架重新审视了阅读素养的组织方式,以合并阅读过程,例如评估文本的准确性,寻求信息,对多个来源的信息进行阅读以及跨来源整合信息。该修订版重新平衡了不同阅读过程的重要性,反映不同结构的全球重要性,同时确保链接到先前的框架,以便能够衡量成就趋势。最后,该修订版考虑了如何利用新技术以及对涉及印刷文本和数字文本的场景的使用,以实现对阅读的更真实的评估,并与世界各地当前使用的文本保持一致。

(受访者 G-191115-K)

① OECD. (2000). *Measuring student knowledge and skills*: *the PISA 2000 assessment of reading*, *mathematical and scientific literacy*. Paris: OECD Publishing.

② OECD. (2011). *PISA 2009 results* (*volume vi*): *students on line*: *digital technologies and performance*. Paris: OECD Publishing,.

　　随着我们访问文本信息的媒介从印刷品到计算机屏幕再到智能手机，文本的结构和格式已经发生了变化。从 PISA 2000 的阅读素养为扫盲助力，到评估学生阅读素养水平的主要兴趣是能够理解、解释和反思单篇文章的能力，到今天的强调信息技术背景下对于学生数字阅读素养的提升，阅读素养的关键词变为理解、使用、评估和反思，增加了"评估"一词，其内涵强调了目标导向，因此学生必须权衡诸如文本中论点的准确性、作者的观点以及相关性等因素。

（二）数学素养

　　在 PISA 2000 中，数学素养要求学生能够识别、理解有关数学问题，具备通过数学进行判断以及解决有关数学方面的问题的能力，以满足个人当前和未来生活的需求。其主要关注的是有关数学方面的能力，例如，数学思维能力，考察学生理解、区分数学概念的范围；数字论证能力，包括什么是数学证明以及它们与其他数学推理的区别；跟踪和评估不同类型的数学论证链，并创建数学论证链；建模技巧，包括构造要建模的领域或情况；"数学化"（将"现实"转化为数学问题）；"去数学化"（用"现实"来解释数学模型）；使用数学模型；验证模型；反映、分析并提供对模型及其结果的批评；交流有关模型及其结果的信息（包括此类结果的局限性）；监视和控制建模过程；问题解决技巧、表达、沟通、使用辅助工具，等等。此外，还关注数学课程以及数学情景等。[①]

　　PISA 2003 强调，在 20 世纪的大部分时间里，学校数学和科学课程的内容主要是为少数数学家、科学家和工程师提供专业培训的基础。然而，随着科学、数学和技术在现代生活中的作用日益增强，个人成就感、就业和全面参与社会的目标日益要求所有成年人——不仅仅是有志于科学职业的成年人——具备数学、科学和技术素养。作为数学素养的主测年份，与 PISA 2000 不同的是，PISA 2003 开始关注在现实情境下学生激活他们所学的数学知识和技能来解决现实问题的能力。其素养定义为，"确定和理解数学在世界上的作用，作出有根据的判断，以及以满足个人作为一个建设型、负责任和反思型公民的生活需要的方式使用和参与数学的能力"。PISA 2003 还罗列了数学素养考察的内容，与算术、代数、几何等传统数学问题有关，例如与空间相关的数学问题（几何），变化和关系（代数、图形等），概率和统计问题等。

　　PISA 2012 在以往的基础上，对数学素养的概念增加了"运用和解释数学的能力"。该定义断言了数学对于学生充分参与社会的重要性，并规定了这种重要性来自数学可以用来描述、解释和预测多种现象，并强调由此产生的对现象的洞察力是进行

① ［澳］凯·斯泰西.（2017）.数学素养的测评：走进 PISA 测试.曹一鸣，等，译.北京：教育科学出版社,35.

明智的决策和判断的基础。在 PISA 2012 数学素养定义中出现的对"工具"的引用也反映了对现实环境的关注。这里的"工具"一词是指在 21 世纪的工作场所中无处不在的物理和数字设备、软件和计算设备。评估工具包括标尺、计算器、电子表格、在线货币转换器和特定的数学软件。使用这些工具需要具备一定程度的数学推理能力,以便能够更好地解决与数学相关的问题。在数学基础能力方面,PISA 2012 在 PISA 2000、PISA 2003 数学能力框架的基础上,整合出包括沟通、数学化、识别、解决、使用符号、使用工具等更抽象的能力。另外,自 PISA 2009 增加了基于计算机的评估后,PISA 2012 中增加了与数学相关的信息、通信技术等知识和技能。

PISA 2018 在延续以往数学测评内容的基础上,试图衡量学生在各种情况下,包括新的和不熟悉的情况下,可以从所学知识中推论和运用数学知识的能力。PISA 更加强调与学生经历相关的现实情境,例如购物、观看比赛、项目成本估算等。学生要在 PISA 数学素养中获得好成绩,必须能够进行数学推理并使用数学概念、过程、事实和工具来描述、解释与预测现象。为此,PISA 数学素养要求学生具备数学知识和技能以解决问题。例如,使用计算器、标尺或电子表格等工具来解决现实中的问题。

(三) 科学素养

科学教育的基本成果是检验 PISA 测评中学生所具备的科学素养的基础。与科学素养相关的定义在一些国家或组织中已经比较普遍。科学素养概念被包含在有关学者对于科学素养的诸多不同观点中。例如,毕比(Bybee)提出了四个级别,其中最低的两个级别是"名义科学素养"和"功能科学素养",[①]但这两个水平被认为太低而无法在 OECD/PISA 科学框架内实现目标。毕比所确定的最高水平是"多维科学素养",包括对科学的本质及其历史和文化角色的理解。OECD/PISA 科学框架更接近毕比的第三级,即"概念和程序科学素养"。

"科学素养"一词强调了 PISA 的目标,不仅旨在评估学生在科学领域中所学的知识,而且还可以评估如何创造性地将科学知识应用于现实生活中。PISA 2000 指出:"科学素养是利用科学知识识别问题和得出循证结论的能力,以便理解和帮助学生作出有关自然世界及其因人类活动而发生的变化的决定。"自 PISA 2006 起,科学素养涉及的内容更加具体,例如在情境方面,列举了在个人、社会、全球维度下,有关健康、自然资源、环境、灾难、科学技术前沿等相关的情境,代表未来学生可能面临的与科学有关的问题。在能力层面,强调学生识别科学问题,科学地解释现象并使用科学证据。

---

① Bybee, R. W. (1997). Towards an understanding of scientific literacy. In Grabe, W. , & Bolte, C. (Eds.), *Scientific literacy — an international symposium*. Kiel: IPN.

选择这三个能力是因为它们对科学实践的重要性以及与关键认知能力的联系,例如,归纳或演绎推理,基于系统的思维,关键决策,信息转换(如从原始数据中创建表格或图表),基于数据的论点和解释的构建与交流,模型方面的思考以及科学的运用,等等。PISA 2006 描述了三种科学能力的基本内容。例如,在科学问题层面,要求学生识别可能要进行科学调查的问题,识别关键词并链接相关的科学信息以及认识科学研究的关键特征。

　　PISA 2015 的科学素养评估框架是在 PISA 2006 框架的基础上生成的,包括了内容、能力、知识、态度四个方面。图 2.1 展示了 PISA 2015 科学素养的内容,与 PISA 2006 相比,主要区别在于,PISA 2006 定义的“知识”的概念为“不仅是指事实、名称、术语的知识,还包括对重要科学概念的理解,以及对科学知识的局限和作为人类活动的科学的本质的认识”,并分为两个部分:程序知识和认知知识(即关于科学理解的性质和起源的知识)。PISA 2015 在此基础上,增加了对构成科学知识基础的主要事实、概念和解释理论的理解;这种知识包括有关自然世界和技术工艺品的知识(内容知识)。此外,科学素养内容在 PISA 2015 中得到扩展,例如基于与计算机进行交互活动,第一次通过要求应试者设计(模拟)实验并解释所得到的证据来评估学生进行科学探究的能力。在 PISA 2018 中,关于科学素养评估的内容,基本上延续了 PISA 2015 的框架。

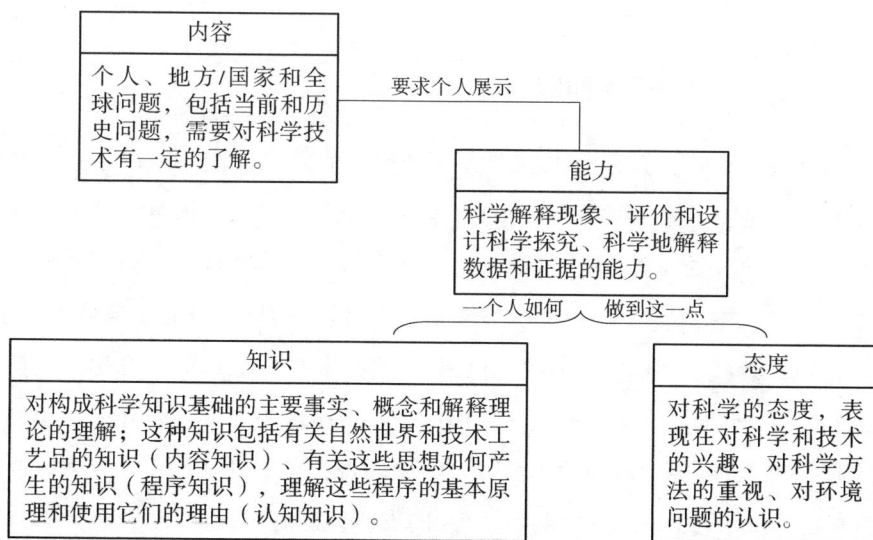

图 2.1　PISA 2015 科学素养评估框架

　　资料来源:OECD. (2016). *PISA 2015 results (volume i): excellence and equity in education*. Paris:OECD Publishing.

对于素养的考察,PISA 更加侧重学生应用阅读、数学、科学知识的能力,而不仅仅是对知识的背诵等硬性掌握。PISA 关注的是学生用相关知识、方法、态度等认识现实世界及与之相关的问题,其目的在于分析、解决实际生活问题。此外,PISA 测评还通过增加相关测评内容,例如财经素养、问题解决能力、全球胜任力等,应对未来生活对学生的要求。

综上,PISA 通过制定标准框架,确定测量指标,规范测评内容,并利用科学合理的评估程序,得出一个国家或地区的学生在不同指标下的现实状况,并进行跨国或地区比较分析。PISA 产生的信息使政策制定者可以密切关注与教育成功相关的因素,而不仅仅是在孤立的结果之间进行比较。例如,PISA 可以告诉他们,与其他国家或地区的学生相比,来自本国或地区富裕和贫困家庭的学生之间的成绩差距有多大;PISA 还提供有关学校特征的见解,以及这些特征与学生水平的关联,学生态度的哪些方面似乎对学习贡献最大,等等。同时 PISA 根据各国或地区学生的表现将教育系统分为高绩效、中绩效或低绩效教育系统。在连续几轮调查中,经合组织确定了 PISA 的一贯高绩效国家——芬兰、加拿大、日本和韩国。PISA 对教育系统的分类触动了参与国家或地区对教育改革的需求。经合组织认为,中绩效和低绩效的系统被认为是必须进行改革以提高教育质量的。对此,PISA 负责人指出,在教育改革中,通过参照高绩效国家或地区教育系统的政策表现,在短期内获得改善是可能的。[①]

第三节　教育改革对 PISA 的回应

PISA 作为一项跨国教育评估,其结果逐渐被各个国家或地区重视,使得一些国家或地区从不同程度上根据国际测试的标准进行教育改革。[②] 国外融文(Meltwater News)新闻数据库显示,全球引用 PISA 的文章中约有 27%—28%将该调查作为进行教育改革的参考。在 PISA 2009 报告发布后,不同国家的反应引起了媒体的关注(图2.2)。在美国、挪威、加拿大、新西兰和英国,媒体并未对 OECD 的教育比较或特定国家或地区的成绩给予任何明显的关注。因此,PISA 在这些国家并未开启关于教育改革的讨论,而在其他国家,例如德国、西班牙、墨西哥和奥地利,PISA 已成为媒体广泛报道的主题。相比之下,在这些国家,PISA 的发布伴随着广泛的公共教育话语,在某

① Schleicher, A. (2009). Securing quality and equity in education: lessons from PISA. *Prospects*, 39: 251—263.
② Meyer, H.-D., & Benavot, A. (2013). *PISA, power and policy: the emergence of global educational governance*. Oxford: Symposium Books.

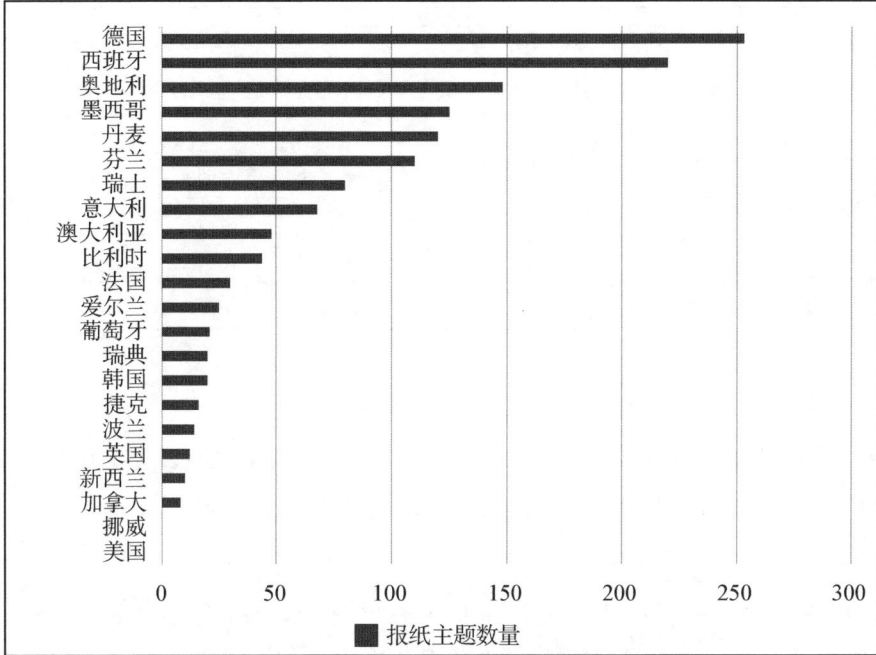

图2.2　部分国家PISA主题报告的数量

资料来源：Martens，K.，& Niemann，D.（2010）. *Governance by comparison：how ratings & rankings impact national policy-making in education*. TranState working papers，Collaborative Research Center 597，University of Bremen.

些情况下，其最终结果是掀起为克服重大缺陷而进行的教育改革。

　　哈佛大学比较教育政策专家斯坦纳-卡姆西（Steiner-Khamsi）认为，国际比较会造成三种基本的态度，即羞耻，批评了某国家或地区薄弱的教育系统；赞颂，褒奖了某种优秀的教育系统；对结果的漠不关心。[①]　格雷克（Grek）则分为惊讶、震惊、促进。[②]　一些政府以惊慌失措和一系列改革活动回应，而其他政府则更冷静地回应或完全忽略了结果。[③]　通过对20位PISA项目组工作人员、10位教育决策者、30位教育研究者的访谈数据分析发现，90％的受访者认为PISA对教育改革有影响。基于以上受访对象对于教育改革的反应，结合一些国家或地区政府出台的相关政策文件，本部分内容将PISA结果公布后一些国家或地区的反应类型归纳为借鉴型变革、深化型变革、拒斥型变革三种（表2.7）。

---

① Steiner-Khamsi，G.（2003）. The politics of league tables. *Journal of Social Science Education*，2（01）：1-6.

② Grek，S.（2012）. What PISA knows and can do：studying the role of national actors in the making of PIS. *European Education Research Journal*，11（02）：244-255.

③ Wiseman，A. W.（2013）. Policy responses to PISA in comparative perspective. In Meyer，H. -D. & Benavot，A.（Eds.），*PISA，power and policy：the emergence of global educational governance*. Oxford：Symposium Books.

表 2.7　PISA 测评后主要国家或地区的政策反应类型

类型	主要代表国家或地区		表现形式/程度
借鉴型变革	德国、日本、挪威、法国、西班牙		"PISA 震惊"
深化型变革	正向：澳大利亚、加拿大		在 PISA 中表现良好，继续维持或加强原有的政策方向
	反向：中国上海、芬兰		在获得前几名后，反思自身取得优质地位的原因
拒斥型变革	美国、英国		无视 PISA 结果

一、借鉴型

借鉴型是指对 PISA 项目结果反应强烈，多数是一些表现比较差的国家或地区，力图通过借鉴别的国家或地区的教育改革经验改变自身教育问题。

> 在我的祖国德国，PISA 2000 结果发布后的教育政策辩论非常激烈。面对学生成绩低于预期的结果，决策者经历了"PISA 震惊"。震惊的是，有关教育政策和改革的公众辩论持续不断，在我国的报纸和电视上占据了几个月的新闻主导地位。
>
> （受访者：G-191210-T）
>
> 德国的教育政策调整与 PISA 密切相关。例如，制定了教育标准，并进行了中央监督，减少了自上而下的治理，加强了学校的自主权，扩大了经验教育研究和以证据为基础的政策制定。
>
> （受访者：G-191205-M）

正如两位受访者所说，2001 年末发布的第一份 PISA 结果引发了德国内部的"PISA 震惊"，分析报告指出了德国在教育质量上的落后地位，与其他发达国家相比，并不是像预期的那样——作为欧洲教育的领导者，教育质量问题成为德国最常讨论的主题之一。德国的阅读素养在 32 个国家中排在第 21 位，数学素养排在第 20 位，科学素养排在第 20 位。德国 15 岁学生的成绩均明显低于经合组织国家的平均水平。在阅读素养方面，23% 的德国学生处于最低水平及以下，移民学生的表现更是令人堪忧。[①] 除了总体表现不佳，德国显然是经合组织国家中学生表现差异最大的国家之

---

① OECD. (2001). *Knowledge and skills for life：first results from the OECD programme for international student assessment（PISA）2000*. Pairs：OECD Publishing.

一。在任何一个工业化国家中，学生的学业成绩都没有像德国那样受到家庭背景如此强烈的影响。这意味着社会背景和学校表现之间的联系程度非常高。与其他经合组织国家相比，德国的教育体系似乎无法减少现有的社会不平等。因此，德国的教育系统没有为每个孩子提供一个与他/她的社会经济背景无关的基本相同的学业成功和发展机会。鉴于 2001 年 12 月 PISA 发布的实证研究结果是负面的，就在 PISA 正式发布的同一个月，德国教育和文化事务部出台一项行动计划，将为进行实质性改革提供框架，并指导各州的长期改革。此外丹麦也发生了与德国类似的反应，PISA 2000 的结果显露出丹麦教育系统存在的严重问题，即为何资金充足的丹麦教育体系其学生的表现处于中等水平，以及为什么社会公平仍然是一个问题。有学者指出，PISA 2000 的结果对教育和政治辩论产生了重大影响，丹麦政府随后实施了一系列改革政策，包括加强监测与评估，以及制定针对社会经济弱势和移民学生的战略。①

日本在全球范围内被推广为 TIMSS 项目的教育成功案例。因此，在经历了 PISA 2003 学生阅读能力下降，PISA 2006 学生数学素养再次下降后，日本教育部门也受到了巨大的冲击。

（受访者：US‐191114‐J）

正如受访者所述，由于与之前 TIMSS 的优异结果形成了鲜明对比，日本也被确定为在国家教育改革中经历过"PISA 震惊"的国家。日本在 PISA 2000 中表现最佳，但在 PISA 2003、PISA 2006 中，其表现有所下降，显露出"危机"，这引发了关于教育改革的重大公众和政治辩论。为了应对 PISA 成绩的下降，日本教育部推翻了一项有争议的宽松课程政策，并对国家评估实践进行了修改。② 2004 年 12 月，文部科学省成立了"PISA 应急工作组"，总结 PISA 测评中日本学生的表现并用于教育评价改进，认为关于阅读素养，重要的是在理解和评估文本的同时提高阅读能力，提高基于文本的个人想法的表达能力，增加表达和发表个人观点，并阅读各种句子和材料的机会。关于数学素养，有必要确保学生对基本计算技能和定量数字的理解，以数学方式描述和解释现象，鼓励学生将数学与现实生活联系起来，并意识到数学的用处。关于科学素养，目的是加强对自然现象的解释并表达其结果，将其与自然事件联系起来，并找到与其他

① Egelund, N. (2008). The value of international comparative studies of achievement — a Danish perspective. *Assessment in Education: Principles, Policy & Practice*, 15(03): 245-251.

② Takayama, K. (2008). The politics of international league tables: PISA in Japan s achievement crisis debate. *Comparative Education*, 44(04): 387-407.

主题的联系,还通过科学实验来激励学生参与科学探索的过程。同时还强调在课堂上设定评估目标,给予适当的作业,培养学生良好的学习习惯以及遵守课堂纪律,等等。

二、深化型

深化型是指部分国家或地区在 PISA 测评后,对自身教育改革的深化,分为正向与反向两种形式。前者在于肯定原有的教育改革方向,继续推行本国或地区正在进行或即将要进行的相关教育政策以及措施;后者中的许多国家或地区(多指 PISA 高绩效国家或地区)通过 PISA 结果反馈以及与其他国家或地区的 PISA 结果对比后,发现了自身教育改革中存在的问题,不唯排名、分数,掀起了新的修正式的教育改革。

就正向的教育改革深化来看,加拿大在 PISA 2000 的阅读、数学、科学上的成绩分别位居第 2、3、4 名,其优异的成绩从一个侧面反映了 20 世纪 90 年代该国加强基础教育改革及其政策调整的成功。加拿大政府为提高基础教育质量,试图改变政府为中心的单向的教育管理格局,明确政府、公民、社会之间的教育权责关系,扩大民众参与,建立协商互动机制。在参与第一轮 PISA 测评后,正如受访者所说(C - 190305 - Y),加拿大进一步深化教育改革,发挥不同利益主体在学校管理中的作用,推进教育公平,PISA 2006 报告公布后,加拿大学生延续了上一轮的优秀表现。

> 在加拿大,PISA 2000 的结果使得教育行政部门获得了诸多有关教育系统的数据,检测了该国教育在国际上所处的水平。对于取得的良好成绩,则证明了近年来政府实行教育改革的成效。对此,加拿大政府继续深化教育改革,进一步强化教育问责,注重推进教育公平等。
>
> (受访者: C - 190305 - Y)

相反,自从 2001 年首次发布 PISA 报告以来,"PISA 芬兰奇迹"一直处于国际关注的中心。正当国际社会对芬兰现有的教育体系喝彩之时,芬兰政府依然选择改变原有的课程体系,通过增加必修课程的比例和加强核心学科的比重来保持课程体系的平衡。[①]

---

① Grek, S. (2009). Governing by numbers: the PISA 'effect' in Europe. *Journal of Education Policy*, 24(01): 23 - 37.

在上海参与 PISA 2009 测评后,其借鉴了 PISA 数据和实证研究,反思教育背后的问题。针对 PISA 2012 和 PISA 2015 反映的学生负担重、学习时间长等问题,上海市教委成立基础教育质量监测中心,研制上海市基础教育质量标准和监测工具,包括如何建立以学科课程标准为基础的学业评价标准;如何设计学科评价基础框架;如何改进学业质量评价的命题技术;如何加强对学业质量评价结果的统计分析;如何实施有效的教学反馈等。力图通过评价改革,改善"唯分数""唯排名"等在教育评价中存在的问题。

（受访者：C - 190110 - Y）

在上海中学生代表中国连续两届拿下冠军的光环下,中国并没有沾沾自喜,而是探求成绩背后教育改革中存在的问题并进行修正。为解决学生成绩高背后的课业负担重的社会现实,上海市提出构建绿色指标评价体系,打破了以往学业质量等同于学业成绩的单一偏向,构建一个包含学生学业表现、品德行为、身心健康等诸多方面的框架。自 2011 年起,上海市对小学、中学开展了 9 次绿色指标评价,针对存在的问题进行整改。学业质量绿色指标综合评价通过调查问卷、测试等形式,测评包括学生学业水平、学习动力、学业负担、师生关系、教师教学方式、校长课程领导力、学生社会经济背景对学业成绩的影响、学生品德行为、身心健康和跨年度进步等十大方面。2019 年 12 月,上海市教委公布了 2018 年度初中学业质量"绿色指标"评价结果。在 2018 年全市超过 600 所初中学校,大约 1 100 多名校长、超过 60 000 名九年级学生参加了此次评估,结果显示,相比以往学生学习压力大的情况有所改善,学生认同感增强,区域、城乡之间差异不断缩小,提质增效工作取得积极进展。[1]

三、拒斥型

拒斥型是指在 PISA 测评后与德国的反应截然不同的表现,具体来看,就是无视 PISA 结果。例如,美国虽然采取了进一步标准化和比较评估的措施,但国际比较标准(PISA)仍未引起其注意。美国对 2000 年、2003 年和 2006 年的 PISA 测试更多表现出的是"漠不关心"。

虽然 PISA 对美国调查的结果一直低于经合组织的平均水平,但美国政界和公

---

[1] 新浪网.上海 645 所初中问卷调查：88%以上学生喜欢自己的学校.(2019 - 12 - 18)[2020 - 03 - 21]. https://k. sina. cn/article_1737737970_6793c6f202000srsj. html.

众对这项研究的关注度很低,[1]其国家媒体的回应是所有经合组织国家中最低的。[2] 从美国的角度来看,PISA 没有给美国教育系统提供任何重要的新信息:美国学校的低质量是常态,因此 PISA 带来的关于学校教育质量问题的压力并没有引起注意。对美国政府来说,PISA 只确认了这些教育中本已存在的缺陷,并没有引起任何强烈的反应。正如受访者(US‐191102‐C)所说,尽管 PISA 结果显示了美国教育系统由来已久的公平问题,宣告了以往教育改革在此问题上的失败,但也未得到美国政府的关注。

> PISA 结果显示美国学生的总体成绩在 2000 年至 2012 年期间并未改善。尽管自 1960 年代以来美国政府致力于促进教育系统公平,但目前的改革并未提供措施来改善移民背景或低经济地位儿童的机会。例如,PISA 2012 的结果显示美国的白人和亚裔在数学、阅读、科学与解决问题上的成绩高于经合组织平均水平,但非洲裔和拉丁裔美国学生的成绩则远低于经合组织水平。与其他参与国家或地区相比,美国是 PISA 项目中学生表现最差的国家之一。尽管在所有 PISA 调查中美国的结果始终低于经合组织平均值,但美国政界和公众对此研究的关注很少。
>
> (受访者:US‐191102‐C)

自 PISA 2000 以来,英国学生在数学、阅读、科学素养中的表现并不是十分出彩,在 PISA 2012 中排名第 20 位以后。整体而言,英国在 PISA 2000 之后几乎没有媒体关注和改革举措,也没有引起广泛的讨论,政府对于学生的表现也没有表现出太多的惊讶。对此,有研究者认为,英国政府与民众的反应是由于英国在 PISA 结果公布之前的几年中实施了重大的教育改革。例如,发布了《儿童计划:构建更加美好的未来》(*The Children's Plan*:*Building Brighter Futures*)与《教学的重要性:学校白皮书 2010》(*The Importance of Teaching*:*The Schools White Paper 2010*)等。[3]

在全球化的形势下,教育被看作是国家经济竞争优势的核心,经合组织在各国教

---

[1] Dobbins, M. , & Martens, K. (2010). A contrasting case — the U. S. A. and its weak response to internationalization processes in education policy. In Martens, K. , Nagel, A. , Windzio, M. , & Weymann, A. (Eds.), *Transformation of Education Policy*. Basingstoke: Palgrave.

[2] Martens, K. , & Niemann, D. (2010). *Governance by comparison*:*how ratings & rankings can impact national policy making in education*. TranState Working Papers, Collaborative Research Center 597, University of Bremen.

[3] Dillon, S. (2010). Top test scores from Shanghai stun educators. (2010‐12‐07)[2019‐03‐20]. http://www. nytimes. com/2010/12/07/education/07education. html? r=1.

育改革与政策调整中发挥着越来越重要的作用。总体而言,如果要将改革举措判断为成功提高教育系统的质量,那么必须至少部分地通过改进 PISA 指标来证明这一点。[①] 从 PISA 第一次测评至今,许多国家从漠不关心、不闻不问到不得不关注 PISA。正如受访者(US-191114-J)提到的,尽管美国政府没有明确提出依靠 PISA 结果进行改革,但美国政府的种种做法都显示了教育改革契合了 PISA 的建议。PISA 2012 结果公布后,时任美国教育部长阿恩·邓肯(Arne Duncan)认为 PISA 显露了美国教育停滞不前,呼吁依靠 PISA 作为高中教育改革的标准。同样地,在英国,据报道 2010 年教育部的每张桌子上都有《PISA 2009 概览》,其研究成为教育改革讨论的重要资源。由此足以体现 PISA 在各国或地区教育改革与政策调整中的巨大影响力和作用。

> 在美国,《不让一个孩子掉队法》、《力争上游》(Race to the Top)的实施,标志着美国教育政策从追求教育机会公平转向追求教育结果公平。奥巴马总统还提出通过制定一项衡量合格学生的成绩和判断学校教育质量的系统来进行评估,依靠测试结果和指标,例如逃学的人数、毕业率、学习环境等,对教学质量不佳的学校进行干预,减少对质量良好学校的干预。总体而言,《不让一个孩子掉队法》和奥巴马政府的预期目标与 OECD 倡导的大多数建议相对应,但未提及 PISA。
>
> (受访者：US-191114-J)

如果创建教育指标和证据以鼓励与支持各国或地区的教育改革是 PISA 的一个关键目的,那么有充分的证据表明 PISA 取得了成功。在此背景下,各国或地区通过 PISA 排名检视本国或地区教育政策、改革的现状,并通过对排名靠前国家或地区的政策分析、移植、完善,进而提升本国或地区的教育质量、教育竞争力。

本章小结

根据哈格里夫斯(Hargreaves)和古德森(Goodson)的观点,教育改革已经经历了三个阶段。第一个阶段是乐观和创新的时代(1890 年代至 1970 年代后期)。在那个时代,随着学生人数的不断增长,人们祈求通过教育实现个人解放。教育改革的重心多是在课程改革、提高教师专业发展以及促进学校发展等方面。第二阶段是复杂和矛

---

① Breakspear, B. (2014). *How does PISA shape education policy making? why how we measure learning determines what counts in education.* Australia: Centre for Strategic Education.

盾的时代(1970 年代末至 1990 年代中期)。这一时期教育改革的重点是通过检查、评估来增强对学校、教师和学生的外部控制,这导致学校规章制度的增加和教师自治水平的降低。但是,与此同时,新自由主义运动增加了教育选择的自由度。学生群体变得越来越多样化,从而需要采用包容性方法,并将重点转向全民学习。第三阶段是标准化和市场化的时代(1990 年代中期至今)。教育改革的设计是基于集中规定的课程、学习和评估标准,而强化评估和测试以及学校之间竞争的加剧,使得教师逐渐失去了自主权。[①]

PISA 顺应了全球教育改革的趋势,其通过对教育质量、公平、人力资本、终身学习等的特有解释,实现了对教育改革的价值引领;通过制定标准框架、构建指标体系、更新测评内容,对教育改革施加影响。PISA 强调了国家或地区教育体系之间存在的教育差异,越来越多参与国家或地区的决策者强调透过 PISA 修正教育系统。在欧洲,三分之一的国家表示 PISA 给它们提供了更多有关课程和教学的信息。在亚洲,中国上海、中国香港、新加坡、日本和韩国等成绩斐然的国家或地区正在成为其他国家或地区政策效仿的榜样。在美国,低于经合组织国家平均水平的持续表现为本国加强标准化测试以改善教育质量,或借鉴其他高绩效国家教育系统的改革提供了理论依据。[②] 甚至像巴西这样的发展中国家,也越来越多地寻求借助 PISA 来发现问题并推动其教育改革计划。[③] 为什么 PISA 成功引发了一些国家的教育改革?以德国为例,面对 PISA 的冲击,德国的决策者(以及教育行政、民间社会中的其他利益相关者)被迫考虑如何改进教育体系。根据德国 PISA 结果得出的既定事实,经合组织为德国教育体系存在的问题提供了可解决的最佳计划与实践参照。本章力图揭示 PISA 影响教育改革的内在机理,下一章将进一步阐明 PISA 在哪些领域对教育改革产生了影响。

---

① Hargreaves, A., & Goodson, I. (2006). Educational change over time? the sustainability and non-sustainability of three decades of secondary school change and continuity. *Educational Administration Quarterly*, 42(01): 3 - 41.

② Mathis, W. J. (2011). International test scores, education policy, and the American dream. *Encounter*, 24(01): 31 - 33.

③ Bruns, B., Evans, D., & Luque, J. (2011). *Achieving world-class education in Brazil: the next agenda*. Washington, DC: The World Bank.

第三章 调适与变革：PISA 影响下的教育改革

在过去的几十年中,标准化的大规模国际学生评估越来越频繁,并且在政府、媒体、大众、学术界引发了极大的讨论。作为评估的工具,无论是在政治领域还是在教育领域,国际测试都不是新鲜事物。经合组织的 PISA 项目虽然不是第一个进行跨国评估的项目,但它不仅仅是一个评估项目,它是在一个明确与具体的政策框架下构建和运作的,这意味着如果参与国家或地区要改善其未来的 PISA 排名,从而提高它们在吸引经济和人力资本投资方面的地位,就必须采用这一政策框架。[①] 例如芬兰、中国上海等国家或地区的教育系统在 PISA 中被评为高绩效,从政策手段入手,在于为所有学生制定高标准;寻求问责制与自主权之间的平衡;促进教师专业发展;促进学生个性化发展等。[②] 这种推理方式使得低绩效的国家或地区可以通过学习并效仿世界上表现最好的学校系统制定政策。的确,自 PISA 产生以来的二十多年中,PISA 的结果已在多个国家推动了重大改革,越来越多的国家或地区正在寻求使用 PISA 数据进行变革,PISA 结果也对决策者、媒体和其他地方的公众产生了重大影响。本章试图在分析 PISA 对教育改革的助推作用的基础上,选取入学政策、课程政策以及教师政策,借助访谈调查材料,具体分析 PISA 对教育政策调整以及教育改革实践的影响。

第一节 PISA 与教育改革

受访者(US-190317-M)指出,"PISA 不仅是经合组织开展的教育研究和提供一般信息的项目,而且是被设计以影响教育决策的工具。因为经合组织不仅仅停留于对素养的评估上,还试图将评估结果转化为政策建议进行传播"。具体来看,PISA 为教育改革和实践提供见解,并有助于监测参与国家或地区内的学生以及不同人口群体获取知识和技能的趋势;通过反映那些绩效高、发展最迅速的学校系统是怎样的,PISA 的结果揭示了教育的可能性。通过这些信息,世界各国或地区的决策者可以评估本国

---

① Grek, S. (2010). International organisations and the shared construction of policy 'problems': problematisation and change in education governance in Europe. *European Educational Research Journal*, 9(03): 396-406.

② Schleicher, A., & Stewart, V. (2008). Learning from world-class schools. *Educational Leadership*, 66(02): 44-51.

或地区学生的知识和技能,与其他国家或地区的学生进行比较,根据其他学校系统实现的可衡量目标设定政策目标,并从其他国家或地区应用的政策和实践中学习。

一、PISA 对教育改革的助推作用

从理性主义的观点出发,PISA 这种通过比较参与国家或地区教育系统质量的方式减少了市场中的教育和信息成本,即在此背景下各国无法单独解决劳动力需求增加导致的教育系统的有关问题。因此,比较研究成为现实环境中特定问题不同解决方案的工具。只有通过国际比较分析,才能解释教育系统的绩效,从而展示一些国家的最佳教育实践。但 PISA 本身并不构成对教育问题的全新认识,不仅如此,在先前对于教育系统绩效期望的自我认知与 PISA 的结果冲突的情况下,实证结果并未得出有学者所说的"自我实现的预言"[1],结果恰恰相反。通常,如果发现预期结果与评估结果之间存在差异,可能会导致国际比较对被评估主题的自我认知进行重新评估,或者触发改革压力以满足未来的期望。在这种情况下,可以想象自我认知和评估结果之间存在不同的相互关系,不同的关系各自带来不同的后果,这就可能给被测国家或地区带来改善的压力。例如,评估结果好于预期,在这样的设置下根本没有压力发生。如果评估结果与预期相符,即达到期望值,这并不意味着没有改善的压力,而是不太可能发生"震惊"事件。但如果自我认知和评估结果之间的差距比较大,即评估结果低于预期,在这种情况下,对调查结果的了解可能会引起震惊,并给改进带来巨大压力。由PISA 引发的德国的震惊就说明了这一点,当时广大公众(包括大多数决策者)深信德国的教育体系是世界上最好的。通过显示与其他发达国家相比的教育质量赤字,PISA 报告的结果与这种自我认知形成了鲜明的对比。受访者(J－181107－T)指出,不光在德国,日本学生的 PISA 成绩也没有他们想象得那么好,评估结果与自我认知的落差加剧了进行改革的决心。

在参与 PISA 的国家或地区中,自我认知与评估结果的差异较大的国家比比皆是,例如德国、美国、英国、日本,等等。以日本为例,日本学生 PISA 2000 的阅读素养排名第 8 位,数学素养排名第 1 位,科学素养排名第 2 位。PISA 2003 的结果显示,日本学生的阅读能力有所下降;日本学生在阅读、数学、科学上的成绩分别为 498 分(第 14 位)、534 分(第 6 位)、548 分(第 2 位)。相比 PISA 2000 的 522

---

① Espeland, W. N., & Sauder, M. (2007). Rankings and reactivity: how public measures recreate social worlds. *American Journal of Sociology*, 113(01): 1-40.

分(第8位)、557分(第1位)、550分(第2位)来说，PISA 2003中阅读素养的得分和排名急剧下降；有14%的学生未达到PISA基线阅读水平Level 2，低于经合组织19%的平均水平，学生在以图表等"非连续性文本"为主的论述题上的错误率远高于经合组织的平均水平。PISA 2006中，科学素养是评估的主要领域。此次日本学生的阅读得分为498分，仅比经合组织平均水平高6分，排名下降至第15位。自PISA 2000以来的冲击，使得日本政府重新考虑课程、评价政策，并进行调整改进。

（受访者：US-180927-H）

综上，如果国家或地区在自我认知和评估结果之间显示出负差距，这种情况下PISA最有可能产生政策影响。从制度理性理论的角度来看，PISA进行的比较评估可以从外部揭示一个国家或地区教育系统的质量是否落后，以及必须考虑采取哪些改进措施。从内部来看，一个国家或地区对于教育质量的追求也助推其教育改革的产生。

二、PISA影响下的教育政策调整

2008年，经合组织PISA理事会对PISA引发的效应进行了外部评估。该评估旨在探讨PISA的相关性、有效性和可持续性，以及对参与国家或地区的政策影响。该研究包括548个问卷调查，这些问卷调查的对象为参与国家或地区的一些教育利益相关者。结果表明，PISA在国家层面的影响大于在地方政府或学校层面的影响，决策者被确定为最重要的利益相关者群体。该报告还强调，各国越来越重视PISA的评估技能，PISA工具通常用于监测一个国家或地区的绩效和公平性，而且PISA对政策的影响似乎随着时间而增加。[1] 有学者的研究还支持PISA引发了各种各样的政策反应，针对经合组织的37个成员国，旨在评估PISA为决策提供信息的程度。根据所得指数在0到14之间的得分，每个国家对它的评价为"不是很好""中等""好"或"非常好"。总体而言，部分一直参与PISA测评且接受调查的国家有80%以上报告其教育政策受到了一定程度的影响。具体来看其研究框架（图3.1）：1. PISA在国家层面的政策制定流程，包括依据PISA测评系统的表现改善教育政策和实践；使用PISA结果发现问题，以及作为高绩效教育系统的参考，引起关于国家教育政策的讨论。2. 在规范性国家政策工具中使用与整合PISA，包括在国家评估政策与实践中使用PISA；参考PISA

---

[1] Hopkins, D., Pennock, D., Ritzen, J., Ahtaridou, E., & Zimmer, K. (2008). *External evaluation of the policy impact of PISA*. Paris: OECD Publishing.

1. PISA在国家层面的政策制定流程	1a. 依据PISA测评系统的表现改善教育政策和实践 1b. 使用PISA政策发现，以及高绩效系统参考，引起关于国家教育政策的讨论
2. 在规范性国家政策工具中使用与整合PISA	2a. 在国家评估政策与实践中使用PISA 2b. 基于PISA参考设定类似的课程标准 2c. 基于PISA目标与表现进行监测

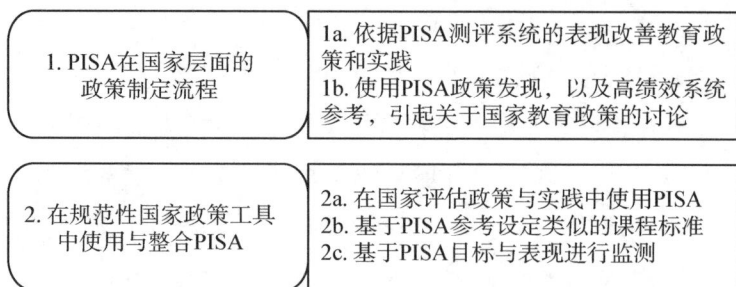

图 3.1   研究框架

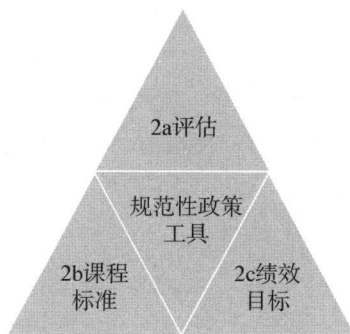

图 3.2   三种规范性政策工具

设定类似的课程标准；基于 PISA 目标与表现进行监测。[①] 该研究同时调查了 PISA 作为评估学校系统性能的国际标准，在多大程度上已被整合并嵌入到国家政策和实践中。如图 3.2 中所示，PISA 在国家规范性政策中的作用特别受关注：包括评估、课程标准和绩效目标。这些规范性政策工具的作用是设定、衡量和加强教育系统要实现的目标及其期望的改进轨迹。

结合以上分析，再通过对 PISA 理事会、中国项目组以及 PISA 相关研究人员、教育决策者等进行访谈，以确定 PISA 影响了哪些教育政策调整。

本研究对获取的数据逐一进行编码，其中一级编码尝试对原始的文本数据进行抽象和简化描述（表 3.1）。二级编码则是对一级编码进一步抽象概括，对相似的标签进行初步归类，此时数据被简化和抽象为具有代表性的概念。在二级编码的基础上，对相关核心概念进行类属分析，形成三级编码（表 3.2），由此确立了本研究的框架，即透过 PISA 看其对哪些政策产生了影响，进而指向更大范围的内容分析。

---

① Breakspear, S. （2012）. *The policy impact of PISA: an exploration of the normative effects of international benchmarking in school system performance*. Paris: OECD Publishing.

表 3.1 对数据的一级编码示例

文本数据	一级编码
PISA 通过对阅读、数学、科学等素养的概念化评述，强调对未来公民的要求	PISA 强调对未来公民的影响
通过成绩、排名等方式，了解参与国家或地区教育系统的现状	关注教育系统的现状
PISA 最重要的目标之一是成为延续 OECD 的经济效应的一种方式	关注教育的经济价值
在促进社会公平方面，PISA 强调了性别、种族以及学校系统内部造成的不平等现象	关注社会公平取向
PISA 不光评价学生的成绩，同时反映出一些国家或地区教育系统存在的问题，对国家或地区的教育政策调整产生了重要影响	PISA 的政策导向
PISA 反映高绩效国家，例如芬兰，最主要的原因在于优秀的教师队伍	强调教师的素质
虽然 PISA 考察不同国家或地区的 15 岁学生的能力，其指向不是课程，但是这与课程密不可分。PISA 与课程内容的考察之间似乎有一种藕断丝连的关系，比如一些具体化的数学、科学问题等	课程与 PISA 之间的关系
PISA 强调的并不是具体的知识，而是学生运用知识解决问题的能力	素养是知识与能力的整合
芬兰学生的高绩效与其教师队伍建设不无关系，比如教师专业发展、教师地位、保障体系	保障教师队伍建设
PISA 相关数据显示，经济、社会和文化地位与学生成绩之间存在着联系	学生背景影响学生成绩
PISA 十分关注弱势地区与学生有关的硬件、软件设施建设	学校系统建设问题

表 3.2 研究框架建构过程

二级编码	三级编码
家庭背景	教育入学
入学	
学校竞争	
教育资源	
素养评估	课程政策
学科课程	
能力培养	

续　表

二级编码	三级编码
教师质量	
教师专业发展	教师政策
教师保障	

　　根据文献以及访谈资料分析,找出了 PISA 影响教育政策的几个具体方面,包括入学、课程、教师三个方面,接下来的几节将分别围绕这三个主题以问题—政策调整的思路展开,阐释 PISA 在某个方面反映出的问题,以及一些国家或地区从哪些方面进行了政策修正,以为后面的章节对 PISA 效应进行分析与反思打下基础。

第二节　PISA 与入学政策调整

　　在过去的 25 年中,超过三分之二的经合组织国家为家庭提供了多样的学校选择,成为当时教育政策辩论中的重要议题之一。[①] 在西方国家,择校主要通过开放入学、教育券、特许学校、教育税等形式实施。倡导择校的学者认为,在教育中引入市场机制可以使所有学生平等地获得高质量的教育:扩大择校机会将使所有学生,包括处境不利的学生和学习能力低下的学生,都可以就读更好的学校。增加学校选择也可能响应父母对获得更加多样化教育产品的需求,以便选择最适合其孩子学习需求的学校。同时,提供多样化的学校选择也可能是减少学校隔离的一种方式。本节在于阐释 PISA 所反映的一些国家在择校方面存在的问题以及 OECD/PISA 对入学政策调整的建议。

一、PISA 视阈下的入学问题

　　对于大多数人来说,择校是指允许父母为其子女选择学校的政策。广义上讲,这意味着家长可以从当地公立学校以外的其他类型学校中进行选择,包括公办民营的特许学校,接受国家资助的全额或部分学费补贴的私立学校。[②] 近几十年来,许多国家的改革倾向于给父母和学生更多选择,使他们能够选择满足孩子教育需求或偏好的

① Musset, P. (2012). *School choice and equity: current policies in OECD countries and a literature review*. Pairs: OECD Publishing.
② Malin, J. R., Lubienski, C., & Mensa-Bonsu, Q. (2020). Media strategies in policy advocacy: tracing the justifications for Indiana's school choice reforms. *Educational Policy*, 34(01): 118-143.

学校。①

择校在一定程度上是将市场机制引入教育系统，即"择校从根本上将父母定位为消费者，使他们有权从多种选择中进行选择，从而向该系统注入了一定程度的以消费者为导向的市场型竞争"。② 2015年参加PISA的许多国家或地区报告说，自1985年以来，一些国家或地区进行了"创建新的公立自治或依赖政府的私立学校，给家长提供多样的选择""扩大家庭选择私立学校的机会""减少对学校选择的限制"或"制定促进学校选择的新资助机制"等改革，目的是通过提供更多的私立学校和更独立的公立学校，或者通过提供经济援助来增加学生对于学校的选择。③ 尽管择校带来多方面的优势，正如受访者(F-191110-R)所说，"择校使父母有权从多种选择中进行选择，从而在一定程度上推动了消费者驱动的市场化竞争。同时，择校是重组公共教育以平衡学生机会的最新重大尝试"。但是一些研究者质疑择校假设的有效性，例如平等获得有关学校信息的机会。④⑤ PISA之前的调查结果清楚地表明，即使大多数父母希望孩子上最好的学校，但经济上弱势的父母比有优势的父母在选择学校时需要更多地考虑是否有资本负担学校费用⑥。因此，采用择校做法会导致学校之间更大的社会经济隔离，进而导致学校之间教师素质和学生成绩的差异，这对处境不利的学生造成的伤害最大。⑦ 由于择校是一个复杂的概念，涉及多重因素，无法使用一种方法将择校的发生率完全隔离出来。PISA测评从私立学校学生入学率、学校竞争对择校的影响以及学生成绩与择校之间的关系出发，探讨PISA背景下参与国家或地区的择校现状。

（一）私立学校的学生比例并没有显著变化

PISA中定义的公立学校是指由政府任命或由公共机构选举的公共教育机构、政府机构或理事会管理的学校。私立学校是指由非政府组织，例如教堂、工会、企业或其他私立机构，直接或间接管理的学校。从资金投入方来看，至少50％的资金来自私人

---

① Heynemann, S. (2009). International perspectives on school choice. In Berends, M., et al. (Eds.), *Handbook of school choice*. London: Routledge.

② Feinberg, W., & Lubienski, C. (2008). *School choice policies and outcomes: empirical and philosophical perspectives*. New York: State University of New York Press.

③ OECD. (2010). *PISA 2009 results (volume iv): what makes a school successful? — resources, policies and practices*. Paris: OECD Publishing.

④ Berends, M., & Zottola, G. (2009). Social perspectives on school choice. In Berends, M. (Ed.), *Handbook of research on school choice*. New York: Taylor and Francis.

⑤ Hess, F., & Loveless, T. (2005). How school choice affects sstudent achievement. In Betts, J., & Loveless, T. (Eds.), *Getting choice right: ensuring equity and efficiency in education policy*. Washington, Dc: Brookings Institution Press.

⑥ OECD. (2015). *Education at a glance 2015: OECD indicators*. Paris: OECD Publishing.

⑦ Behrman, J. R., et al. (2016). Teacher quality in public and private schools under a voucher system: The case of Chile. *Journal of Labor Economics*, 34(02): 319-362.

机构,被认为与政府无关。① 在 PISA 2009 中,大约有 15 个国家或地区,其私立学校的学生平均阅读成绩比公立学校的高 25 分。同时,就读私立学校的学生也大多来自具有更有利的社会经济背景的家庭。因此,私立学校与成绩之间的关系部分是由于学校和学生的社会经济特征,而不是私立学校本身就是具有各方面优势的学校。实际上,在 15 个经合组织国家或地区中,私立学校的入学率和成绩之间存在正相关关系,只有 3 个国家在私立学校上具有明显的优势:在斯洛文尼亚、加拿大和爱尔兰,社会经济地位较高的学生多就读于私立学校,其阅读成绩比公立学校的学生至少高 24 分。相反,在日本和英国,具有相似社会经济地位的私立学校学生的得分比公立学校的学生至少低 31 分。在日本,对这种结果的一个普遍解释是,一些不能就读于公立学校的学生可能会将私立学校作为第二选择。综上所述,在考虑了社会经济地位之后,私立学校可能没有学习成绩表现上的优势,但对于希望利用这些学校所提供的社会经济优势(包括学生)的父母来说,私立学校仍然是一个具有吸引力的选择。因此,就读私立学校还是公立学校在不同国家中呈现不一样的特征,同时不同国家的学生入读于公立、私立学校的比例也不同。正如受访者(C - 190313 - F)所说,经合组织成员国中有 12 个国家 85% 的学生就读于公立学校,私立学校入学率很低。

> 在整个经合组织国家中,2012 年大约有 12 个国家(荷兰、比利时、爱尔兰、智利、澳大利亚、韩国、西班牙、法国、丹麦、卢森堡、匈牙利和瑞典)平均有 85% 的学生就读于公立学校,而在澳大利亚、韩国、日本和墨西哥,私立学校的入学率只有 10%。
>
> (受访者:C - 190313 - F)

总的来看,经合组织三分之一国家的学生就读于公立学校。有学者分析指出学校属性对学生成绩有影响。具体来看,沃斯曼(Woessmann)分别使用了 PISA 2001 年、2003 年的数据进行回归分析,发现私立学校的学生成绩较高。② PISA 2015 的数据显示,经合组织国家平均有 18.2% 的 15 岁学生在私立学校就读。在许多经合组织国家(爱沙尼亚、芬兰、冰岛、意大利、拉脱维亚、挪威、波兰、斯洛文尼亚和土耳其)中,在私立学校就读的学生的比例小于 5%,但在一些参与 PISA 测评的国家或地区(智利、中

---

① OECD. (2016). *PISA 2015 results(volume ii):policies and practices for successful schools*. Paris:OECD Publishing.

② Woessmann, L. (2005). Evidence of the effects of choice and accountability from international student achievment tests. In Salisbury, D., & Tooley, J. (Eds.), *What America can learn from school choice in other countries*. Washington, DC:The CATO Institute, 133 - 149.

国香港、爱尔兰、黎巴嫩、中国澳门、荷兰、阿拉伯联合酋长国和英国），当年有一半以上的学生就读于私立学校。[①]

自2000年以来，在参加PISA的大多数国家或地区中，就读于私立学校的学生的比例没有明显的变化。但英国是一个例外，2000年英国15岁以下的学生只有不到10%进入私立学校就读；到了2015年，这一比例达到了56%。如此巨大的增长可能与采取以市场为导向的政策有关，该政策主要是通过标准设置向学校提供资金。2000年英国通过了《学习和技能法》(Learning and Skills Act)，该法案提出根据不同的学校属性，给公立学校更多的自主权，并鼓励公立学校转变为完全独立的私立学校。2010年中等学校改革后，进一步扩大了学校的职权范围。在2008—2009学年，只有不到150所中学以私立学校的方式运行，而在2015—2016学年，这个数字扩大到了2242所。[②] PISA根据校长的报告对学校类型进行分类，在2000—2009年期间具有可比数据的32个国家或地区中，有三分之二的私立学校在2000—2015年间的入学比例没有明显变化。在此期间，有5个国家（阿尔巴尼亚、智利、匈牙利、卢森堡和秘鲁）的比例显著增加，4个国家（冰岛、韩国、荷兰和西班牙）则有所下降。

此外，由于不同国家对于私立学校定义的差异，择校的实际变化可能并不明显。例如，在美国，特许学校通常被定义为公立学校。在过去的二十年中，尽管特许学校的比例增加了50%以上，[③]但根据PISA校长的报告，私立学校的入学比例似乎基本稳定。事实上，私立学校不是父母的唯一选择。PISA 2009中，有35个国家的报告指出，在学校学位有空缺的前提下，家长可以自由选择公立学校；其中26个国家的家长被赋予了可以自由选择任何学校的权利。PISA 2018中，大部分国家或地区的父母可以自由选择子女的入学。[④]

（二）学校竞争并没有转变为家庭的更多选择

在美国，特许学校、磁石学校等多样化的学校形式发展已经逐渐成熟，拓宽了父母择校的范围。在美国，根据《不让一个孩子掉队法》的规定，学区必须至少以书面形式通知符合条件的学生家长，为其子女选择未来就读学校提供多种选择。根据受访者

---

① OECD. (2016). *PISA 2015 results* (*volume i*)：*excellence and equity in education*. Pairs：OECD Publishing.

② 根据2010—2011学年英国中等学校年度报告：截至2016年8月31日，2008—2009学年有133所中小学以私立学校的方式运行，而在2002—2003学年，只有3所学校。

③ National Center of Education Statistcs. (2017). Number and enrollment of public elementary and secondary schools，by school level，type，and charter and magnet status：Selected years，1990‐91 through 2015‐16. (2017‐08‐01)[2019‐11‐13]. https：//nces. ed. gov/programs/digest/d17/tables/dt17_216. 20. asp？current＝yes.

④ OECD. (2019). *Balancing school choice and equity*：*an international perspective based on PISA*. Pairs：OECD Publishing.

(A-180927-C)所说,"传统的学校教育概念是为不同的孩子提供不同类型的教育,以及在同一系统中为处于较高地位的顶尖人才提供不同的机会。但是,在新的背景下,人们对受教育程度的标准和期望有所提高,家庭正努力确保自己的孩子有机会获得最好的学校教育。择校的出现在拓宽家长们的选择权利的同时,也引发了学校间的竞争等一些问题"。

　　关于学校选择的许多辩论都基于这样一个前提,即在提供学校方面存在公共垄断,并且学校效率低下,其部分原因是缺乏竞争。但关于择校引发的竞争,校长与家长的报告可能有所不同。校长通常将所有可能招收其所在地区的学生的学校以及所有类型的学校视为"竞争者"。家长可能只考虑他们能负担得起的最好选择。PISA问卷包含了学校校长关于学校间竞争的问题。2012年,参与国家或地区平均有77%的学生就读于与至少一所其他学校竞争的学校。这一比例从挪威的35%到新加坡的99%不等,这些差异可以用学校制度的差异来解释,例如私立学校的重要性或关于公开入学的不同规定。[①] 在一个可以自由选择学校的国家,学校将与该地区的所有其他学校进行竞争,那么本地学校的数量显然与该地区潜在的学生数量有关,即可以简单地通过人口密度来解释。因此,我们应该看到,城市地区的学校之间的竞争要比农村地区多。

　　　　对于教育市场机制的倡导者来说,由于教育的公共性、垄断性等特征,政府管理的公共教育部门存在许多问题,例如它没有有效利用资源的动机,也没有创新的动机,这导致课程、组织和管理的统一。根据这种思路,择校会引入学校竞争,并迫使他们提高绩效和管理水平,这将增加更多具有创新性的学校,因为这些学校被赋予了通过吸引新学生而扩大的权利。2012年经合组织国家平均70%以上的学生就读于与其他学校存在竞争关系的学校。

　　　　　　　　　　　　　　　　　　　　　　　　　　　　　(受访者:C-180620-C)

　　根据以上受访者所述,由择校引发的学校竞争可能会迫使一些绩效差的学校进行改革或创新,这是其积极意义。但事实上,就择校引发的竞争来说,家长和校长有不同的看法。PISA 2012将家长与校长对于择校引发竞争的看法进行了比较。在九个国家(比利时、智利、克罗地亚、德国、匈牙利、意大利、韩国、墨西哥和葡萄牙)和两个地区(中国香港和澳门)的家长被问到了与学校校长同样的问题:即子女就读的学校是否

---

① OECD. (2019). *Balancing school choice and equity: an international perspective based on PISA*. Paris: OECD Publishing.

与其他学校产生竞争。比较发现，家长们认为本地学校之间的竞争并不强。然而，在大多数情况下，至少有一半家长报告该地区至少有一所竞争学校的学校的学生比例，略低于校长报告的学校的学生比例。[1] 但是，在很多情况下，即使校长报告说他所在的学校与其他学校存在竞争，但至少有25％的家长表示没有这种感觉。大约有75％的家长报告说他们子女就读的学校至少有一所本地竞争学校，但这比校长报告的比例小得多。例如，在智利、德国和中国澳门，超过80％的校长报告说他们子女就读的学校与至少一所本地学校存在竞争关系，而不到20％的学生家长也这样认为。这些观念上的差异表明，本地学校之间的竞争并不总是为家长带来更多选择，因为一系列因素可能会限制这些选择。例如，学费高昂可能使一些家庭无法选择私立学校，又或者交通不便可能使一些学生无法进入公立学校学习。同时，家长和校长对学校区域规模的看法也可能有所不同。例如，一些家长可能只考虑离家很近的学校，避免学生在路上的交通时间过长。2015年，大多数家长，特别是处境不利家庭的家长报告说，距离是选择学校的重要考虑因素。[2] 此外，在学校层面上来看，如果所有学校都没有开设相同的课程，则实际选择可能会受到限制。[3] 例如在职业教育中，由于需要特定的设备，有些专业只能在数量有限的学校中开设。另外，学校属于哪个社区或者其宗教背景，学校有独特的教育方法等因素也对家长选择学校具有一定的影响。

（三）成绩记录成为影响学校选择的重要因素

在经合组织的大多数国家或地区，家庭住所的位置及其与学校的距离是教育系统内录取学生的主要标准。这种方式被认为是确保所有学生都能进入公立学校，保证每天往返学校的时间短、安全，并可以加强与家长的联系的重要途径。与2000年相比，2015年参与PISA的学生家长在考虑择校时对住所与学校距离等条件的关注程度低。2015年，经合组织平均有42％的学生在选择学校时考虑居住地与学校之间的距离。在一些国家或地区，这一比例特别大。例如，在加拿大、芬兰、希腊、挪威、波兰、葡萄牙、俄罗斯、西班牙、瑞士和美国，60％以上的学生就读于距离居住地近的学校。相比之下，比利时、保加利亚、智利、中国香港、匈牙利、日本、荷兰、墨西哥、秘鲁和罗马尼亚只有不到20％的学生就读于离家较近的学校。[4]

---

[1] Musset, P. (2012). *School choice and equity：current policies in OECD countries and a literature review.* Paris：OECD Publishing.

[2] OECD. (2016). *PISA 2015 results（volume ii）：policies and practices for successful schools.* Paris：OECD Publishing.

[3] OECD. (2015). *What do parents look for in their child's school?.* Paris：OECD Publishing.

[4] OECD. (2019). *Balancing school choice and equity：an international perspective based on PISA.* Paris：OECD Publishing.

在 PISA 2009 中,只有 8 个国家或地区(比利时、保加利亚、智利、中国澳门、荷兰、新西兰、秘鲁和新加坡)报告说,学生选择学校并非基于家庭住所。PISA 的校长问卷要求校长列出录取学生的标准。2009 年,经合组织国家平均约有 40% 的校长报告说:"学生被录取时,总是会考虑的问题是居住地。"在加拿大、芬兰、挪威、波兰、瑞士、突尼斯和美国,考虑居住地因素的比例超过 75%。在一些人口密度较低,或交通问题不畅以及受教育机会有限的地区,居住地选择与学校选择之间的联系更加紧密。在 2000年、2009 年和 2015 年参加过 PISA 的大多数国家或地区中,总是在考虑以居住地入学的学生比例有所下降(图 3.3)。在 38 个国家或地区中,有 11 个国家或地区出现了显著下降,只有匈牙利、以色列、卢森堡、波兰和俄罗斯这五个国家的比例大幅度增加。[①]

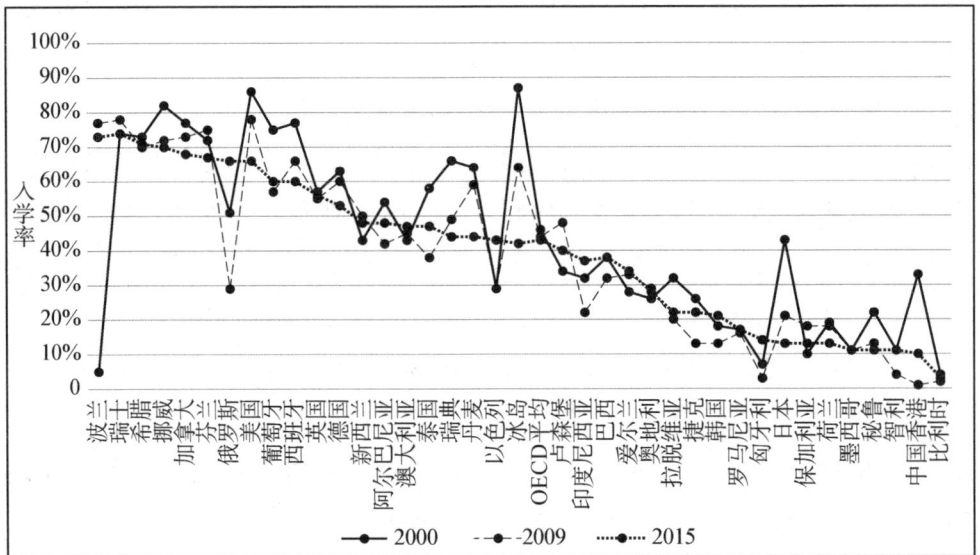

图 3.3　2000—2015 年间基于居住地的入学率变化情况

资料来源:OECD. (2019). *Balancing school choice and equity:an international perspective based on PISA*. Paris:OECD Publishing.

　　PISA 的证据表明,许多国家或地区在基于家庭住所进行择校方面有所减弱,从 2000 年到 2015 年,始终考虑学生的学习成绩(包括入学分班考试)记录的在校学生比例有所增加。[②] 由于本地学校间处于竞争关系,学校更愿意录取富裕或成绩较高的学生。将入学限制为能力最强的学生可以使学校更容易在公共评价中排名较高,从而保

---

① Põder, K. , et al. (2016). Family background and school choice in cities of russia and estonia. *Studies of Transition States and Societies*, 8(03):5 - 28.

② Givord, P. (2019). *How are school-choice policies related to social diversity in schools?*. Pairs:OECD Publishing.

持其对父母的吸引力。在 2000 年和 2015 年参加 PISA 测评的 34 个国家或地区中，15
个国家或地区（巴西、加拿大、丹麦、芬兰、法国、德国、中国香港、卢森堡、冰岛、爱尔兰、
以色列、新西兰、葡萄牙、西班牙和泰国）的始终考虑学业成绩（包括入学分班考试）作
为录取条件的学校的比例显著增加，而 8 个国家（智利、捷克、韩国、拉脱维亚、北马其
顿、波兰、罗马尼亚和俄罗斯）的这一比例则大幅下降（图 3.4）。2015 年，在经合组织
国家中，平均约有 40% 的校长报告说："在录取学生时，总是考虑学生的学习成绩（包
括入学分班考试）。"然而，各国或地区间学校的选择差异很大。在丹麦、芬兰、希腊、挪
威、西班牙和瑞典，不到 10% 的学生就读于具有可选择性的学校；相比之下，克罗地
亚、中国香港、日本和泰国的学生至少有 90% 可以进入有选择性的学校。[①]

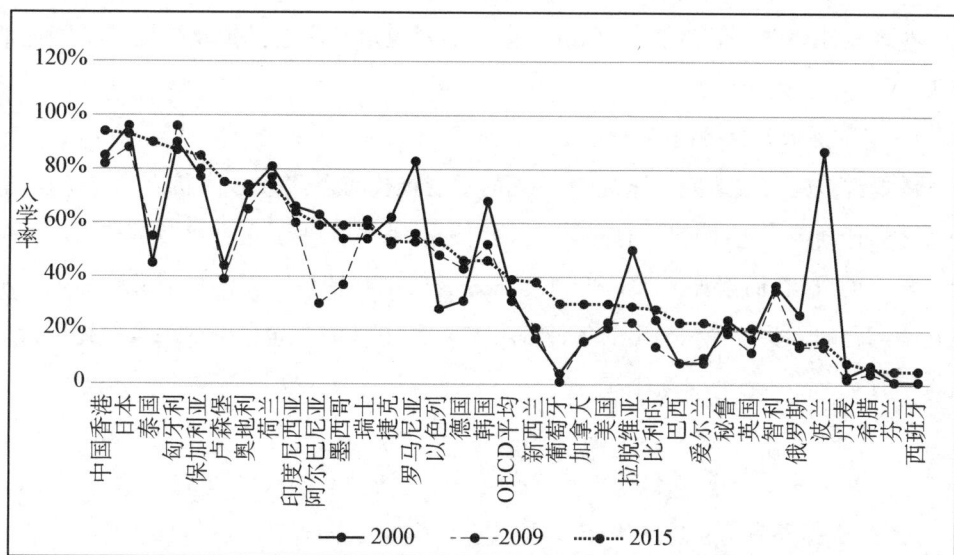

图 3.4　2000—2015 年基于学生的学业成绩（包括入学分班考试）的入学率变化情况
资料来源：OECD.（2019）. *Balancing school choice and equity：an international perspective based on PISA*. Paris：OECD Publishing.

二、基于 PISA 的入学政策调整

　　PISA 2018 提供了 50 个国家或地区的与择校有关的信息，其中有 37 个国家或地
区，除了考虑到地理位置，其公共机构也赋予了家庭选择另一所公立学校的权利。此
外，政府可能会给家庭提供财政支持，可用于在任何"经批准"的学校（根据计划而定，

---

① OECD.（2019）. *Balancing school choice and equity：an international perspective based on PISA*. Paris：OECD Publishing.

可以是私立或公立学校)支付学费。例如,在 24 个国家或地区中,入学的学生可获得学校凭证(学券、补助等不同形式);在 15 个国家或地区中,该凭证可用于学生入读公立学校;在 19 个国家或地区中,它们可用于进入私立学校就读;在 14 个国家或地区中,通过学费减免来补贴一些家庭选择私立学校的费用。

许多国家或地区面临的挑战是,在实现更大灵活性的愿望、父母选择孩子的学校的自由与确保学校系统公平之间取得平衡。不同国家或地区的教育现状不同,因而采用了不同的方法。在过去的 25 年中,增加父母的选择一直是美国教育政策的主要关注点。沿着这个思路,跨地区或跨学区学校选择等开放式入学计划变得越来越受欢迎:截至 2005 年,美国已有 27 个州通过了授权各区实施地区内择校计划的立法。[①] 基于此,一些国家或地区从创设制衡机制、多种途径保障家长择校自由等方面对一些择校计划进行了调整,经合组织也从不同视角对调整择校政策提出了相应的建议。

(一) 增加家长择校的多样性

就像许多国家或地区一样,意大利同样重视择校问题,例如通过扩大私立学校、启动代金券计划等来增加父母的选择。这场辩论的基本思想是,公共垄断学校无法保证提高学生的成绩,而诸如 PISA 和 TIMSS 之类的国际评估所提供的结果则加强了解决这一问题的必要性。在提出的各种解决方案中,扩大择校范围与权利是一种可行的政策工具。

> 择校的核心理念是,学生可以在同一水平竞争的学校之间自由选择。从理论上讲,选择程序旨在满足学生/父母对教育服务的需求。但是,择校方案在多大程度上提高了教育质量是一场"热烈的辩论"。选择方案如何提高学生的学习成绩取决于父母的能力和是否有将其子女送往更好的学校的意愿,就学校表现方面的收益而言,取决于学校如何有效地利用其资源来满足学生/父母的需求。一些研究表明,应采用考虑公平的选择方案:即整合具有不同社会经济地位(或种族等其他因素)的学生,并支持那些处境不利的学生。因此,旨在以平衡社会组成为目标,以更大的学生凝聚力为目标的"扩大父母选择学校"的权利的方案总体上应该使学生受益。
>
> (受访者:UK - 191115 - B)

---

① Ozek, U. (2009). *The effects of open enrolment on school choice and student out* comes. Pairs: UNESDOC.

择校是基于教育公平的考虑，正如受访者（UK - 191115 - B）所述，择校是将学校选择权转给父母与子女，从更公平的角度来看，应该增加那些处境不利的家庭和学生的活力。但在择校中，了解父母如何决定他们的学校选择是非常重要的，许多研究发现，学校的种族和民族构成似乎对父母很重要。一些学者通过采集数据样本分析了父母选择学校的倾向，发现白人、高收入父母倾向于选择白人学生多、富裕学区的学校。[1][2] 此外，一些研究发现，有色人种父母倾向于选择人种多元化的学校。例如，亨尼格（Henig）在对马里兰州蒙哥马利县磁石学校之间的转移模式的研究中发现，白人父母倾向于选择白人学校，而有色人种父母则倾向于选择人种多样的学校。[3] 萨波拉托（Saporito）和拉罗（Lareau）在对一个大型城市学区的学生择校的研究中发现，白人家庭倾向于避免选择为大量黑人学生服务的学校。[4] 兰福德（Lankford）和威科夫（Wyckoff）在对美国人口普查和地区入学数据的分析中还发现，当地学校的种族和族裔构成与父母的居住地和学校选择决定密切相关。特别是，他们发现白人家庭倾向于搬到白人占多数的社区，或将其子女送往白人占多数的私立学校。[5] 相关研究分析的结果显示，扩大择校在一定程度上加剧了教育不公平。

对此，经合组织提出建立一个促进公平和学校网络分布的工具，即集水区（School Catchment Areas，SCA）。作为学校网络和学生分配管理的重要工具，无论是强制性的以学校为基础的择校，还是父母自主选择的择校，集水区的大小和边界都会对学生的分布产生重大影响。[6] 在大多数情况下，集水区通常是沿着行政边界划定的，但其规模可能会有很大的不同。一些主管部门在重新绘制集水区时利用了地理信息系统（GIS）来进行各种因素的空间分析，例如在不同情况下学生的出行时间。从包含单一邻里学校的集水区到包含整个城市学校网络的集水区。在限制学生入学的国家，扩大学生规模可能是增加父母选择的间接途径，但集水区是否能影响择校，答案是模糊的。例如，在奥地利义务教育阶段，每所公立普通义务教育学校（Allgemeine Pflichtschule，

① Saporito, S. , & Lareau, A. (1999). School selection as a process: the multiple dimensions of race in framing educational choice. *Social Problems*, 46: 418 - 435.

② Lankford, H. , & Wyckoff, J. (1997). *The effect of school choice and residential location on the racial segregation of K - 12 students*. Unpublished paper, Albany: State University of New York.

③ Henig, J. R. (1996). The local dynamics of choice: Ethnic preferences and institutional responses. In Fuller, B. , Elmore, R. F. , & Orfield, G. (Eds.), *Who chooses? who loses? culture, institutions, and the unequal effects of school choice*. New York: Teachers College Press, 95 - 117.

④ Saporito, S. , & Lareau, A. (1999). School selection as a process: the multiple dimensions of race in framing educational choice. *Social Problems*, 46: 418 - 435.

⑤ Lankford, H. , & Wyckoff, J. (1997). *The effect of school choice and residential location on the racial segregation of K - 12 students*. Unpublished paper, Albany: State University of New York.

⑥ OECD. (2018). *Responsive school systems: connecting facilities, sectors and programmes for student success*. Paris: OECD Publishing.

APS)均分配有一定的集水区。如果集水区包括几所学校,则省级法律规定了如何将儿童分配到这些学校。在维也纳,市政府与学校董事会协商,根据诸如居住地到学校的距离以及已注册的兄弟姐妹之类的标准,将孩子分配到不同的学校,以保证学生在不同学校的平均分布。同时,定期对集水区进行调整。例如,根据新学校的开放和关闭情况,以解决住房发展或人口下降,增加其社会人口的多样性,实施新的学校选择计划或适应新的年级配置。在德国,当择校问题被列入议程时,相关的研究显示了这一问题的复杂性。择校被认为会对学校之间的竞争产生积极影响,因此可能会提高学校的教育质量。[1][2][3] 但是,许多研究的结果表明,更多的择校也有潜在的负面影响。[4][5] 择校往往会增加社会和种族隔离,而不是减少。此外,处境不利学生的同伴效应以及优等生和弱势生之间的成绩差距可能进一步扩大。对此,有学者通过德国北威州所有市镇2006 年 7 月到 2010 年 11 月各学年的行政数据来分析种族隔离随时间的变化,尽管在追踪样本期间种族隔离发生了一些变化,但他指出不能将这些变化归因于集水区的存在。实际上,集水区对于北威州小学的种族隔离似乎无关紧要。但是,诸如学生种族构成、学校竞争程度或可用替代方案之类的市政控制措施,以及市政内部的异质性,都很好地解释了种族隔离的变化。[6]

在实践中,在不加剧种族隔离的情况下为家长提供选择权,可以通过在现有的一系列当地学校中引入具体的学生分配标准来实现。不同形式的"有控制的选择"被用来减少高度的学生隔离,例如,为不同社会经济地位的学生保留一定数量或份额的超额认购学校的名额,以保持学生的均衡分布。也可以考虑使用学券进行择校或在保持学生组成多样化的情况下分配名额[7],使学生与学校匹配的集中程序通常依赖一套包括社会经济地位在内的标准,[8]可以让学校、社区参与确定这些标准,并考虑当地的变

[1] Figlio, D. N. , & Hart, C. M. D. (2010). *Competitive effects of means-tested school vouchers*. NBER Working Papers No. 16056.

[2] Fryer, R. G. , & Levitt, S. D. (2004). Understanding the black-white test score gap in the first two years of school. *Review of Economics and Statistics*, 86: 447 - 464.

[3] Hanushek, E. A. , Kain, J. F. , & Rivkin, S. G. (2009). New evidence about Brown v. board of education: the complex effects of school racial composition on achievement. *Journal of Labor Economics*, 27: 349 - 383.

[4] Bifulco, R. , Ladd, H. F. , & Ross, S. L. (2009). Public school choice and integration evidence from Durham, North Carolina. *Social Science Research*, 38: 71 - 85.

[5] Lankford, H. , & Wyckoff, J. (2001). Who would be left behind by enhanced private school choice?. *Journal of Urban Economics*, 50: 288 - 312.

[6] Makles, A. , & Schneider, K. (2013). *Much ado about nothing? the role of primary school catchment areas for ethnic school segregation*. Evidence from a Policy Reform, CESifo Working Paper Series 4520, CESifo Group Munich.

[7] Musset, P. (2012). *School choice and equity: current policies in OECD countries and a literature review*. Paris: OECD Publishing.

[8] Abdulkadiroğlu, A. , & Sönmez, T. (2003). School choice: a mechanism design approach. *American Economic Review*, 93(03): 729 - 747.

化。考虑到它们的复杂性，学校可能需要一定程度的集权化，以最大程度地降低管理成本并避免出现诸如多次注册之类的问题。①

在经合组织有关于择校的建议下，针对PISA反映的择校的相关问题，为了减轻择校和私立学校的公共资金，特别是隔离和社会分层的潜在负面影响，一些国家已实施补偿性筹资机制。例如，比利时佛兰德社区、智利和荷兰已经制定了加权的学生资助计划，资助额将根据学生的学习情况、家庭状况和教育需求而定。这些计划以弱势学生为目标，从而使这些学生对竞争入学的学校更具吸引力。比利时佛兰德社区自从2002年通过《平等教育机会法令》(*The Law on Equal Educational Opportunities*)以来，政府逐渐对其择校政策进行了一系列改革。在2008—2010年的两年时间里，允许进行本地实验以测试不同的入学系统。2011年的一项法令总结了以往的经验教训，并对选择系统进行了多项改革。这项改革于2012—2013年度首次应用（并随后进行了调整），适用于所有学前、小学和中学的招生，这项改革要求学生超额的学校根据其社会经济构成，为弱势学生分配入学名额。比利时法国社区从2007年开始对其择校制度进行改革，2010—2011年，其中学教育的第一年入学率受到每所学校弱势学生20%配额的限制，学前和小学阶段的入学率则基本上不受监管。②

自2016年起，智利进一步规范公立与私立学校的教育质量，防止过多家长选择私立学校而造成的入学机会的不均等问题。智利的学校系统的特点是拥有大量的公立和私立学校，2014年53%的学生接受了公立学校基础教育（1至8年级），高中阶段的这一比例为51%。从历史上看，智利允许公立和私立学校收取学费盈利，并根据学业成绩、能力测验或家长面试甄选学生。随着中产阶级学生越来越多地离开公立学校系统进入有补贴的私立学校，其录取要求将大部分人口排除在外，这种做法加剧了该国的社会经济隔离。为了解决这些问题并促使学生选择免费学校，2016年智利通过了一部新法律，该法对公共资金规定了新的资格标准，以限制选择性入学、营利性组织和补贴私立学校的补习费。

（二）确保家长行使择校的权利

关于父母行使择校的权利的研究大致分为两类：第一类针对私立学校和公立学

---

① OECD. (2018). *Responsive school systems*：*connecting facilities*，*sectors and programmes for student success*. Paris：OECD Publishing.

② United Nations. (2010). Review of reports submitted by states parties in accordance with article 44 of the convention. (2010 - 06 - 18)［2019 - 9 - 17］. https：//docstore. ohchr. org/SelfServices/FilesHandler. ashx？ enc = 6QkG1d%2FPPRiCAqhK b7yhsk8r1vpHio%2Fg7Mp83cTcS1c05QT5mnR5thnCrmZ3uitpq9% 2FANfxMfS0dGWqJIH76% 2BK%2Fmqplj2HXUYcC52penURQ9gTyjqp2E7EhhFmIWIQlU.

校。针对私立学校的研究认为,父母之所以会选择私立学校,是因为私立学科的课程特色、学业成绩以及安全性更好。①②③ 从宗教信仰上来看,相比公立学校,天主教徒家庭更喜欢选择私立学校。④ 随着家庭收入和父母受教育程度的提高,选择私立学校的意愿也随之提高。一些证据表明,公立学校学生的学业成绩不断下滑增加了对私立学校选择的可能性。⑤ 第二类主要集中于公立学校的特殊类型,例如对特许学校、磁石学校等对学生学业成绩、学校组成、教育公平等的影响的研究。⑥⑦⑧ 根据受访者所述,大多数经合组织国家已经扩大了择校的范围。

> 自 20 世纪 90 年代以来,许多经合组织国家增加了选择的范围,特别是在中等教育方面。如今,大多数国家允许父母和学生从各种各样的选择中选择学校,甚至是那些主要依靠公立学校提供小学和初中教育的国家。
>
> (受访者:C-181026-M)

有证据一再表明,通常受教育程度较高和富裕的父母会选择让子女离开指定的公立学校而另找其他私立学校进行学习。但如果这些学校是私人资助的,低收入家庭可能负担不起学费,无法把孩子送到最好的学校。他们可能更愿意让孩子在离家最近的学校上学,以避免昂贵的通勤费用。公共交通和学校交通系统是另一个因素,缓和了居住隔离和学校多样性之间的联系。发展薄弱或成本高昂的交通网络会限制低收入家庭从择校中受益的程度。有效的学校交通安排可以确保所有学生都有足够的流动性,从而使父母在自由选择中获益。因此,政策应向这些家庭提供有针对性的支持,不仅提供财政援助,而且通过适当的公共交通补助促进学生流动。

自 20 世纪 50 年代美国率先克服种族隔离遗留问题以来,多个国家都采用了商业计划,其明确目标是实现学生在整个学校网络中更为均衡的社会分配,并减少居住隔

① Kraushaar, O. F. (1972). *American nonpublic schools: patterns of diversity*. Baltimore, MD: John Hopkins.

② Erickson, D. A. (1986). *Choice and private schools: dynamics of supply and demand*. In Levy, D. C. (Ed.), *Private education: Studies in choice and public policy*. New York: Oxford University Press, 82-109.

③ Bauch, P. A. (1988). Is parent involvement different in private schools?. *Educational Horizons*, 66: 78-82.

④ Lankford, R. H., & Wyckoff, J. H. (1992). Primary and secondary school choice among public and religious alternatives. *Economics of Education Review*, 11: 317-37.

⑤ Buddin, R., Cordes, J. J., & Kirby, S. (1998). School choice in California: who chooses private schools?. *Journal of Urban Economics*, 44: 110-134.

⑥ Wells, A. S., & Crain, R. (1997). *Stepping over the color line*. New Haven, CT: Yale University Press.

⑦ Smrekar, C., & Goldring, E. B. (1999). *School choice in urban America: magnet schools and the pursuit of equity*. New York: Teachers College Press.

⑧ Hamilton, L., & Guin, K. (2006). Understanding how families choose schools. In Betts, J., & Loveless, T. (Eds.), *Getting choice right*. Washington, DC: Brookings, 40-61.

离的影响。① 有关择校的文献还表明，父母根据他们在学业成绩、学校距离、学校特点和安全方面的优先考虑来行使选择权。几项研究发现，父母通常将学业成绩作为选择学校的首要因素。②③ 由于许多学校不提供往返学校的接送或交通费用，交通便捷是父母在为子女选择学校时要考虑的另一优先事项。克莱茨（Kleitz）等人发现，在每个种族子群体（包括盎格鲁人、黑人和西班牙裔，以及低、中、高收入群体）中，大多数父母表示学校的位置很重要。除学业因素外，学校特色在父母为子女择校中也是重要的考量因素，例如，学校规模、学校所属社区和学校组成的多样性等。④ 诸多学者的研究表明，少数民族父母和低收入父母在为子女选择学校时不太考虑学校的价值观和种族多样性等文化因素。然而，受过大学教育的父母认为学校的价值观和种族多样性是重要关注点。⑤⑥

　　基于以上多种因素，有效的择校应该进一步保障家长择校的权利。对此，首先，学校系统应确保向所有家长提供相关信息。有效的学校选择意味着家长为孩子选择最合适的学校——能够满足他们的教育需求并提高他们的成绩的学校。然而，越来越多的研究表明，家长们对考试成绩较好的学校有着明显的偏好。⑦ 好的考试成绩可能表明学校在教育学生方面做得非常好；但它们也可能反映出学校只教好的学生。用考试成绩来衡量一所学校的质量是片面的，因为在拥有高成就学生的学校上学并不总是意味着个体成绩的提高。⑧⑨⑩ 其次，制定公平、合理的择校计划或政策，可以帮助学生在选择适合自身发展的学校的同时尽量避免学校组成单一的风险。当教育系统引

① Brunello, G., & De Paola, M. (2017). School segregation of immigrants and its effects on educational outcomes in Europe, *EENEE Analytical Reports*, No. 30, European Commission, https://doi.org/10.2766/224795.

② Armour, D. L., & Brett, M. P. (1998). Interdistrict choice in Massachusetts. In Peterson, P. E., & Hassel, B. C. (Eds.), *Learning from school choice*. Washington, DC: Brookings, 157–186.

③ Kleitz, B., Weiher, G. R., Tedin, K., & Matland, R. (2000). Choice, charter schools, and household preferences. *Social Science Quarterly*, 81(03): 846–854.

④ Kleitz, B., Weiher, G. R., Tedin, K., & Matland, R. (2000). Choice, charter schools, and household preferences. *Social Science Quarterly*, 81(03): 846–854.

⑤ Schneider, M., Marschall, M., Teske, P., & Roch, C. (1998). School choice and culture wars in the classroom: what different parents seek from education. *Social Science Quarterly*, 79: 489–501.

⑥ Schneider, M., Teske, P., & Marschall, M. (2000). *Choosing schools: consumer choice and the quality of American schools*. New York: Princeton University Press.

⑦ Hoekstra, M., Mouganie, P., & Wang, Y. (2018). Peer quality and the Academic benefits to attending better schools. *Journal of Labor Economics*, 36(04): 841–884.

⑧ Lucas, A., & Mbiti, I. (2014). Effects of school quality on student achievement: discontinuity evidence from Kenya. *American Economic Journal: Applied Economics*, 6(03): 234–263.

⑨ Dobbie, W., & Fryer, R. (2014). The impact of attending a school with high-achieving peers: evidence from the New York City Exam Schools. *American Economic Journal: Applied Economics*, 6(03): 58–75.;

⑩ Abdulkadiroğlu, A., et al. (2017). Do parents value school effectiveness?. *NBER Working Paper*, Vol. 23912, http://dx.doi.org/10.3386/w23912.

入或扩大市场机制时,公共政策的作用需要从监督公立学校的质量和效率转变为确保监督与治理安排到位,以确保每个学生都能从无障碍、高质量的教育中受益。尤其是在私立学校的选择方面,问责机制和信息公开可以确保受资助的私立学校在提供高质量教育方面符合公众利益,并向家长提供评估不同学校的过程和结果所需的信息。①

第三节　PISA 与课程政策调整

20 世纪以来,为适应社会、经济和技术的不断革新,课程改革被赋予重要意义。课程被广泛定义为在教育过程中发生的学生体验的总和。② 事实上,学校课程领域传统上较少关注每个学科开发的技能。"当今知识社会的挑战"是 OECD/PISA 对教育系统的问题化的基础,在这方面,PISA 致力于研究"年轻人在多大程度上获得了知识和技能"以及他们使用它们应对现实、未来生活挑战的能力,而不是针对学生在学校(国家)课程和教科书中学到的东西。虽然 PISA 避免与任何一个国家的课程一致,但其不排除基于课程的知识和理解,毕竟课程的设置与学生身心发展的阶段性特征以及学生在该阶段应具备什么样的知识与能力等有关。其本身评估的内容则反映了课程本身目的和目标的改变,即越来越关注学生在学校所学的内容,而不仅仅是他们是否掌握了特定的课程内容。③ 从课程改革与 PISA 测评之间的关系来看,受访者被要求回答 PISA 评估框架是否对本国课程改革产生一定的影响。超过 85% 的受访者认为有重大影响,10% 的受访者认为有一定影响,只有 5% 的受访者认为没有太大影响。

一、PISA 视阈下的课程问题

PISA 评估义务教育末期的学生在多大程度上获得了充分参与现代社会所必需的关键知识和技能。评估不仅仅是确定学生是否能够获取知识;它还检查学生从所学知识中推断出知识的能力,以及在学校内外不熟悉的环境中应用这些知识的能力。这种方式反映了这样一个事实,即现代国家中的公民应具备的不是个人所知道的,而是个人所能做的。对此,有受访者(G - 191024 - S)表示:"PISA 对素养调查的理解是合理的。与生活相关的知识和技能被广泛关注,不仅强调具体知识体系,而且强调对过程、

---

① OECD. (2017). *The funding of school education: connecting resources and learning.* Paris: OECD Publishing.

② Wiles, J. (2009). *Leading curriculum development.* Sauzend Oakes: Corwin Press.

③ OECD. (2009). *PISA 2009 results (volume i): what students know and can do — student performance in reading, mathematics and science.* Paris: OECD Publishing.

方法和应用领域的理解，以及在日常环境中使用知识和技能、理解的能力。经合组织认识到，不同类型的背景会对特定技能的实践提出不同的要求。认识到这一点，PISA测试项目的背景为生活中多样化的'情境'，在这些情境中，包括了'用于描述问题的所有详细要素'"。

在PISA测评中，学生的表现是通过完成日益复杂的任务所表现出的能力来衡量的，按照Level 1b到Level 6七个层级，每轮测评都会进行调整。例如，PISA 2018的阅读素养增加一个新级别Level 1c，以描述某些以前被简单地归类为1b以下的学生的熟练程度。其中Level 2是"基础线"，表示参与社会活动所需要的最低程度的基本技能，只有达到Level 5、Level 6的学生才能被称为在某一素养方面的最佳表现者。对于阅读、科学、数学素养的评估分析，可以明确一个国家或地区的学生运用知识的情况，继而反映出当前课程中存在的问题。

（一）阅读素养测评存在的问题

阅读素养是自PISA实施以来首个被着重测评的内容，相比2000年对阅读素养评估的定义，2009年在以往"理解、使用和反思书面文本的能力"的基础上，增添了"对书面阅读活动的参与"，2018年作为阅读素养的主要测试年，又增加了"对文本的评估"一项。在考察内容上，2009年将对书面文本的理解扩展到了电子文本阅读，包括了对阅读参与度和学习策略的考察。2018年阅读素养测评更加强调多元文本，即由不同作者分别创建多个文本单元组成的文本；增设了评估阅读的流利度、使用自适应测试以及在屏幕上传递数字化文本等多项内容。

PISA 2000的结果表明，分数低于Level 2的学生进入高等教育的比例不高，且大多数进入了低层次的劳动力市场。[①] PISA 2012的结果显示，澳大利亚学生在阅读素养评估中平均获得512分，明显高于经合组织国家496分的平均分；其中36%的澳大利亚学生处于Level 3，低于经合组织国家平均比例（40%）。对于成绩优异的国家或地区，中国上海14%和香港20%的学生未达到Level 3，新加坡、日本和韩国均有15%的学生未达到Level 3。在具有可比数据的经合组织国家中，2009年至2015年之间，平均而言未达到阅读基准水平的学生比例，以及达到或高于Level 5水平的学生比例均没有显著变化。

PISA 2015对阅读素养的评价分为访问与检索、整合与解释、反思与评价3个方面，共7个水平。在PISA 2015中，经合组织国家大约有80%的学生精通Level 2或更

① OECD. (2016). *PISA 2015 results (volume i): excellence and equity in education*. Paris: OECD Publishing.

高水平。在中国香港,超过90％的学生达到或超过基础线。在加拿大、丹麦、爱沙尼亚、芬兰、爱尔兰、日本、韩国、中国澳门、挪威、波兰、新加坡和越南,有85％至90％的学生达到了阅读水平的 Level 2,中国四省市(B-S-J-G)超过75％的学生达到 Level 2。在7个经合组织国家(智利、希腊、匈牙利、以色列、卢森堡、斯洛伐克和土耳其)中,有50％的学生阅读成绩低于 Level 2。在所有其他经合组织国家中,至少四分之三的学生达到 Level 2或更高水平;有57％的学生精通 Level 3或更高水平。在加拿大、芬兰、中国香港和新加坡,超过70％的学生精通 Level 3或更高水平,爱沙尼亚、爱尔兰、日本和韩国有三分之二的学生至少达到了这一水平。相反,在14个国家或地区(阿尔巴尼亚、阿尔及利亚、巴西、多米尼加、塞尔维亚、格鲁吉亚、印度尼西亚、约旦、科索沃、黎巴嫩、墨西哥、秘鲁、泰国和突尼斯),四分之三的学生没有达到 Level 3。值得注意的是,在巴西、哥斯达黎加、黎巴嫩和墨西哥,只有不到三分之二的15岁学生有资格参加 PISA;但在2015年参加 PISA 测试的学生中,超过40％的学生未达到阅读的基础线。这些国家或地区在扩大中学教育的同时面临着双重挑战,要确保学生至少能够阅读和理解文本,使他们能够发挥潜力,参与知识社会。[1]

在 PISA 2018 中,以我国四省市(B-S-J-G)为例,与所有经合组织国家相比,我国阅读素养低水平学生的比例是最低的,这意味着,即使是代表我国参与测试的这四个省市中最弱势的学生,其阅读能力都超过了经合组织国家的平均水平。我国在 Level 1a 或 Level 2以下学生的比例为5.2％,新加坡学生的比例则接近10％。我国学生高水平表现(Level 5和 Level 6)的比例为21.7％,其中 Level 6学生的比例为4.2％,而经合组织国家平均只有1％左右的学生可以完成 Level 6任务。[2] PISA 2018 将阅读素养分为定位、理解、评估和反馈三个方面(表3.3),经合组织国家在这三个方面的平均成绩分别为487分、486分和489分。我国四省市学生在"定位信息"的分量表上表现相对较差,而经合组织国家学生则比较均衡,这可能是由于我国四省市的学生不是特别适应计算机辅助测试,无法在数字文本中快速访问、检索和定位信息。

表3.3   PISA 2018 部分国家或地区阅读素养各部分分数

	定位(分)	理解(分)	评估和反馈(分)	总分
中国四省市	553	562	565	555
新加坡	553	548	561	549

[1] OECD. (2016). *PISA 2015 results (volume i): excellence and equity in education*. Paris: OECD Publishing.
[2] OECD. (2019). *PISA 2018 results (volume i): what students know and can do*. Paris: OECD Publishing.

续 表

	定位(分)	理解(分)	评估和反馈(分)	总分
加拿大	517	520	527	520
芬兰	526	518	517	520
韩国	521	522	522	514
日本	499	505	502	504
OECD 平均	487	486	489	487

资料来源：OECD. (2019). *PISA 2018 results（volume i）：what students know and can do*. Paris：OECD Publishing.

通过对我国学生阅读素养的各水平所占比例进行分析可知,我国学生的认知水平处于中等偏下,学生阅读和理解文本的能力停留在表面,如无法建立文本之间的联系、探究文本背后的深层内涵,不了解文本认知的层次变化等,学生的认知水平不高。同时,反映出我国教学实践存在着"老师教什么,学生学什么",学生可能会出现字面意思看得懂,但不知道如何利用生活知识去做的问题。我国学生最擅长的阅读方式为分段—概括段意—归纳中心思想,擅长通过时间顺序了解整个文本的大意。这种方式在一定程度上了可以帮助学生完成 Level 3 要求的诸如理解主要思想、精读理解等目标。但对于 Level 4 以上层级中包括的建立多重复杂联系、进行逻辑推演和批判性分析等则难以应对。此外,学生的阅读方式普遍单一,情境性的文本分析暴露出学生知识掌握与能力应用的偏差,阅读仅仅成为学习的工具,而不是与阅读有关的相关能力的提升。

（二）数学素养测评存在的问题

PISA 的数学素养评估重点在于衡量学生在各种情况下制定、使用和解释数学的能力。要在 PISA 测试中取得成功,学生必须能够进行数学推理并使用数学概念、过程、事实和工具来描述、解释与预测现象。正如 PISA 所定义的那样,数学素养可以帮助个人认识到数学在世界上所扮演的角色,并作出有根据的判断和决定,从而使他们具有建设性、参与性和积极性。[①]

在迄今已公布的 PISA 结果中,2003 年、2012 年为数学素养测评的主要年份。PISA 2012 任务的难度范围由 Level 1—6 表示（表 3.4）,根据位于每个等级内的任务所施加的与框架相关的认知需求,生成了每个等级的描述,与描述 PISA 2003 的结果

---

① OECD. (2016). *PISA 2015 assessment and analytical framework：science, reading, mathematic and financial literacy*. Paris：OECD Publishing.

所使用的水平一致。每个等级根据所需的知识和技能进行分类,然后可以使用这些知识和技能作为每个级别的实质意义的表征,即学生的能力水平位于给定测试题之上的位置越高,就越有可能成功完成该问题(以及其他类似难度的问题);反之,则成功完成该问题以及其他类似难度的问题的可能性就越小。[①] 在 PISA 2003 和 PISA 2012 具有可比数据的经合组织国家中,数学素养评估结果总体上保持相似,但数学成绩显著上升的国家要多于显著下降的国家。在 PISA 2012 收集到的 64 个国家或地区的数据中,有 25 个国家或地区的数学成绩在提高;相比之下,2003 年至 2012 年间,有 14 个国家或地区的成绩在下降,在此期间,其余 25 个国家或地区的数学成绩没有变化。在 PISA 2015 中,有 35 个经合组织国家的数学成绩平均分为 490 分,平均有 77% 的学生达到 Level 2 或更高水平,中国香港、中国澳门、新加坡的学生中有 90% 以上达到该基础线;平均只有 2.3% 的学生达到 Level 6,其中,中国 B-S-J-G、中国香港、日本、韩国和瑞士,有 5% 至 10% 的学生达到了 Level 6。在 PISA 2018 中,平均有 76% 的学生在数学上达到 Level 2 或更高水平;达到 Level 6 的学生只有 2.4%,而在新加坡、中国 B-S-J-Z 等国家或地区,约有超过 14% 的学生能达到这一水平。除此之外,数学素养还呈现出以下问题。

表 3.4　PISA 2012 数学素养评估水平及相关内容

水平	分数下限	OECD 平均水平百分比	学生达到的能力
Level 6	669 分	3.3%	学生可以根据对复杂问题情况的调查,将信息进行概括、建模等,并可以在相对非标准的情况下使用其知识。他们可以链接不同的信息源和表示形式,并在它们之间灵活转换。他们有能力进行高级数学思考和推理。他们可以利用洞察力和理解力,以及对符号和形式数学运算与关系的精通,来开发出应对不同情况的新方法和策略。他们能够反思自己的行为,并能够制定和准确传达他们的发现,并思考他们的论点是否符合问题的要求。
Level 5	607 分	12.6%	学生可以开发和使用复杂情况的模型,识别约束条件并指定假设。他们可以选择、比较和评估适当的问题解决策略,以处理与这些模型相关的复杂问题。他们可以使用广泛的、成熟的思维和推理技能,适当地链接表示、符号和形式表征以及与这些情况相关的见解来进行战略性工作。他们开始反思自己的工作,可以制定与交流其解释和推理过程。

① OECD. (2014). *PISA 2012 results*(volume i):*what students know and can do — student performance in mathematics*, *reading* and science. Paris:OECD Publishing.

续　表

水平	分数下限	OECD 平均水平百分比	学生达到的能力
Level 4	545 分	30.8%	学生可以有效地使用复杂的模型,这些情况可能涉及约束或需要进行假设。他们可以选择和集成包括符号在内的不同表示形式,将它们直接链接到实际情况。他们可以利用自己有限的技能,并且可以在简单的情况下进行一些有洞察力的推理。他们可以根据自己的解释、论据和行动来进行构造、传达与解释。
Level 3	482 分	54.5%	学生可以执行清楚描述的程序,包括那些需要按顺序进行决策的程序,他们的解释足够合理,可以作为建立简单模型或选择和应用简单问题解决策略的基础。他们可以根据不同的信息源,直接从中推理来解释和使用。他们通常表现出处理百分比、分数和十进制数以及处理比例关系的一些能力。他们的解决方案反映出习得了基本的解释和推理能力。
Level 2	420 分	77%	学生可以在仅需要直接推理的情况下解释和识别情境。他们可以从单一来源提取相关信息,并使用单一表示模式。他们可以使用基本算法、公式、过程或约定来解决涉及整数的问题。他们能够对结果进行字面解释。
Level 1	358 分	92%	学生可以回答涉及熟悉情况的问题,其中包含所有相关信息并且明确定义了问题。他们能够在明确的情况下根据直接指示识别信息并执行例行程序。他们可以执行那些显而易见的问题,并立即从给定的刺激中作出反应。

资料来源：OECD. (2014). *PISA 2012 results（volume i）：what students know and can do — student performance in mathematics, reading and science*. Pairs：OECD Publishing.

1. 学习数学的动机不高

PISA区分了两种学习数学的动机：学生可能会学习数学,是因为他们喜欢它并觉得有趣,或是因为他们认为学习数学是有用的。[1] 其中,前者即所谓的内在动机,强调的是从活动本身中获得快乐而执行一项活动的动力;后者为外在动机。具有内在动机的学生学习数学,是因为他们发现学习数学有趣且令人愉快,给他们带来了乐趣,而不是因为他们在掌握数学概念和解决数学问题时能够取得什么成就。[2] 内在动机会影响学生的参与程度,学生参与的学习活动,学生的表现以及学生渴望并选择追求的职业类型。[3] 通常,

---

[1] OECD. (2013). *PISA 2012 results*(volume iii)：*ready to learn：students' engagement, drive and self-beliefs*. Paris：OECD Publishing.

[2] Gottfried, A. E. (1990). Academic intrinsic motivation in young elementary school children. *Journal of Educational Psychology*, 82：525 – 538.

[3] Reeve, J. (2012). A self-determination theory perspective on student engagement. In Christenson, S. L., Reschly A. L., & Wylie, C. (Eds.), *Handbook of student engagement*. New York：Springer.

随着学生年龄的增长,他们的兴趣变得越来越不同,[1]在从小学到高等教育的过程中内在动机逐渐消失。[2][3]

PISA 2012 研究发现,学习数学的内在动机指数平均每变化 1 个单位,数学成绩就会相差 19 分。在经合组织国家中,学生数学成绩差异的 5％可以用学习数学的内在动机差异来解释。一些参与国家或地区有超过 10％的差异得到了解释。在 PISA 2012 中观察到的学生学习数学的内在动机水平与其数学成绩之间的关系强度,和具有可比数据的经合组织国家以及所有参与国家或地区在 PISA 2003 中呈现的结果相似。PISA 2012 通过学生对自己喜欢数学的"强烈同意""同意""不同意"或"强烈不同意"的回答,来衡量学生学习数学的内在动机(图 3.5)。在所有经合组织国家中,只有38％的学生同意或强烈同意他们喜欢数学的说法,53％的学生表示他们对数学中的知识感兴趣。然而,经合组织国家的平均数掩盖了各国或地区之间的显著差异。例如,印度尼西亚、马来西亚、哈萨克斯坦、泰国和阿尔巴尼亚至少有 70％的学生报告了喜

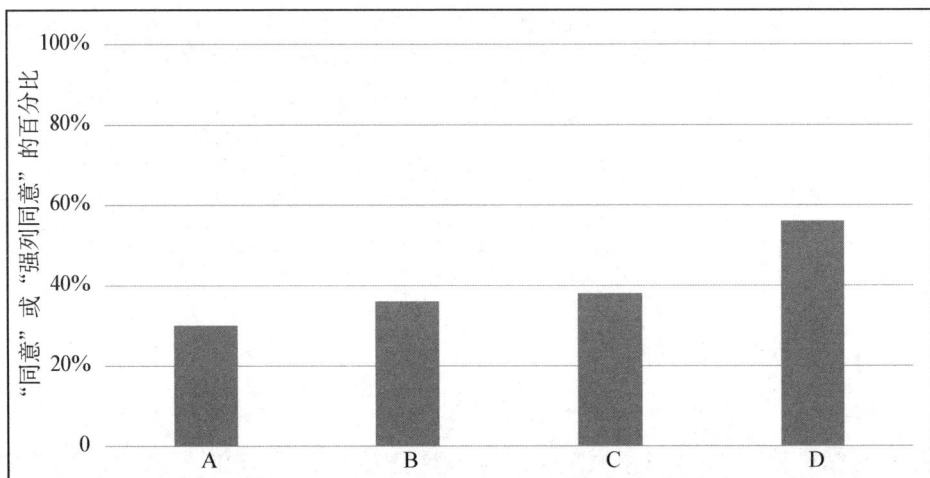

图 3.5　PISA 2012 经合组织国家学生学习数学的内在动机

　　* A: 我喜欢数学;B: 我期待上数学课;C: 我做数学题是因为我喜欢;D: 我对我在数学中学到的知识很感兴趣。

　　资料来源: OECD. (2013). *PISA 2012 results (volume iii): ready to learn: students' engagement, drive and self-beliefs*. Pairs: OECD Publishing.

---

[1] OECD. (2004). *Learning for tomorrow's world: first results from PISA 2003*. Paris: OECD Publishing.

[2] Gottfried, A. E., et al. (2013). Longitudinal pathways from math intrinsic motivation and achievement to math course accomplishments and educational attainment. *Journal of Research on Educational Effectiveness*, 6: 68 - 92.

[3] Jacobs, J. E., et al. (2002). Changes in children's self-competence and values: gender and domain differences across grades one through twelve. *Child Development*, 73(02): 509 - 527.

欢数学,而阿尔巴尼亚、泰国、哥伦比亚、秘鲁、墨西哥、哈萨克斯坦、约旦和马来西亚的学生中至少有 80％的学生对数学方面的知识感兴趣。然而,在克罗地亚、奥地利、塞尔维亚、斯洛文尼亚、匈牙利、斯洛伐克、芬兰和比利时,最多只有 30％的学生喜欢数学,而在斯洛伐克、克罗地亚、斯洛文尼亚和日本,只有不到 40％的学生对他们在数学方面所学的知识感兴趣。参加 PISA 2012 的学生对数学的享受程度和学习数学的内在动机相对较低,在 52 个国家或地区,男孩比女孩具有更高的学习数学的内在动机。[①]　总体来看,学生的数学学习动机并不高。

　　2. 数学自我效能感有待提高

　　"自我效能感"一词用于描述一种信念,即个体对自己是否有能力完成某一行为所进行的推测与判断的效果,而这反过来又是采取行动或在困难面前坚持下去的强大动力。[②]　数学自我效能感是指学生认为他们能够在指定的水平上成功地完成给定的数学任务。[③]　相关研究表明,一般来说,在数学方面表现较好的学生会产生较高的自我效能感。[④]　换句话说,如果学生不相信自己有完成特定任务的能力,他们就不会为成功完成任务付出所需的努力,缺乏自我效能感就成了自我实现预言。尽管除自我效能感之外的其他因素也可以指导和激励学生,但当学生不相信自己能够完成给定的任务时,他们需要具有更高水平的自我控制和动力才能取得成功。自我效能感低下的学生不太可能去调节自己的成就行为或动机去学习。[⑤]

　　PISA 2012 要求学生报告他们是否有信心完成一系列涉及代数的纯数学和应用数学任务,例如,使用火车时刻表计算出从一个地方到另一个地方要花多长时间;计算出一台电视机在打 7 折后要便宜多少钱;计算一层地板需要多少平方米瓷砖;计算汽车的汽油消耗率;理解报纸上的图表;在 1∶10 000 比例尺的地图上计算两个地方之间的实际距离;以及能解 $3x+5=17$ 和 $2(x+3)=(x+3)(x-3)$ 等方程。利用学生关于对数学学科和数学问题是否感到"非常自信""自信""不太自信"或"完全不自信"的回答,建立数学自我效能感指数,确定学生的数学自我效能感水平。该指数已被标准化,经合组织国家的平均值为 0,标准差为 1。在经合组织国家中有

① OECD. (2013). *PISA 2012 results (volume iii)：ready to learn：students' engagement, drive and self-beliefs*. PISA：OECD Publishing.

② Bandura, A. (1977). *Social learning theory*. New York：General Learning Press.

③ Schunk, D. H. (1991). Self-efficacy and academic motivation. *Education Psychology*, 26：207 - 231.

④ Schunk, D. H., & Pajares, F. (2009). Self-efficacy theory. In Wentzel, K. R., & Wigfield, A. (Eds.), *Handbook of motivation at school*. New York：Taylor Francis, 35 - 53.

⑤ Klassen, R. M., & Usher, E. L. (2010). Self-efficacy in educational settings：recent research and emerging directions. In Urdan, T. C., & Karabenick, S. A. (Eds.), *The decade ahead：theoretical perspectives on motivation and achievement*. United Kingdom：Emerald.

超过一半的学生认为自己不喜欢数学,数学成绩不好,无法理解较难的数学问题,等等。对于以上问题,有部分学生对问题的解决表现出不自信,这意味着学生在数学的学习方面缺乏信心。

3. 数学焦虑影响学生成绩

虽然许多学生担心自己在学校的表现并在考试时感到焦虑,但很大一部分学生表示对数学感到特别焦虑。[1][2] 数学焦虑不仅仅是一种心理问题,例如焦虑程度高的人表现出对数学的紧张、忧虑和恐惧[3],同时也有人会产生诸如头疼等生理反应,经历过数学焦虑的人通常会避开选择需要掌握一些数学知识的技能、课程以及职业等。[4][5] 对于这类人群而言,仅仅是预料到可能会遇到与数学相关的问题也会带来痛苦的反应。[6] 对学生来说,特别是当产生数学焦虑时,他们的大脑就不能全神贯注于解决数学问题,继而影响听课效率以及成绩。[7]

在参与 PISA 2003 有关数学焦虑相关问题的国家或地区中,大约只有29％的学生报告在做数学作业时非常紧张。[8] 到2012 年,这一比例已增长到32％。这也意味着,2012 年的学生比 2003 年的学生更有可能担心他们在数学课上会遇到困难,更可能担心他们的数学成绩会很差,更有可能在面对数学时变得紧张并且对数学问题感到无助。与这一趋势一致,2003 年至 2012 年间(图 3.6),在 13 个国家或地区中,对数学焦虑的学生比例显著增加,最显著的是新西兰、瑞典、乌拉圭、澳大利亚、突尼斯、挪威和泰国等。

(三) 科学素养测评存在的问题

1. 部分学生没有达到基础线

2016 年 6 月,经合组织秘书长安赫尔·古里亚(Angel Gurría)在伦敦发布 PISA 2015 的结果报告时表示,"十多年来科学技术的突破并没有转化为学校科学成绩的提升"。[9] 在

---

① Ashcraft, M. H. , & K. S. Ridley. (2005). Math anxiety and its cognitive consequences. In Campbell, J. I. D. (Ed.), *Handbook of mathematical cognition*. New York: Psychology Press, 315 - 327.

② Hembree, R. (1990). The nature, effects, and relief of mathematics anxiety. *Journal of Research in Mathematics Education*, 21: 33 - 46.

③ Zeidner, M. , & Matthews, G. (2011). *Anxiety 101*. New York: Springer.

④ Beasley, T. M. , Long, J. D. , & Natali, M. (2001). A confirmatory factor analysis of the mathematics anxiety scale for children. *Measurement and Evaluation in Counseling and Development*, 34: 14 - 26.

⑤ Ho, H. , et al. (2000). The affective and cognitive dimensions of math anxiety: a cross-national study. *Journal for Research in Mathematics Education*, 31(03): 362 - 380.

⑥ Lyons, I. M. , & Beilock, S. L. (2012). When math hurts: math anxiety predicts pain network activation in anticipation of doing math. *Plus one*, 7(10): 1 - 6.

⑦ Beilock, S. L. , et al. (2004). More on the fragility of performance: choking under pressure in mathematical problem solving. *Journal of Experimental Psychology-General*, 133(04): 584 - 600.

⑧ OECD. (2003). *Learning for tomorrow's world: first results from PISA 2003*. Paris, OECD Publishing.

⑨ OECD. Singapore tops latest OECD PISA global education survey. (2016 - 12 - 06)[2019 - 03 - 02]. http://www.oecd. org/pisa/singapore-tops-latest-oecd-pisa-global-education-survey. htm.

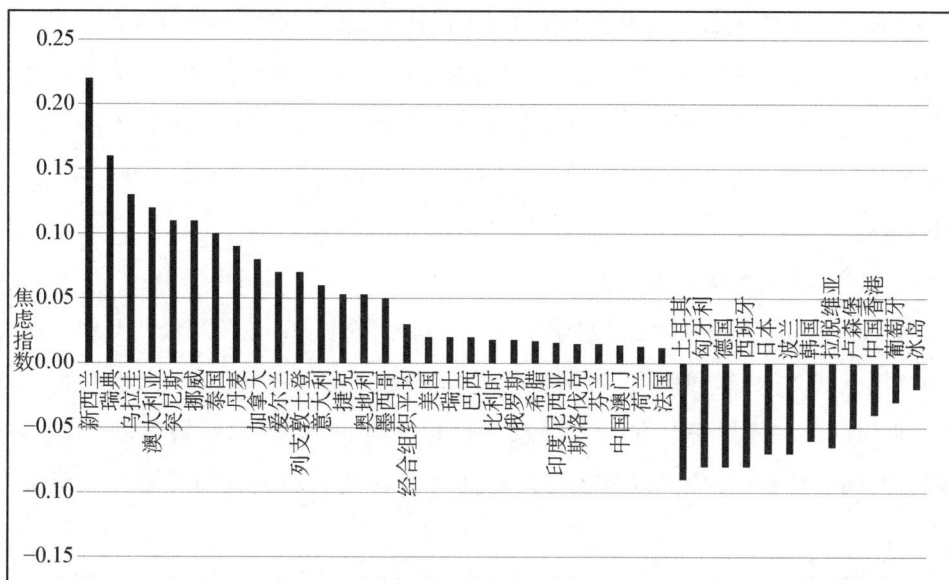

图 3.6　PISA 2003 年至 2012 年一些国家或地区的学生数学焦虑指数变化情况

资料来源：OECD. (2013). *PISA 2012 results（volume iii）：ready to learn：students' engagement，drive and self-beliefs*. Pairs：OECD Publishing.

PISA 科学素养测评中，Level 2 是科学素养的基础线。2006 年，35 个经合组织国家或地区的学生科学素养的平均分为 498 分；PISA 2015 中，参与国家或地区的学生科学素养的平均分下降到了 493 分。在整个经合组织国家中，2006 年至 2015 年间，科学素养得分低于 Level 2 的学生比例增加了 1.5 个百分点（无显著增长），而达到或高于 Level 5 的学生比例则下降了 1.0 个百分点（无显著减少），科学素养基本上没有大的变化。PISA 2018 平均有 78% 的学生科学素养达到 Level 2 或更高水平，6.8% 的学生达到了 Level 5 或 Level 6。中国 B-S-J-Z 有三分之一的学生达到 Level 5 以上，新加坡有超过五分之一的学生达到了 Level 5 以上。

　　处于 Level 2 这一水平的学生能够理解基本的科学内容知识和程序，然后给出适当的解释，并能解释数据和甄别简单实验中的问题。这意味着，所有学生都应该在义务教育完成之时达到 Level 2。低于 Level 2 的学生仅能够在熟悉的情况下应用某些有限的科学知识，经常会混淆有关科学问题的关键特征，无法准确运用科学知识。相比之下，达到或高于 Level 2 的学生可以识别科学问题的关键特征，利用单个科学概念和与问题有关的信息，并使用数据表中表示的科学实验结果支持个人决定。[1] 教育系统应努力使每个 15 岁的孩子至少具备科学的基本水平。在科学测评中达到或超过

---

① OECD. (2007). *PISA 2006 results（volume i）：science competencies for tomorrow's world*. Paris：OECD Publishing.

Level 2 的学生所占的百分比表明了各国或地区在实现这一目标方面的努力。

在 PISA 2015 的科学素养测试中,参与测评的国家或地区有超过五分之一的学生没有达到 Level 2,平均大约有十分之一的学生达到了 Level 5。PISA 2018 中,平均大约有四分之一的学生没有达到 Level 2,Level 5 以上水平的学生占比与 2015 年基本一致。

2. 从事与科学相关职业意愿低

PISA 2015 的序言中指出,"科学不仅仅是科学家的领域。在海量信息和快速变化的背景下,随着时间的更迭,所谓科学的真理也会发生变化,每个人现在都必须能够'像科学家一样思考',包括能够权衡证据并得出结论,理解科学的'真理'可能随着时间的推移而改变,以及人类对自然力量和技术的能力与限制有了更多的了解"。①

PISA 2015 询问了学生期望 30 岁时从事什么职业。学生可以在开放式字段中输入任何职务描述;PISA 的答案是根据 2008 年国际标准职业分类(ISCO-08)进行分类的。对这些答案进行编码并用于创建与科学相关的职业期望的指标。在这一与科学相关的大型职业中,主要的职业分为以下几个类别:科学和工程专业人士,卫生专业人员,科学技术人员和准专业人士,以及信息与通信技术专业人员。

PISA 2015 中,平均有将近 24% 的学生报告说,他们希望从事与科学领域有关的职业。大约 57% 的学生报告说,他们希望从事科学领域之外的职业,其余 19% 的学生对他们的预期职业给出了模糊的答案,或者完全跳过了这个问题。具体来说,有 8.8% 的学生希望从事与科学和工程培训相关的职业(例如工程师、建筑师、物理学家或天文学家),11.6% 的学生选择与医疗卫生专业相关工作(例如医生、护士、兽医、物理治疗师),2.6% 的学生希望从事与通信技术相关的工作(例如软件开发人员、应用程序员),等等。在超过 40 个参与测试的国家或地区中,在考虑了学生的科学成绩之后,与经济文化地位高的同龄人相比,希望自己将来从事科学相关职业的处境不利的学生占比仍然较小。

PISA 2018 中,当提及未来的职业规划时,学生只会说出一些具体的工作,而不清楚它归属哪方面。平均有 36% 的学生清楚地知道他们期望在 30 岁之前从事什么职业,PISA 2018 列举了一些国家或地区最受欢迎的 10 个职业(表 3.5)。按照 PISA 2015 中与科学相关的职业描述,相比之下,女生更喜欢从事科学方面的职业。

---

① OECD. (2016). *PISA 2015 results (volume i): excellence and equity in education*. Paris: OECD Publishing.

表 3.5　PISA 2018 最受学生欢迎的 10 个职业

排名	男生	女生
1	警务人员	专科医生
2	运动员和体育运动员	全科医生
3	工程专业人士	律师
4	全科医生	教师
5	商业服务、行政管理人员	护理
6	汽车修理工	医生
7	军人	心理医生
8	策划	警务人员
9	律师	兽医
10	教师	策划

资料来源：OECD. (2019). *PISA 2018 results（volume ii）：where all students can succeed*. Paris：OECD Publishing.

3. 部分学生未参加正规的科学课程

PISA 2015 报告显示，在经合组织成员国内，大约有 6% 的学生没有参加过任何正规形式的科学课程，其中包括德国、法国、比利时等国家的一些经济、社会和文化地位指数低的学生，这导致他们的科学素养成绩比其他学生平均低了 25 分。相比之下，在其他国家，学校的科学课程以及与科学相关的活动丰富了学生接触科学知识和问题的途径，满足了不同学生的学业要求，使得他们在科学成绩提高的同时，对科学相关的知识、职业等有了更深刻的认识。

此外，PISA 2015 报告还显示，在大多数参与国家或地区中，社会经济地位、移民背景也影响学生的成绩。社会经济地位低的学生的科学素养平均分数比社会经济地位高的学生低 88 分。在科学素养未达到 Level 2 的学生中，社会经济地位低的学生数比社会经济地位高的学生高 3 倍。男生和女生在科学方面的平均得分差距仅为 4 分；但是在内容知识子量表上，男生的平均得分比女生高 12 分，而在程序和认知知识子量表上，女生的平均得分比男生高 3 分。这可能表明，与男生相比，女生对了解科学家如何探究和建立科学理论更感兴趣，而男生对科学提供的自然现象和技术现象的解释相对更感兴趣。但是平均而言，在参与测试的 33 个国家或地区中，科学表现最优的男生比例超过女生。

综上所述，阅读、数学、科学素养评估反映了教育教学中的诸多问题：首先，从数学、科学、阅读素养成绩来看，多数国家或地区只关注学生基于知识和理论的学习，影响了学生情感、实用技能等的获得,忽视了学生动机、意愿等非认知因素;其次,在一些处境不利的国家或地区,有部分学生未参加正规的理科类课程,反映出课程未开齐开全,以及课程标准、内容等方面的不足;最后,总体来看,数学、科学素养在 PISA 2000—2018 年的测评中波动不大,在一些国家,例如中国、日本等国家的阅读素养波动较大,这可能与本国课程对与阅读相关的学科的认识有关。

二、基于 PISA 的课程政策调整

PISA 力求衡量即将结束义务教育的 15 岁年轻人是否准备好应对当今知识社会的挑战。PISA 这种对素养的测评,推动了学生对知识的应用和终身学习的发展,对参与国家或地区的课程和教学法产生了强烈的影响,并提升了学生应对未来生活挑战的信心。[1] 唐纳利(Donnelly)指出亚洲一些国家或地区(如中国香港、日本、新加坡、韩国和中国台湾)在 PISA 上的成功是由于国家课程与 PISA 测评内容连贯一致,而这些在澳大利亚教育系统中是没有的。[2] 还有学者高度赞扬 PISA 在课程改革中的贡献,认为 PISA 为政策制定者提供了有用的信息和工具,以提高希腊现有教育体系的质量和效率。更具体地说,PISA 结果被用作检测现有教育系统的系统性弱点,并成为修订课程的基础,[3]这足以体现 PISA 对课程的重要影响。受访者(US‑190120‑M)指出,PISA 触发的课程政策调整分为三种类型:一种是无压力型,即课程标准与 PISA 框架一致;第二种是参考型,即参考 PISA 框架以及其他国家或地区的课程政策;第三种是压力型,即修订课程标准,尝试加入 PISA 框架包含的部分能力。

> 无压力型:课程标准和内容已与 PISA 框架保持一致,因此不存在变革压力(如澳大利亚、加拿大、新加坡、瑞典和中国香港)。
>
> 参考型:政策制定者和专家在讨论与修订课程和标准时参考了 PISA 框架以及其他国际和国家范例。
>
> 压力型:修订课程标准,明确地尝试与 PISA 框架保持一致或包含 PISA 类似的能力。
>
> (受访者:US‑190120‑M)

---

[1] Grek, S. (2009). Governing by numbers: the PISA effect in Europe. *Journal of Education Policy*, 24(01): 23‑37.

[2] Donnelly, K. (2007 09‑08). Neighbours Put us to the Test — APEC 2007. *Weekend Australian*.

[3] Breakspear, S. (2012). *The policy impact of PISA: an exploration of the normative effects of international benchmarking in school system performance*. Pairs: OECD Publishing.

本节从课程目标、标准、内容三个方面入手，探讨 PISA 背景下一些国家或地区做出的课程政策调整。

（一）基于 PISA 的课程目标调整

PISA 测评的根本目标在于通过评估检验学生运用已有知识进行问题解决的能力，以适应未来生活的需要。那么，从课程目标角度来讲，PISA 在于培养学生的知识转化运用、批判、创新等处理实际问题的技能。

自 2000 年首次举办 PISA 以来，印度尼西亚学生的考试成绩一直很低。在 PISA 2009 中，印度尼西亚学生的表现在 65 个参与国家或地区中排名第 61 位。基于此，为了改善印度尼西亚学生在 PISA 中的成绩，2012 年印度尼西亚政府修订了学校课程体系，简称"课程 2013"（Curriculum 2013）。以数学课程为例，课程 2013 将数学课程中的目标分为态度、知识、技能三部分，同时提出，需要通过数学过程来掌握新知识和新技能，而数学过程应强调并重视逻辑思维、批判性思维、发散性思维、创新、创造力和团队合作精神。这些能力被认为是获取、管理和使用信息以改善现实生活的必要条件。此外，还强调了解决问题与相互交流方面的知识和技能。具体来看，新的课程目标希望学生能够：

（1）了解、解释数学概念，并将其用于解决问题。在课程学习中，建议在教学过程中利用计算机等技术，强调运用现实问题促进学生问题解决能力的培养。

（2）学习使用推理模式，并根据数据的可用性进行概括。

（3）解决数学问题，包括现实世界中的问题、与科学有关的问题以及与技术有关的问题。在解决问题时，学生尤其能够理解问题，开发数学模型，操纵模型并使用数学结果来解释现实生活中的问题。

（4）使用完整的句子、符号、表格、图表或其他媒体交流思想，推理并论证或证明。

（5）对数学有良好的态度，并在日常生活中使用数学。培养解决问题的好奇心和信心。

（6）具有与数学及其学习的价值相匹配的良好态度和习惯，例如坚定、自信、开放、遵守纪律和诚实。[①]

---

① Murdaningsih, S., & Murtiyasa, B. (2016). An analysis on eight grade mathematics textbook of New Indonesian curriculum (K-13) based on pisa's framework. *Journal of Research and Advances in Mathematics Education*，1：14-27.

同样地,从 PISA 2009 开始,韩国学生的阅读成绩就一直处于下降趋势。为了培养能够积极应对知识爆炸性增加和社会快速变化的未来一代,对于学生的要求从"该知道什么"转变为"该做什么"。超越知识的简单掌握,通过多种学科的联系和整合,创造出新的知识和价值,以此为基础,培养个人和社会解决面临的问题的能力。韩国教育部 2015 年指出,受到 PISA 测评目标的影响,教育的目标之一是培养"一个以团体意识为基础的负责任的公民",而全球公民则是"一个具有价值观和态度的问题解决者,地区、国家和世界的社区成员都必须具备这些条件"。[1] 对此,2015 年韩国国家课程着力提升学生的知识、技能和态度。其中,将解决问题概念化为一种以和平方式解决多元社会带来的各种冲突的方式。韩国国家多元文化教育政策指南还认为,公共教育应通过使他们有效和高效地解决问题,为生活在并将生活在多元社会中的学生作好准备。[2] 在 PISA 2000 中,波兰学生的平均成绩不仅偏低,而且远低于经合组织的平均水平,在 PISA 2003、PISA 2006 中波兰学生的阅读水平有所提高,但科学、数学成绩仍低于经合组织的平均水平。当 PISA 2003 的结果发布时,波兰教育部决定使用所谓的"PISA 的国家选择",全面改革国家课程,新课程于 2009 年开始实施。它的重点从狭窄的、与主题相关的要求转移到了更广泛的横向技能的发展,例如科学探究、推理和协作解决问题的能力。

(二) 基于 PISA 的课程标准调整

一定程度上来看,教什么永远比怎么教更重要。因此,对课程的内容掌握是根本,而课程标准在很大程度上决定了教学的具体内容及其要求。课程标准作为评价的核心内容在整个教育体系中发挥着重要作用和价值。有学者认为,PISA 对教育政策的影响最大的方面在于在教育中引入"标准"。[3] 在课程评价层面,一些国家通过修订课程标准,明确地尝试与 PISA 框架保持一致或加入 PISA 框架包含的相关能力,实现了课程评价的转型。

如果没有 PISA 测评的影响,德国国家教育标准的制定和确保遵守标准的制度建设是无法想象的。[4] 在经历 2000 年第一轮 PISA 测评的失败后,德国政府开始反思本国教育系统存在的问题。2005 年,联邦教育与研究部(The Federal Ministry of

① Ministry of Education (2015). *The 2015 national curriculum.* Sejong: Ministry of Education (South Korea).

② Ministry of Education. (2014). *The 2015 national curriculum guideline.* Sejong: Ministry of Education (South Korea).

③ Bogdandy, A. V., & Goldmann, M. (2012). Taming and framing indicators: a legal reconstruction of the OECD's program for international student assessment (PISA). In Davis, K. E., Fisher, A., Kingsbury, B., & Merry, S. E. (Eds.), *Governance by indicators/global power through quantification and rankings.* Oxford: Oxford University Press.

④ Hubert, E. (2006). Educational standards and the changing discourse on education: the reception and consequences of the PISA study in Germany. *Oxford Review of Education*, 32(05): 619 - 634.

Education and Research)发布了"PISA 后议程"(Post-PISA Agenda)①,其中包括在"提高数学与科学教育效率"(Increasing the Efficiency of Teaching Mathematics and Science Education，SINUS)框架下,提升学生的数学和科学能力,以及利用图书馆等多重空间,提高学生的阅读能力②。

基于 PISA 素养框架,德国引入国家教育标准,大大加强了课程的作用以及课程的制定和实施方式。传统上,德国学校的课程非常详细地规定了教学的目的和内容。这种课程对学校的学习活动没有直接的影响,课程内容太复杂,由抽象的语言构建,教师无法直接使用,致使教师很难讲授这些课程。③ 传统课程对教学的影响本质上是间接的：首先,它们是特定学校的学科教师之间关于学年内和学年之间内容分配的基础。其次,只有与该课程的当前课程相一致的教科书才能获得该课程的认可。最后,课程设计对德语教学的影响是经过(各组)教师的解释和对教科书的依赖过滤过的。④ 为此,德国制定了国家教育标准,以期通过课程标准的界定,实现学生素养的提升,具体如下：

- 以相关学校学科的基本原则为基础;
- 描述特定学科的相关能力,包括学生应在特定阶段获得的知识体系;
- 致力于系统学习和相互联系的学习,并促进能力形成;
- 在预先确定的框架内描述学生的预期成绩;
- 与相关学科的核心领域相关,并为学校提供教学的自由;
- 瞄准中等水平的能力;
- 通过任务和问题的示例进行说明。⑤

在此基础上,德国各州也修订了教育标准,例如,巴登-符腾堡州推出了"教育计划"(Bildungspläne),其中包括新的国家标准、核心课程和由每所学校分别制定的学校课程。北莱茵-威斯特法伦州打算用不太规范的"核心课程"代替现有课程,以符合教育标准。在莱茵兰-普法尔茨州,2003 年的学校法甚至规定不得再开发新课程,教师

① BMBF. (2005). Was ist seit PISA geschehen?. (2015 - 03 - 11)[2019 - 9 - 18]. http://www. bmbf. de/de/899. php.
② BLK (2003). *Lesen in Deutschland*. Aktionsrahmen zur Förderung der Lesekultur von Kindern und Jugendlichen im außer-schulischen Bereich. http://www. blk-bonn. de/papers/LID2004_3_11. pdf.
③ Bung, P. (2004). Bildungsstandards：die neue curriculare Welt nach PISA. *Realschule in Deutschland*, 4：13 - 16.
④ Hubert, E. (2006). Educational standards and the changing discourse on education：the reception and consequences of the PISA study in Germany. *Oxford Review of Education*, 32(05)：619 - 634.
⑤ KMK. (2005). *Bildungsstandards der kultusministerkonferenz*. Erläuterungen zur Konzeption und Entwicklung (Bonn, Sekretariat der Ständigen Konferenz der Kultusminister der Länder der Bundesrepublik Deutschland).

应仅以国家标准为基础来计划教学。[1]

泰国 2002 年制定的《国家科学课程标准》提供了学习标准,其中对于科学的学习标准的界定不仅确定了科学内容,还确定了科学态度和科学过程技能,并为所有学习者发展解决问题的能力[2],契合了 PISA 科学素养的相关内容。为了遵守基础教育课程,该标准为科学学习确定了三个"愿景":科学学习涉及学习者知识、过程技能和态度的发展;科学的学习应该是终身的;需要基础科学学习来帮助学生理解、欣赏和认识自然与环境的重要性。[3]

以上不同国家的课程改革,都在不同程度上契合了 PISA 测评的相关内容,力图从课程改革入手,将 PISA 渗透到教育教学过程中,以期改变本国学生在 PISA 测评中的表现。但应注意,制定目标和实施新的标准,创新课程、教学理念等是需要长时间的积淀的,同时也需要根据本国的课程实际情况,创建适合本国学生发展的课程制定和实施体系。

(三) 基于 PISA 的课程内容调整

PISA 评估了义务教育阶段末期学生获得了多少知识和技能,这些知识和技能对于全面参与社会至关重要。在所有测评年份中,阅读、数学和科学素养的领域涵盖了成人生活中所需的重要知识和技能。以数学素养内容为例,在 1990 年代后期,PISA 的数学专家小组提出了对数学素养的定义,即个人具有识别和理解数学在世界上所扮演的角色,作出有根据的数学判断并以满足需求的方式从事数学的能力。这个定义关注个人及其对数学的参与,即他/她对数学的参与如何渗透到现在和未来生活的方方面面。该定义的某些方面在 PISA 上下文中具有特定含义。例如,"素养"一词表示"将数学知识和技能用于功能用途的能力,而不仅仅是在学校课程中掌握它的能力……同时包括在各种情况下提出和解决数学问题的能力"。[4]

爱尔兰政府在修订数学课程政策时受到 PISA 概念框架的强烈影响。在第一次 PISA 评估中,爱尔兰学生在数学素养方面的平均得分为 502.9 分,与 OECD 国家的平均得分没有显著差异,在 27 个 OECD 国家中排名第 15 位。在 PISA 2003 中,爱尔兰学生的平均成绩再次与 OECD 国家平均水平没有显著差异,在 40 个 OECD 和合作伙

[1]　Bung, P. (2004). Bildungsstandards: die neue curriculare welt nach PISA. *Realschule in Deutschland*, 4: 13-16.

[2]　Ministry of Education New Zealand. (2002). *Curriculum stocktake report to minister of education*. Wellington: MOE.

[3]　Institution for Promoting Science and Technology. (2003). *The manual of content of science learning*. Bangkok: Curusaphaladphoa.

[4]　OECD. (2002). *Programme for international student assessment sample tasks from the PISA 2000: assessment of reading, mathematical and scientific literacy*. Pairs: OECD Publishing.

伴国家中排名第 20 位。到 PISA 2006 为止，爱尔兰学生的数学素养成绩并没有得到改善。基于此，爱尔兰教育研究中心（the Educational Research Centre，ERC）在采用 PISA 数学素养模型的基础上，提出"Project Math"计划，以更实用的形式向学生介绍数学知识和技能，"Project Math"强调了数学的效用，使之在"知识社会的发展以及与之相关的企业文化和创新"中扮演重要的角色。[①]

"Project Math"项目旨在"在允许学习者看到数学内部、数学与其他学科之间以及数学及其在现实生活中的应用之间的联系的环境中"教授数学。[②] 根据经合组织的建议，新的教学大纲是按照学习成果编排的，取代了以往教学大纲的传统输入—输出的内容结构。每一个阶段的学习都是由对要学习的主题的简要描述和学生应该能够做什么的细节来描述的。在"Project Math"中，学生在课堂上学习的大部分内容是将数学知识和技能用于功能性用途，而不是在纯数学和抽象上下文语境中做题。[③] 为了将数学素养的定义转化为评估，PISA 数学专家组确定了三个广泛的方面：过程、内容和情境，并概述了每个方面的评估内容。在"Project Math"项目中，根据 PISA 数学素养评估框架，提出了基于本国数学课程现实的过程、内容、情境框架。其中，过程层面，几乎所有的 PISA 相同层面的内容都出现在"Project Math"中，同时保留了以往的方程式、函数、集合、形式几何和坐标几何、三角和数字性质等知识与内容。[④] 在课程大纲内容方面，"Project Math"与 PISA 数学素养内容略有不同。"Project Math"教学大纲将数学课程分为五个不同的内容链：统计与概率、几何与三角、数、代数、函数。[⑤] 而 PISA 数学素养的内容是围绕现象学的方法来组织的，"描述与现象有关的内容及其产生的各种问题"。[⑥] 在情境层面，PISA 测评问题包括多种情境，例如"个人生活、工作和休闲、当地社区和社会"。"Project Math"则试图在允许学习者看到数学及其应用与现实生活之间联系的情境中教授数学。在"Project Math"课程中，许多问题都是基于现

① DES/NCCA (2010). *Leaving certificate mathematics syllabus foundation, ordinary and higher level for examination in 2012 only.* http://www.ncca.ie/en/Curriculum_and_Assessment/Post-Primary_Education/Project_Maths/Syllabuses_and_Assessment/LC_Maths_for_examination_in_2012.pdf.

② DES/NCCA (2012). *Leaving certificate mathematics syllabus foundation, ordinary and higher level for examination in 2014 only.* http://www.ncca.ie/en/Curriculum_and_Assessment/Post-Primary_Education/Project_Maths/Syllabuses_and_Assessment/LC_Maths_for_examination_in_2014.pdf.

③ Cosgrove, J., Oldham, E., & Close, S. (2005). *Assessment of mathematics in PISA 2003: achievements of Irish 15-year-olds in an international context.* Paper presented at the Proceedings of the First National Conference of Research in Mathematics Education. Dublin: St. Patrick's College.

④ Merriman, B., Shiel, G., Cosgrove, J., & Perkins, R. (2014). *Project maths and PISA 2012.* Dublin: ERC.

⑤ NCCA (2008). *Developing post-primary mathematics education: project maths: an overview.* http://www.ncca.ie/uploadedfiles/publications/vacancies/project%20maths%20overview.pdf.

⑥ OECD (2002). *Programme for international student assessment sample tasks from the PISA 2000: assessment of reading, mathematical and scientific literacy.* Pairs: OECD Publishing.

实情境设置的,涉及个人税收、手机选择、游泳池、水塔、高尔夫球场、漏油、密码组合、学生身高、健康等。具体到情境分类,"Project Math"比 PISA 的情境更细致、具体。

爱尔兰将国家课程和教学法与 PISA 相匹配,其目的在于改善本国在 PISA 测评中的排名。"Project Math"并不是对 PISA 的简单复制,这两个项目在内容处理方法和抽象数学等方面存在分歧。但总体而言,爱尔兰政府在修订数学教育政策时受到了 PISA 概念框架的强烈影响,"Project Math"带有 PISA 的基因烙印,其在提高爱尔兰学生数学成绩方面发挥了重要影响。爱尔兰教育和科学部长说,"Project Math"将提高全校学生的数学素养,使人们对数学的重视程度发生变化,特别是将重点放在情境、应用和解决问题上。[1]

第四节　PISA 与教师政策调整

教师是教育的重要资源。如何吸引、发展和支持教师,对学生和学校的表现有重大影响。芬兰学生在 PISA 测评中的优异成绩引起了全世界对该国教育体系的关注,许多研究将芬兰 PISA 的成功归于高质量的教师队伍。[2] 教师政策是 PISA 近年来关注的重要领域之一,其教师问卷用于了解教师背景、培训与教学经历,同时收集课堂管理情况信息以及可验证学生问卷、学校问卷回答情况的信息。在经合组织教师政策的框架下,PISA 测评中反映出教师短缺、质量不佳等问题,一些国家针对此对教育政策进行了相关政策调整。

一、PISA 视阈下的教师政策研究

国际教育研究越来越多地指出强大的教学人员作为高绩效系统的关键要素的作用。[3][4] 2007 年,麦肯锡报告对七个高绩效国家和教育系统进行了更深入的评估,得出的结论是,"这几个国家的重点在于发展一个强大的教学专业",并使"具有高学历、被赋予权利的教师为学生服务"。[5] 通过对 PISA 测评中学生学习影响因素的研究发现,

① Maths, P. (2010). Project maths homepage. https://www.projectmaths.ie/.
② Chung, J. (2009). *An investigation of reasons for Finland's success in PISA*. London: University of Oxford.
③ Jensen, B., et al.. Not so elementary: primary school teacher quality in high-performing systems. (2016 - 07 - 01)[2018 - 12 - 28]. http://ncee.org/elementary-teachers/.
④ Hanushek, E., Piopiunik, M., & Wiederhold, S. (2014). The value of smarter teachers: international evidence on teacher cognitive skills and student performance. (2014 - 12 - 01)[2018 - 12 - 28]. http://dx.doi.org/10.3386/w20727.
⑤ Darling-Hammond, L., et al. (2017). *Empowered educators: how high-performing systems shape teaching quality around the world*. Jossey-Bass: San Francisco, 78.

在那些可能对政策制定有影响的变量中，教师和教学是对学生学习产生最重要影响的因素。[①] 教师已被确定为高绩效国家在 PISA 中取得成功的一个关键因素。

从广义上讲，教师政策是学校和教育系统层面的行动准则，它们在特定的时间和地点塑造教师的工作。进入 21 世纪以来，公平成为 PISA 研究的重要方面，显示了当下各国教育政策关注的重点。2012 年 PISA 结果表明，学生在数学方面表现较好的学校系统倾向于在优势学校和弱势学校之间更公平地分配资源。[②] 随着各国学校环境在 2003—2012 年间的普遍改善，PISA 报告逐渐侧重于提高教学人员素质的政策，例如，提高教师资格认证的要求，为教出成绩优异的学生的教师提供激励措施，提高工资以使教师职业更具吸引力，为教师提供其他激励等措施。[③] 现有的"教师政策"定义包括几个共同要素：教师事务报告涵盖了与"吸引、招募、培养和留住教师"相关的政策。这些政策分为五个主要群组：与教师的准备和发展相关的政策（成为教师需要什么）；与职业结构和激励相关的政策（促使个人成为教师的动机是什么）；影响教师需求的政策（如班级规模、教学、时间表等）；管理和构建劳动力市场的政策（教师如何与职位空缺相匹配）；以及影响教师工作的学校流程和做法。更具体地说，教师政策关注三个中间目标：吸引有才能的人从事教学工作，并留下他们；培养高质量的教师；以最有利的方式与教师和学生进行匹配（最终目标是促进优秀、公平和包容性的学习）。研究教师政策意味着分析那些与这三个目标最直接相关的教育政策和学校层面的实践，同时承认这些政策和实践受到更广泛的学校政策的影响并与之互动以产生结果。[④]

在经合组织国家中，教师平均年龄为 43 岁，只有 12％的教师年龄在 30 岁以下，30％的教师年龄超过 50 岁。[⑤] 在一些国家，大部分教师将在未来十年内退休，这将需要建立激励机制来吸引合格的新进入者。[⑥] 教师的工作条件也因国家而异，但平均而言，经合组织国家初中教育教师的工资低于普通全日制高等教育全职工人的收入（比值为 0.88）。此外，虽然大多数教师报告他们对自己的专业感到满意（91.2％）并且不后悔选择教师作为职业（77.6％），但只有 30％的教师认为教师职业受到社会的重视。

---

① OECD（2005）. *Teachers matter: attracting, developing and retaining effective teachers*. Paris: OECD Publishing.

② OECD.（2014）. *PISA 2012 results in focus what 15-year-olds know and what they can do with what they know*. Paris: OECD Publishing

③ OECD.（2018）. *Effective teacher policies: insights from PISA*. Paris: OECD Publishing.

④ OECD.（2018）. *Effective teacher policies: insights from PISA*. Paris: OECD Publishing.

⑤ OECD.（2014）. *Indicator D6 what does it take to become a teacher?*. Paris: OECD Publishing.

⑥ Schleicher, A.（2011）. *Building a high-quality teaching profession: lessons from around the world*. Paris: OECD Publishing.

在法国、斯洛伐克和瑞典,只有不到 5％ 的受访教师认为他们的职业受到社会的重视。这一系列的问题使得教师面临着人口老龄化、工作条件多变、专业质疑等多方面的问题。

在 PISA 的问卷调查中,通过学生问卷和学校问卷收集有关教师教学方法与策略、师生交流互动、学校教师数量与质量、教师工作状态等方面的信息;自 2015 年 PISA 引入教师问卷后(表 3.6),对教师的背景、职前培训、教学实践、工作状态等个体化的信息进行了更为详细的了解,涉及课堂教学、师生关系、学校资源、校长领导力等多个方面,有助于为学生的测试结果建立背景,同时识别出教师在哪些方面对学生的发展产生影响。从 PISA 历年报告的文本来看,在教师问题研究上(表 3.7),主要聚焦于教师的基本信息、教学实践、情感态度及教师管理四大方面。在近年来的教师问卷中,更关注公平、师生关系等因素,契合了当下教育发展的实况。这些调查问卷与学生测评结合在一起,一方面可以透析学生在知识和技能等各方面的发展与支撑条件的现状;另一方面指出了教师建设方面的不足与缺陷,继而积极地促进和推动各国教师政策的修正、完善。

表 3.6　PISA 2015 教师问卷调查

领域	具体内容
教师资格与专业知识	教师的背景信息,如性别、年龄、资格、经验、培训、职业发展、就业状况、自我效能感和对工作与职业的满意度。调查问卷的这些方面部分取自经合组织教师教学国际调查项目。
学校教学实践和学校学习环境	要求教师描述他们的教学实践,包括教师指导的学习、基于探究的策略、协作学习、评估、反馈和评分实践。
学习时间和课程	作为了解科学课程的利益相关者,教师被问及是否教授正式课程,课程涵盖哪些教育目标,以及学生父母是否了解课程。
领导和学校管理	尽管学校问卷涵盖了这些方面,但教师问卷从教师的角度收集了关于校长领导风格的类似信息。
学校资源	要求教师报告学校的人力和物力资源,以及任何影响他们的教学能力的因素。

资料来源:Mostafa, T., & Pál, J. (2018). Science teachers' satisfaction: evidence from the PISA 2015 teacher survey. (2018 - 02 - 02)[2021 - 10 - 04]. https://www.oecd.org/officialdocuments/publicdisplaydocumentpdf/?cote＝EDU/WKP(2018)4&docLanguage＝En.

表 3.7 历年 PISA 测评中有关教师的内容

测评框架	具体内容	2000 年	2003 年	2006 年	2009 年	2012 年	2015 年	2018 年
基本信息	教师数量	*	*	*	*	*	*	*
	学历	*	*	*	*	*	*	*
	教师资格	*	*	*	*	*	*	*
	专业发展	*	/	/	/	/	*	*
教学实践	支持条件	/	/	/	/	/	*	*
	教学行为	/	/	/	*	*	*	*
	公平	/	/	/	/	/	*	*
情感态度	教师信念	*	*	/	/	/	/	/
	师生关系	*	*	*	*	*	*	*
教师管理	考评	/	*	/	*	*	*	*
	自主权	*	*	*	*	*	*	*
	工资	/	/	/	*	*	*	*
	影响因素	*	/	/	*	*	*	/

* 表示 PISA 教师问卷中关注的内容。

二、PISA 视阈下的教师问题

经合组织关于教师的目标之一是为"教师更好地教学"创造一种情境。[1] PISA 背景下的教师政策强调教师的特点、教学对于学校教育和学生发展的重要性。通过分析历年与教师相关的研究发现，教师数量短缺、质量参差不齐、专业发展水平低等支持性条件不足仍然是一些参与 PISA 测评的国家或地区在教师方面存在的主要问题，具体如下。

（一）教师数量短缺

许多国家或地区的教育系统都难以吸引高素质的教师，特别是在贫困地区。当出现教师短缺时，低收入地区的学校最容易受到影响，教育系统可能需要降低进入教师行业的标准以吸引教师。同时，这些地区的学校的教师流失率也可能更高，导致教师数量短缺。美国的一些弱势学校报告说，师资短缺带来了诸多负面影响，例如一名教师可能要上好几个年级的课程，工作压力比较大。[2] 通过对历届 PISA 调查问卷的内

① ［德］安德烈亚斯·施莱歇.（2016）.培养卓越校长和教师：来自 PISA 的建议.胡惠平，等，译.北京：教育科学出版社，2.
② Schleicher, A.（2014）. *Equity, excellence and inclusiveness in education：policy lessons from around the world, international summit on the teaching profession*. Pairs：OECD Publishing.

容进行分析发现,教师数量问题是自 PISA 测评实施以来关注的重要内容之一。PISA 2012 的调查结果表明,许多学生面临着社会经济背景不利以及教学质量较低的双重考验。考虑到学校的学生人数,经合组织国家至少将相等数量(如果不是更多数量)的数学老师分配给处于不利地位的学校和处于优势地位的学校。但是,处境不利的学校在吸引合格教师方面往往存在很大困难。例如,在荷兰,社会经济优势学校合格教师的比例是劣势学校合格教师比例的 3.7 倍(52%：14%)。[①] 有学者提出了造成学校教师短缺问题的两个视角,一是在现代教育理论的框架下,学生入学、退休教师的数量增加加剧了教师短缺现象;二是从教育组织系统架构来看,不利于教师发展的外部与内部条件影响了教师流动,继而出现教师数量不足现象。[②] 关于教师短缺的信息,PISA 测评主要是通过校长调查获取的,其研究落脚于校长认为教师数量短缺是否影响学生发展。

为了评估校长如何看待学校教师供应的充足性,PISA 问卷要求校长报告他们认为在关键领域缺乏合格的教师会在多大程度上阻碍学校教学的发展。结合这些信息可以创建教师短缺的综合指数,该指数越高,表明校长认为教师短缺导致的教学问题越多。根据一些学校校长的说法,在卢森堡、约旦、泰国、土耳其和中国上海,教师短缺最大程度地阻碍了教学。[③] PISA 2000 关于教师短缺与学生发展的校长调查报告显示(表 3.8),在 25 个国家中,奥地利、西班牙、瑞士、法国的校长认为教师短缺对学生发展的影响较低,荷兰、俄罗斯两国的校长们则认为教师短缺对学生发展的影响高达70%。校长报告表明,合格的数学和科学教师的短缺是持续的,影响了几个国家的大部分学生。在 2003 年和 2012 年的 PISA 测评中,抽样学校的校长被问及他们学校提供教学的能力是否因缺乏合格的科学或数学教师而受阻。校长报告指出,缺乏合格的数学和科学教师在"某种程度"或"很大程度"上影响学生学习;2012 年的结论是由于缺乏合格的数学教师,学校提供教学的能力受到很大影响。研究发现,妨碍教学的教师短缺影响了超过 70% 的卢森堡学生。在 2015 年接受 PISA 教师调查问卷的国家或地区中,31% 的科学教师报告说,由于缺乏教师,很多教学活动无法展开。在考虑学生与学校经济、社会和文化地位的影响后,教师短缺指数每提高一个单位,学生的科学成绩就降低 2 分;从参与国家或地区教师与学生的比例来看,在 2000 年与 2003 年的测评结果中,师生比与学生成绩之间的关系并不显著。而在 2015 年的测评中,虽然二者

---

① OECD. (2013). *PISA 2012 results (volume ii)：excellence through equity：giving every student the chance to succeed*. Pairs：OECD Publishing.

② OECD. (2018). *Effective teacher policies：insights from PISA*. Pairs：OECD Publishing.

③ OECD. (2016). *PISA 2015 results (volume i)：excellence and equity in education*. Pairs：OECD Publishing.

之间的关系在不同国家或地区中存在较大差异，但从经合组织国家的平均值来看，师生比每提高一个单位，学生的科学成绩将提高 0.6 分。[①] 此外，在经合组织国家中，平均而言，相比城市学校的校长（27%），更多农村学校的校长（32%）报告说，由于缺乏教师，学校的一些教学活动无法开展。

表 3.8 PISA 2000 25 国校长报告教师短缺情况

国家	学校数量（所）	最初学校回应率（%）	影响学生发展率（%）
荷兰	93	27.13	79.6
俄罗斯	239	98.84	72.0
希腊	151	83.91	68.9
德国	197	94.71	68.0
瑞典	154	99.96	65.6
冰岛	126	99.88	65.1
芬兰	155	96.82	64.5
英国	334	61.27	64.4
挪威	166	85.95	62.0
意大利	170	97.90	58.8
澳大利亚	230	80.95	57.8
日本	135	82.05	57.8
加拿大	10 096	87.91	57.3
新西兰	145	77.65	54.5
爱尔兰	136	85.56	52.9
卢森堡	22	93.04	50.0
葡萄牙	147	95.27	48.3
比利时	120	69.12	46.7
美国	120	56.42	42.5
丹麦	208	83.66	41.8
韩国	144	100.00	41.0

① OECD. (2018). *Effective teacher policies：insights from PISA*. Pairs：OECD Publishing.

续　表

国家	学校数量（所）	最初学校回应率（%）	影响学生发展率（%）
法国	156	94.66	35.9
瑞士	276	91.81	33.0
西班牙	180	95.41	30.0
奥地利	212	99.38	25.9

资料来源：OECD. (2018). *Effective teacher policies: insights from PISA*. Pairs：OECD Publishing.

据统计，土耳其约有 80% 的学校存在关键学科教师短缺问题；而在卢森堡、中国上海以及荷兰等地，约有 30% 的学校也存在类似问题。[1][2][3][4] 2015 年经合组织的调查显示，约有 50% 的学生表示他们希望以专业人士身份工作，但只有约有 4.2% 的学生希望担任教师，[5]未来教师职业从业人员数量令人堪忧。尽管我们无法从中得知"教师数量多少最为合适、师生比例多少有利于学生发展"等具体信息，但教师短缺与学生发展之间存在着重要联系。

（二）教师支持条件不足

在 PISA 关于教师政策的报告中，将支持教师发展的的条件分为三个相关变量：教师的离职率、校长的领导实践以及学校层面组织的内部专业发展活动的数量。[6] 此外，教师需要额外的货币和非货币支持，以寻求专业发展，包括工资补贴或非货币支持等，这对于提高教师工作积极性，实现学生学业成功具有重要意义。

参与各种教师专业发展活动是提升教师专业能力的重要途径，也是 PISA 测评衡量教师状况的重要指标。在 PISA 2015 中，学校校长被问及在 PISA 考试前的三个月内，他们的教职员工参与职业发展活动的比例。其中，澳大利亚、英格兰（英国）和新加坡的学校校长报告超过 80% 的教师会参加专业发展活动；B-S-J-G（中国）、加拿大、澳门（中国）和新西兰的校长报告平均参与率为 70%—80%，明显高于经合组织 51%

① Darling-Hammond, L. (2004). Inequality and the right to learn: access to qualified teachers in California's public schools. *Teachers College Record*, *106*(10): 1936-1966.

② Prost, C. (2013). Teacher mobility: can financial incentives help disadvantaged schools to retain their teachers?. *Annals of Economics and Statistics*, *111*(112): 171.

③ Goldhaber, D., Lavery, L., & Theobald, R. (2015). Uneven playing field? assessing the teacher quality gap between advantaged and disadvantaged students. *Educational Researcher*, *44*(05): 293-307.

④ Clotfelter, C., Ladd, H., & Vigdor, J. (2005). Who teaches whom? race and the distribution of novice teachers. *Economics of Education Review*, *24*(04): 377-392.

⑤ OECD. (2018). *Effective teacher policies: insights from PISA*. Pairs: OECD Publishing.

⑥ Darling-Hammond, L. (2014). What can PISA tell us about U. S. education policy?. *New England Journal of Public Policy*, *1*(26): 13.

的平均水平；在加拿大的几个省份，包括不列颠哥伦比亚省和阿尔伯塔省，参与率超过
80％。校长报告的教师专业发展活动参与率与一个国家或地区在 PISA 2015 科学测
试中的表现呈正相关（所有 69 个国家或地区的相关系数 r＝0.40；经合组织国家平均
相关系数 r＝0.36）。但是，专业发展活动的类型与参与的程度一样重要。科学成绩与
组织教师专业发展活动的学校比例呈正相关，分为邀请专家进行培训（所有国家或地
区的相关系数 r＝0.49；经合组织国家平均相关系数 r＝0.56）、组织研讨会讨论学校
面临的具体问题（所有国家或地区的相关系数 r＝0.41；经合组织国家平均相关系数
r＝0.46）或组织特定教师群体研讨会（所有国家或地区的相关系数 r＝0.42；经合组织
国家平均相关系数 r＝0.50）等几个形式。[1]

　　另外，教师工资或许与学生的成绩存在相关性。有些国家可能希望增加教师的法
定工资，以吸引更好的教师职业候选人；但这种政策的影响可能需要几年时间才能反
映在学生的成果中。虽然 2005 年至 2015 年教师法定工资的变化与 2006 年和 2015
年 PISA 之间的科学学习趋势微弱相关（r＝0.29），但在这期间，以色列、拉脱维亚、波
兰和土耳其的教师工资增长了至少 20％；在以色列，科学成绩在 2006 年至 2015 年间
明显提高；与此同时，希腊的教师工资下降了 20％以上——科学成绩也下降了。[2]

　　（三）教师质量不高

　　许多国家或地区的教育系统通过增加教师数量来弥补学校的社会经济劣势。然
而，对一些国家或地区数据进行的研究表明，增加教师数量通常是以牺牲教师质量为
代价的。一些机构或单位的数据表明，与更有优势的学校相比，弱势学校的教师往往
学历不高，资格和认证也较差。[3]

　　　　许多因素促成了芬兰教育系统目前的成名，例如为所有儿童设立的 9 年综合
　　学校（peruskoulu），运用现代化的学习方式设计教学，为有不同特殊需求的学生提
　　供系统支持。然而，研究和经验表明，芬兰在 PISA 上成功的必要条件是：优秀教
　　师。处于或低于平均水平的国家对芬兰成功的政策反应是提高教师质量。

　　　　　　　　　　　　　　　　　　　　　　　　　　　　（受访者：F - 181003 - V）

　　高素质的教育队伍是芬兰学生在 PISA 中获得良好成绩的重要因素。社会经济

① Darling-Hammond, L. (2010). *The flat world and education: how America's commitment to equity will determine our future*. New York: Teachers College Press.
② OECD. (2005). *Teachers matter: attracting, developing and retaining effective teachers*. Pairs: OECD Publishing.
③ OECD. (2018). *Effective teacher policies: insights from PISA*. Pairs: OECD Publishing.

地位是许多国家教育成功的重要因素,这是因为教育不公平分配意味着许多学生可能"面临来自弱势背景和进入资源质量较低的学校的双重弊端"。[①] 在 PISA 测评中,美国的白人和亚洲人在数学、阅读、科学方面的得分通常高于经合组织平均水平,而非裔和拉丁裔的学生远远低于此;2010 年对美国 20 多个州关于学校资源分配的数据进行分析发现,富裕的白人学生的学校无论是在教师学历还是教师经验等方面,都远远高于那些有色人种的学校。[②]

PISA 要求学校校长报告具有大学学位和科学专业背景的科学教师比例,并报告他们学校中经过充分认证的教师和完全认证的科学教师的比例。事实上,在经合组织国家中,74%的科学教师拥有科学专业的大学学位,但在弱势学校中只有 69%的科学教师符合这一要求,而优势学校中有 79%的科学教师符合这一要求。[③] 2015 年 PISA 测评中关于班级规模和师生比例的研究显示,在超过三分之一的国家或地区中,相比优势学校,处境不利的学校的教师多数不具备专业教师资格。随着教师的逐步培训和认证工作的推进,教师的工作经验有助于塑造他们的技能和能力。诸多学者的实证研究发现,教师经验与学生成绩呈正相关关系。此外,一些证据表明,每增加一年的经验将更有利于提高学生成绩,特别是在教师的前五年专业发展期间。[④] 在所有参与 PISA 的国家或地区,即使考虑到学生的人口统计学特征,拥有经验丰富的教师的学校在 PISA 科学考试中学生往往会有更好的成绩。[⑤] 在 2015 年 PISA 关于教师教学经验的报告中,参与测评的 18 个教育系统中,有 12 个的科学和非科学教师平均拥有约 16.4 年的教学经验。[⑥] 然而,在社会经济地位位于前四分之一的学校中,教师的平均经验比社会经济地位落后学校的教师多一年。澳大利亚、意大利、葡萄牙和美国的优势学校雇佣的经验丰富的科学教师比贫困学校的一个科学以外的科目都要多。

(四) 教师工作热情有待提高

PISA 2018 通过定义工作热情来确定教师的教育教学质量。一般来说,教师的热情被定义为一种生动活泼的教学风格,包括一系列行为,例如各种手势、身体动作、面

① OECD. (2018). *Effective teacher policies: insights from PISA.* Pairs: OECD Publishing.
② OECD. (2012). *Preparing teacher and developing school leaders for the 21st century.* Pairs: OECD Publishing.
③ Department for Education, UK. *Initial teacher training criteria and supporting advice.* (2012 - 03 - 15)[2019 - 09 - 15]. https://dera.ioe.ac.uk/25780/1/initial-teacher-training-criteria-supporting-advice.pdf.
④ Ministerial Council for Education. (2011). *Early childhood development and youth affairs.* National Professional Standards for Teachers. Canberra: Australian Institute of Teaching and School Leadership.
⑤ KMK. (2008). Landergemeinsame inhaltliche anforderungen für die fachwissenschaften und fachdidaktiken in der lehrerbildung. *Beschluss der Kultusministerkonferenz,* 16(10): 22 - 192.
⑥ OECD. (2015). *Education at a glance: OECD indicators 2015.* Pairs: OECD Publishing.

部表情和语音语调，以及经常使用的幽默，这反映出教师对该学科的浓厚兴趣。[1][2] 广义上教师热情应该包括教师对教授一门学科的感受，以及他们如何向学生表达这些感受。[3] 教师的工作热情对学生的学习态度有积极的影响。[4] 例如，一些实验记录了热情的教师如何在教学中促进学生学习的内在动力[5]，并增加了学生在学习上的时间。[6] 此外，教师的工作热情也可以增强学生的学习成绩，有学者描述了教师热情可以改善学生学习的三种间接途径：教师热情可以吸引并保持学生在课堂上的注意力；充满激情的教师可以成为学生的榜样，向他们传递对某一学科的热爱；热情的教师可以通过情感来传递自己的积极感受。[7][8] 但是，过度热情的教学可能掩盖了毫无意义或矛盾的内容，使学生错误地认为自己正在学习一些有价值的东西。[9]

PISA 2018 的结果表明，在大多数国家或地区，即使考虑到学生的社会经济状况，教师对学生的热情程度越高，他们在阅读评估中的得分就越高。PISA 2018 第一次询问 15 岁的学生是否同意（"完全不同意""不同意""同意""完全同意"）以下陈述："我很清楚老师喜欢教我们""老师的热情鼓舞了我""很明显，老师喜欢处理课程的主题"和"老师在教学中很享受"。这些陈述被结合起来以创建教师热情指数，在经合组织国家中，该指数的平均值为 0，标准差为 1。在四个问题中，对"老师的热情鼓舞了我"有不同回答的学生的阅读成绩之间的差异较小，热爱教师工作的老师教授的学生与并不热衷于教师工作的老师教授的学生的阅读成绩相差 24 分。

考虑到学校之间的差异，在经合组织国家中，平均而言，多达 8% 的学校之间教师热情指数存在差异，该比例比报告中考察的大多数其他指标所占比例更大。在澳大利

① Collins, M. (1978). Effects of enthusiasm training on preservice elementary teacher. *Research in Teacher Education*, 29 (01): 53 - 57.

② Murray, H. (1983). Low-inference classroom teaching behaviors and student ratings of college teaching e ectiveness. *Journal of Educational Psychology*, 75(01): 138 - 149.

③ Frenzel, A., et al. (2019). Independent and joint effects of teacher enthusiasm and motivation on student motivation and experiences: a field experiment. *Motivation and Emotion*, 43(02): 255 - 265.

④ Keller, M., et al. (2016). Teacher enthusiasm: reviewing and rede ning a complex construct. *Educational Psychology Review*, 28(04): 743 - 769.

⑤ Moè, A. (2016). Does displayed enthusiasm favour recall, intrinsic motivation and time estimation?. *Cognition and Emotion*, 30(07): 1361 - 1369.

⑥ Brigham, F., Scruggs, T., & Mastropieri, M. (1992). Teacher enthusiasm in learning disabilities classrooms: effects on learning and behavior. *Learning Disabilities & Practice*, 7(02): 68 - 73.

⑦ Keller, M., Neumann, K., & Fischer, H. (2012). Teacher enthusiasm and student learning. In Hattie, J., & Anderman, E. (Eds.), *International guide to student achievement*. New York: Routledge.

⑧ Hat eld, E., Cacioppo, J., & Rapson, R. (1993). Emotional contagion, current directions. *Psychological Science*, 2 (03): 96 - 99.

⑨ Naftulin, D., Ware, J., & Donnelly, F. (1973). The doctor fox lecture: a paradigm of educational seduction. *Journal of Medical Education*, 48: 630 - 635.

亚、中国 B-S-J-Z 和冰岛,城市学校的学生报告的教师热情水平高于农村学校,[1]教师热情存在着城乡差异。

三、基于 PISA 的教师政策调整

基于以上 PISA 高绩效国家教师政策的共同点,一些国家或地区在此基础上,针对本国或地区的具体问题,主要围绕教师专业发展进行了政策调整与改革,具体如下。

(一)提高教师专业标准

教师专业标准可以追溯到 1946 年美国国家教师教育和专业标准委员会成立。它们的主要目标是"……将教学提升为一种专业"[2]。因为它们认为,专业标准是在教学中提供有效学习和质量保证的一种方式。[3]

> 在芬兰文化中,教师被视为社会上最重要的职业之一,因此在教学教育上投入了很多资源。教师也被赋予了其作为真正的教育专业人员的最佳条件,例如具有相当的教学自主权。首先,所有芬兰教师都必须完成教育或一两个教学科目的硕士学位。此外,教师,尤其是班主任,在芬兰大专生中得到了极大的重视和欢迎。这可以从大学提供的班主任课程的受欢迎程度中看出。在该计划的所有申请者中,只有 10% 被录取,这意味着被接受的那些人是积极进取且多才多艺,具有出色的学术技能的学生。与其他国家相比,在高校进行班主任教育及其学习计划的范围和深度似乎是使芬兰师范教育脱颖而出的因素。这些因素进一步意味着,尤其是年轻的芬兰教师,不仅对各种教学方法而且对教育研究也很熟悉。他们中的许多人似乎已经做好了充分准备,并有动力通过进一步的教育和培训来发展其专业技能。
>
> (受访者:US-190116-W)

由受访者的回应可知,在 PISA 高绩效国家芬兰,要想获得教师资格,必须完成硕士学位,这是成为教师的必备标准。2013 年在经合组织题为《学习标准、教学标准和学校校长标准》(*Learning Standards, Teaching Standards and Standards for School*

---

① OECD. (2019). *PISA 2018 results (volume iii): what school life means for students' lives*. Paris: OECD Publishing.

② Cochran-Smith, M., & Zeichner, K. (2005). *Studying teacher education: the report of the AERA panel on research and teacher education*. Washington, DC: American Educational Research Association.

③ Tang, S., Cheng, M., & So, W. (2006). Supporting student teachers' professional learning with standards-referenced assessment. *Asia-Pacific Journal of Teacher Education*, 43(02): 223-244.

Principals)的报告中,概述了一些国家或地区教育体系内使用教学标准的情况。研究表明,澳大利亚、英国、德国、美国和新西兰对教师设有国家标准,而加拿大、挪威和韩国则没有。[①] 例如,在英国,新教师必须证明自己符合标准才能获得"合格的教学资格";此外,在评估教师的培训机构时,它们还被用作教师培训的标准和政府检查的标准。[②] 新西兰于2008年采用了一套教学标准,所有提供教师教育课程的机构都必须向委员会提交证据,说明所有毕业生如何达到了教师标准,以"保护新西兰的教学质量"[③]。加拿大在省一级制定了一套绩效标准,而韩国则制定了一套国家绩效标准,用于报告学生而不是其教师的国家测试的结果。[④] 英国采用了一套全国性的教学标准,该标准既针对教师的能力和技能,也针对其态度和教学实践。这些标准适用于职前教师、准教师以及在职教师。[⑤]

德国作为首轮遭到PISA打击的国家,其学生表现使得教育行政人员认识到必须建立一个统一的教育标准提高教师质量。在2000年以前,德国的基础教育主权在州,各州可以根据自身需要发展事业,这也使得各州之间教育标准不统一。为了提高教师能力,促进教师教育专业化,2004年,德国文化教育部颁布了《教师教育标准》,在进一步强调教师教育标准的必要性、教师职能特性的基础上,指出了教师教育标准的具体要求,包括教师作为教学活动的专业人员的核心任务,教师在教学过程中应该注意的问题,教师应具备的能力以及参与教师发展等方面。[⑥] 在挪威,由于学生在PISA中表现不佳,数学教师面临着与其他发达国家或地区相似的压力。对全国学生的数学测验(4、7和10年级)和挪威数学委员会对学生数学技能的测验也强化了这样一种观念,即在数学上,太多的挪威学生没有想象的那样具备相应的能力。[⑦] 此外,义务教育之后的辍学率很高(11至13年级),部分原因是义务教育教学质量不佳。对此,在2010

① Centre of Study for Policies and Practices in Education (2013). *Learning standards, teaching standards and standards for school principals: a comparative study*. Pairs: OECD Publishing.

② Higginson, C. (2010). Structures of education and training systems in Europe: United Kingdom-England 2009/10. European Commission. https://www. yumpu. com/en/document/read/47495098/structures-of-education-and-training-systems-in-europe-united-kingdom.

③ Education Council of New Zealand. *Graduating teacher standards*. (2015 - 07 - 01)[2019 - 07 - 18]. https://educationcouncil. org. nz/content/graduating-teacher-standards.

④ Clark, N. Education in South Korea. (2018 - 10 - 16)[2019 - 11 - 18]. *World Education News and Reviews*. https://wenr. wes. org/2018/10/education-in-south-korea.

⑤ Department of Education, UK. (2011). *Teachers standards: how should they be used?*. (2011 - 07 - 01)[2019 - 08 - 11]. https://assets. publishing. service. gov. uk/government/uploads/system/uploads/attachment_data/file/283567/Teachers_standards_how_should_they_be_used. pdf.

⑥ KMK. (2004). *Standards für die lehrerbildung: bildungswissenschaften*. http://www. kmk. org/l-eadmin/Dateien/veroeffentlichungen_beschluesse/2004/2004_12_16-Standards-Lehrerbildung-Bildungswissenschaften. pdf.

⑦ Nortvedt, G. A. (2012). *Norsk matematikkrа°ds forkunnskapstest 2011*. Norsk matematikkrа°d. http://matematikkradet. no/styret@matematikkradet. no.

年,挪威实施了一项教师教育计划,该计划允许合格的教师在义务教育阶段教授 1 至 10 年级的所有科目。自 2017 年以来,挪威提高了教师职业的门槛,所有教师必须获得硕士学位。挪威的许多教育改革都是在 2001 年 PISA 结果公布之后进行的,PISA 的结果促成了这些变化背后的政策改革与调整。[①]

(二)促进教师专业发展

考虑到教学的复杂性,特别是在弱势学校中,教师需要高质量的发展机会。对于教育系统而言,重要的是确保所有教师(不仅仅是特许学校的教师)都能获得优质的专业学习机会。[②] PISA 2012 结果公布前,澳大利亚时任教育部长克里斯托弗·皮恩(Christopher Pyne)对澳大利亚 PISA 的结果表示担忧,认为尽管前几年有超过 40% 的财政用于教育,但试图提高成绩的愿望失败了。[③] 在全国媒体就澳大利亚教师职业的质量提出反问时,皮恩还断言,提高教师质量是提高学生成绩的关键因素。2015 年,安德烈亚斯·施莱歇尔(Andreas Schleicher)指出澳大利亚学校落后于国际标准,这验证了皮恩对提高教师质量需求的分析。2016 年 3 月,施莱歇尔在迪拜全球教育和技能论坛上的演讲中再次指出,澳大利亚教育的失败在于没有重视教师的专业发展。[④] 自 2004 年起,经合组织基于 PISA 对中等教育以公平、结构与标准、质量保障、其他四个维度的建议,将教师素质作为教育系统质量的重要保障。作为提升教师质量的主要途径,促进教师专业发展是教师质量提升由量变到质变的重要途径之一。

自 2000 年代初开始,教师教育一直是爱尔兰的政策一致努力的重点。2006 年,教学委员会成立,作为爱尔兰的专业教师机构以促进教师教育的专业化,规范教师专业标准。这个理事会由 37 位教育界的各个利益相关者组成,包括教师、学校管理层、家长和工会代表。2007 年 3 月教学委员会出版了教师职业行为守则。在 2010 年 12 月发布的 PISA 2009 的结果显示,爱尔兰 15 岁青少年阅读素养的下降幅度超过任何其他国家,在 65 个参与国家或地区中,其阅读素养排名从 2000 年的第 5 位下降到 2009 年的第 21 位(在 34 个经合组织国家中排名第 17 位)。人们普遍认为,爱尔兰对教师教育和教学的质量要求是高标准的,[⑤]但 PISA 的结果并不如意。基于 PISA 2009

① Goodchild, S. (2014). *Mathematics teaching development: learning from developmental research in Norway*. ZDM, 46: 305 - 316.

② OECD. (2016). *Key findings from PISA 2015 for the United States*. Pairs: OECD Publishing.

③ Peters, M., Cowie, B., & Menter, I. (2017). *A companion to research in teacher education*. Singpore: Springer, 494 - 454.

④ Bagshaw, E. (2016). OECD education chief Andreas Schleicher blasts Australia's education system. (2016 - 03 - 15) [2018 - 04 - 19]. http://www. smh. com. au/national/education/oecd-education-chief-andreas-schleicher-blasts-australias-education-system-20160313-gnhz6t. html.

⑤ Byrne, K. (2002). *Advisory group on post-primary teacher education*. Dublin: Department of Education and Science.

的结果,2012 年 4 月,爱尔兰教育和技能部长宣布对教师教育规定进行重大审查,要求努力提高教师教育和教学质量。在审查过程中发现,教师教育过于分散,特别是在 1998—2008 年的经济繁荣时期,这导致对整个系统内关键专业知识的发展缺乏关注。[①] 对此,教学委员会制定了有关教师继续教育、教师教育计划认证、教师继续注册的政策,包括职前教师教育,以及针对所有新教师的强制上岗计划。在教师数量方面,2011 年爱尔兰境内只有 4 000 多所学校：3 309 所小学,由 29 000 名教师教 51 万名学生；729 所中学,由 26 185 名教师教 356 100 名学生。为进一步促进教师专业发展,截至 2012 年,爱尔兰有 19 家公共资助的教师培训机构,还有部分非机构资助的教师培训机构,为教师提供了 30 多门课程。

作为对 PISA 2000 最初灾难性结果的回应,德国确定并追求三个主要目标：彻底诊断教育系统的状态；决策者、研究人员和公众之间激烈而持续的对话；以及总体措施的实施。[②] 德国教育和文化事务部长常务会议起草了一份文件,定义了七个行动领域,其中加强专业教师教育作为第六个行动领域,在教师队伍建设方面发挥了重要作用。具体来看,应对提高教师专业发展的一个最有影响力的措施是 SINUS 计划,旨在迅速且可持续地改善科学和数学教师的专业发展,其中心思想是,教师作为学习者,需要在共同体中取长补短,以便采取共同行动,改善教学质量。SINUS 让辖区内的教师都参与进来,致力于团队合作,并使用这些既定的教学主题来改进任务、材料和教学方法。这对于德国的绝大多数教师来说也是新的学习交流方式,因为他们大多习惯于独自一人备课。因此,它可以被认为是 PISA 背景下促进教师专业发展的重要表现之一。[③]

(三) 重视地区师资配置

自 OECD 成立以来,教育公平就是其教育工作的核心之一。20 世纪 90 年代末以来,伴随着知识经济和全球化进程的加快,OECD 的教育公平政策更注重用数据说话。[④] 公平作为 PISA 研究的核心,它显示了当下各国教育政策关注的重点。2014 年,由新西兰教育部和 OECD 等联合举办的国际教师职业峰会,围绕"卓越、平等和包容

① Hyland, A. (2012). *A review of the structure of teacher education provision in Ireland： background paper for the international review team*. Dublin： Higher Education Authority.

② Sälzer, C. , & Prenzel, M. (2014). Looking back at ve rounds of PISA： impacts on teaching and learning mathematics in Germany. *Solsko Polje* (*The School Field*), 25(5/6)： 53 - 72.

③ Ostermeier, C. , Prenzel, M. , & Duit, R. (2010). Improving science and mathematics instruction： the SINUS project as an example for reform as teacher professional development. *International Journal of Science Education*, 32(03)： 303 - 327.

④ 窦卫霖. (2013). 关于 UNESCO 和 OECD 教育公平话语分析. 华东师范大学学报(哲学社会科学版),5(04)：81-86＋154.

性——为所有人提供高质量的教学"强调了各国应重视优秀教师以及其对卓越与公平的重要性。[①]

2015 年经合组织在《教育开放政策 2015》报告中指出,在目前经合组织成员国的改革方案中,约有 16％的措施聚焦教育的公平与质量。[②] 澳大利亚的西部地区大部分为偏远乡村,该地区学生的标准化考试成绩低、辍学率高、升学率低,与发达地区相差甚远,土著学生的学业成就问题尤为严重,这与农村缺乏优质教师和教师流失率高密切相关。[③] 西澳大利亚有超过 300 所乡村学校,其中 120 所学校教师资源严重匮乏,教师流失率高,招不到合格的教师。此外,2006 年在参与 PISA 测评的 58 个国家或地区中,澳大利亚学生在科学、阅读、数学领域的平均分高于平均值,但却有资料显示,40％的土著学生在阅读、数学、科学科目中没有达到最低标准。[④] 为此,2009 年澳大利亚在全国范围内实施了"为澳大利亚而教"的项目,以平等为核心理念,通过招聘、选拔、培训优秀人才到贫困偏远地区和土著居民地区任教两年,优化师资配置,达到提高学生学业水平、实现教育公平的目的。[⑤] 此后,乡村地区项目、劣势学校项目、优先学校项目等相关政策的出台在很大程度上改善了弱势地区的师资水平,依托优化师资配置促进教育公平的方式得到了更多的认可。

在新西兰,2012 年 PISA 测评后其学生的整体表现良好,但相关数据显示,毛利族裔、太平洋岛屿族裔学生在低成就组中占有较高的比例,而来自富裕社区的欧洲裔和亚裔学生则在高成就组占了绝大多数。[⑥] 研究发现,除去一部分社会性原因,与富裕社区的学校相比,贫困社区的学校在吸引和留住教师方面临诸多挑战,尤其是那些自治的学校,由于没有相应的机制来确保低收入社区的学校招收和留住高素质的教师,[⑦]地区之间师资质量不公平现象变得严重。对此,新西兰通过已开展多年的"专业

① Asia Society. (2014). Excellence, equity and inclusiveness-high quality teaching for all. http://www.istp2014.org/assets/2014_International_Summit_Final_Report.pdf.
② Trinidad, S., Sharplin, E., Ledger, S., & Broadley, T. (2014). Connecting for innovation: four universities collaboratively preparing pre-service teachers to teach in rural and remote Western Asutralia. *Journal of Research in Rural Education*, 29(02): 1-3.
③ 杨婕.(2015).澳大利亚农村及偏远地区教师培养模式研究——以"为澳大利亚而教"项目为例.当代教育科学,(18): 47.
④ Gray, J., & Beresford, Q. (2008). A formidable challenge: Australia's quest for equity in indigenous education. *Australian Journal of Education*, 52(02): 202.
⑤ Gilbert, S. (1997). The"four commonplaces of teaching": prospective teachers' beliefs about teaching in urban schools. *The Urban Review*, 29(02): 81-96.
⑥ Snook, I., & J. O'Neill. (2014). Poverty and inequality of educational achievement. In Carpenter, V., & Osborne, S. (Eds.), *Twelve thousand hours: education and poverty in Aotearoa New Zealand*. Auckland: Dunmore Publishing, 19-43.
⑦ Wylie, C. (2013). School and inequality. In Rashbrooke, M. (Eds.), *Inequality: a New Zealand crisis*. Wellington: Bridget William Books, 134-144.

学习与发展"计划，在支持当地教师发展的基础上，针对弱势地区和学校，在课程实施、中学课程等方面集中支持教师专业发展，开展了"资源教室：学习和行为"以及"专业教师扩展服务"①等计划，为保证当地教师质量，调控地区间、学校间师资配置发挥了重要作用。

（四）加强教师国际交流

PISA 2009 中，有来自 20 个国家或地区的学生得分高于来自英国的学生，其中前五名分别为中国上海、新加坡、中国香港、韩国、中国台湾。2010 年，英国教育部在《教学的重要性：2010 年学校白皮书》(*The Importance of Teaching：The Schools White Paper 2010*)中指出，追求并拥有儿童应得的世界一流学校的唯一方法是向其他国家学习如何促进教育系统。②

> 加强教师间的国际交流与合作是一些国家借鉴别国教育政策的重要路径。鉴于上海学生在 PISA 测评中的优异表现，为了进一步提高本国学生的数学成绩，自 2013 年起，英国曾多次派遣教师来上海进行短期学习，借鉴上海在数学科目上的教学方法。此后，英国与上海签订教师交流计划，定期派教师到上海中小学参观学习，上海教师也深入到英国课堂进行交流学习，促进了中英教师合作与交流。
>
> （受访者：UK‑191117‑G）

中国上海学生在 PISA 2009、PISA 2012 考试中的出色表现，引起了英国对上海教育体系的学习兴趣。2013 年，英国教育部委托国家教学与领导学院发起了"中国数学与科学国际计划"，这是中英双边教育合作项目的一部分。2013 年 1 月，英国代表学校联盟的 23 名教育专家在上海进行了为期一周的访问。2013 年 1 月和 2014 年 1 月，英国派遣了两个由 50 位数学和理科老师组成的访问代表团到上海师范大学接受短期培训。在 2014 年 2 月访问中国期间，英国教育大臣伊丽莎白·特拉斯（Elizabeth Truss）提出了进一步的培训计划。为了从上海的数学教学中吸收更多的经验，并提高英国学生的数学水平，特拉斯建议将项目的内涵从单一的培训课程扩展到完整的教学过程。也就是说，上海将派数学老师到英国学校任教，而英国将派老师到上海学校学

① New Zealand Teachers Council. (2012). Who can be employed ina teaching position? http://www. teacherscouncil. govt. nz/registration/why/employ. stm.

② Department for Education, UK. (2010). *The importance of teaching：the schools white paper 2010*. https://www. gov. uk/government/publications/the-importance-of-teaching-the-schools-white-paper-2010.

习。2014 年 4 月 23 日,在北京举行的第二届中英高层人士对话中,英国教育部和上海市教育委员会签署了"中英数学教师交流项目",作为中英高层人与人交流机制的一部分,数学教师交流计划完全由英国资助。它是由上海市教育委员会、上海师范大学、英国国立教学与领导学院和国家数学教学卓越中心共同组织与实施的,成为中国与发达国家之间的首个教师交流计划,并更名为"数学教师交流计划",自启动以来,中国和英国已成功完成了五轮数学教师交流(表 3.9)。

表 3.9 中英之间"数学教师交流计划"的具体信息(2014 年 9 月至 2019 年 1 月)

次序	时间	来自英国的数学老师	来自上海的数学老师
1	2014 年 9 月	71 所小学	/
	2014 年 11 月—2015 年 3 月	/	59 所小学
2	2015 年 9 月	68 所中学	/
	2015 年 11 月	/	34 所小学和 34 所中学
3	2016 年 11 月	71 所小学	34 所小学
	2017 年 1 月	/	36 所小学
4	2017 年 9 月	70 所小学	/
	2017 年 11 月—2018 年 1 月	/	70 所小学
5	2018 年 11 月	70 所小学和 16 所中学	/
	2019 年 1 月	/	71 所小学和 16 所中学

资料来源:根据英国教育部官方网站整理所得。

在交流中,中英数学教师在各自的学校就教学、沉浸式数学课堂观察以及学生学习和互动进行了交流。双方进行了教师、学生和学校管理者之间的深入对话,并参加了各种形式的学校教学和研究活动。从 2014 年 9 月到 2019 年 1 月,超过 719 名教师被分配来互相学习。英国政府在"数学教师交流计划"中投入了数千万英镑。预计到 2023 年,将有 9 300 所中小学的教师参加该计划。[①] 自从"数学教师交流计划"启动以来,上海逐渐加强与其他国家教师的交流和合作。2019 年 5 月,上海和南澳大利亚签署了关于具体合作的备忘录,促进双方数学教师的交流与合作,这种教师交流合作项目,为中国的基础教育"走出去"开辟了新的渠道。

① Boylan, M., Wolstenholme, C., Maxwell, B., Jay, T., Stevens, A., & Demack, S. (2019). Longitudinal evaluation of the mathematics teacher exchange: China-England. *Final Report*. https://assets.publishing.service.gov.uk/government/uploads/system/uploads/attachment_data/file/773320/MTE_main_report.pdf.

本章小结

20 世纪以来,世界范围内的教育改革此起彼伏。面对不断变化的社会环境以及对人才质量的新要求,如何实现对教育系统质量的实时、有效监控,促进教育系统健康发展,成为各国教育领域关注的焦点问题。[①] 其中,评估被视为对学生成绩进行总结性判断的工具。但随着评估的范围扩大,校长、教师和政策制定者越来越多地使用评估结果来确定学校是否表现良好以及可能需要改进的地方。这些数据可以帮助政府、学校制定有关资源分配、课程开发、标准定义、专业发展的政策或学校管理决策。学校领导者和教师可以使用评估数据来改变教学方式,解决课程中存在的问题,并通过提高学生的学习成绩来改善学校的功能。[②] 政府和教育政策制定者越来越重视对学生、教师、校长、学校和教育系统的评估。通过评估更好地了解学生的学习状况,向父母和整个社会提供有关教育表现的信息,以及改善学校、学校领导和教学实践的工具。

PISA 的设计具有明确的政策导向。除了衡量和监测教育成果,PISA 还旨在提供政策见解,以了解可能导致国家内部和国家之间绩效差异的因素,从而提出对国家或地区的教育发展有效的政策建议。对于某些国家或地区来说,国际比较证据已成为现代教育政策领域的"圣杯"。[③] 在二十多年的时间里,像 PISA 这样的国际比较似乎已经确立了自己在全球教育改革中不可或缺的地位。

---

① 蒋德仁.(2012).*国际学生评价(PISA)概说*.杭州:浙江教育出版社,1.

② Schildkamp, K. , Ehren, M. , & Lai, M. K. (2012). Editorial article for the special issue on data-based decision making around the world: from policy to practice to results. *School Effectiveness and School Improvement*, *23*(02): 123 - 131.

③ Douglass, J. A. , Thomson, G. , &Zhao, C. *Searching for the holy grail of learning outcomes*. (2012 - 02 - 20)[2019 - 08 - 27]. http://www. cshe. berkeley. edu/sites/default/files/shared/publications/docs/ROPS. JD. GT. MZ. CLA&AHELO. 2. 21. 2012. pdf.

第四章　案例与分析：PISA 与中国教育改革发展

··

中国学生在数学、阅读、科学方面的出色表现，引致许多国家的高度关注，使其将教育政策调整的目标国转向东方。[①] PISA 测评的这种通过数据、因素分析等对政策制定的影响，被称为"数字治理"（Digital Governance）——通过数据或指标进行治理，[②] 在教育改革发展过程中，对学生的 PISA 测评的成绩数据进行分析，并将其与国家的教育治理联系起来，进而以此改进和调整教育政策。那么，面对中国学生在历次 PISA 测评中所取得的优良成绩，我们又该如何正确认识，PISA 测评成绩与教育改革有何内在的关联，教育改革发展在哪些方面受到 PISA 测评的影响，如何从 PISA 的视角认识未来的教育改革与发展，凡此问题，都需要我们在系统考察分析的基础上进行深入思考。本章力图在对我国学生四次 PISA 成绩的客观分析基础上，透过 PISA 相关数据分析及国际比较分析，发现我国学生 PISA 成绩以及由此透视的我国教育改革发展的短板和弱项，进而反思和展望我国未来教育改革的主要着力点与发展趋势和走向。

第一节　PISA 背景下的中国教育问题透视

在样本选择上，参照 PISA 对参与国家或地区教育系统的分类，以中国学生 2009 年、2012 年、2015 年、2018 年连续四届的 PISA 测评成绩为主要分析依据，选择经合组织确认的历次 PISA 测验成绩稳定且表现突出的国家——芬兰、加拿大、日本和韩国，以及历次 PISA 成绩良好、PISA 2015 三科排名第一的新加坡，作为比较分析的对象，针对不同的问题进行选择性对比分析。在研究方法上，充分利用经合组织发布的 2009 年、2012 年、2015 年及 2018 年各届 PISA 报告（特别关注 PISA 2015[③]）以及 PISA

① Bogdandy, A. V., & Goldmann, M. (2012). Taming and framing indicators: a legal reconstruction of the OECD's program for international student assessment (PISA). In Davis, K. E., Fisher, A., Kingsbury, B., & Merry, S. E. (Eds.), *Governance by indicators: global power through quantification and rankings*. Oxford: Oxford University Press, 269.

② Kamens, D. H. (2013). Globalisation and the emergence of an audit culture: PISA and the search for 'best practices' and magic bullets. In Heinz-Dieter, M., & Benavot, A. (Eds.), *PISA, power and policy: the emergence of global educational governance*. Oxford: Symposium Books.

③ PISA 2015 是我国学生参与历届 PISA 表现较弱的一次，由于抽样发生变化，四届连续数据并不具有可比性，本章之所以选择 2015 年的数据进行重点分析，主要是为了寻找问题与差距。

数据库,国内外学者业已发表的 PISA 相关研究的论文与著作,借助 PISA 框架内的影响因素、指标系数、成绩等,运用数据统计、比较研究、影响因素分析等方法,对中国学生四次 PISA 成绩与 PISA 高绩效国家的学生成绩进行比较研究,探究中国学生与其他国家学生在 PISA 成绩所反映的学生素养状况、PISA 成绩背后的教育教学改革等方面的差异,以揭示 PISA 视域下的中国教育改革发展所面临的困难与存在的问题;在此基础上,理性审视 PISA 及其教育改革效应,借此反思我国近年来基础教育改革的诸多政策与措施,正视 PISA 对我国教育改革的意义,展望我国未来进一步深化教育改革以促进教育高质量发展的趋势和走向。

自 2009 年上海 152 所学校 5 115 名学生首次参与 PISA 测试以来,参与的范围与人数不断扩大。2012 年,上海有 155 所学校 6 374 名学生参与 PISA 测评。2015 年,北京-上海-江苏-广东四省市(以下简称 B－S－J－G)抽取 268 所学校 10 682 名学生参加。2018 年,北京-上海-江苏-浙江四省市(以下简称 B－S－J－Z)共 361 所学校 12 058 名学生参与。从我国与其他国家阅读、数学、科学素养的成绩来看(表 4.1),相比新加坡、韩国等 PISA 高绩效国家,我国学生在历届 PISA 测评中,阅读、数学、科学表现良好,均高于经合组织平均水平;除 PISA 2015 稍显逊色外(后文分析相关原因),2009 年、2012 年、2018 年的 PISA 测评成绩均位列全球第一,数学、科学素养成绩遥遥领先。相比较而言,历届 PISA 的科学、数学成绩波动较小,而阅读成绩波动较大。同时,在 2009 年、2012 年、2015 年和 2018 年 PISA 的阅读、数学、科学素养在 Level 5 及以上水平[①]的学生占比上(表 4.2),我国高水平学生总数居于前列,大大超出经合组织平均水平,尤其是在 PISA 2018 中,阅读素养在 Level 5 及以上的学生高出经合组织平均水平 16.2 个百分点;数学素养高出经合组织平均水平 30.7 个百分点;科学素养高出经合组织平均水平 31.6 个百分点。

表 4.1　2009 年、2012 年、2015 年和 2018 年中国与部分国家 PISA 测评成绩对比

国家	2009 年			2012 年			2015 年			2018 年		
	阅读(分)	数学(分)	科学(分)	阅读(分)	数学(分)	科学(分)	阅读(分)	数学(分)	科学(分)	阅读(分)	数学(分)	科学(分)
中国	556	600	575	570	614	580	494	531	518	555	591	591
新加坡	526	562	542	542	573	551	535	564	556	549	569	569
韩国	539	546	538	536	554	538	517	524	516	514	526	526

① PISA 测评按照由低水平到高水平序列化分出几个等级,其中 Level 2 是"基础线"(Baseline),表示参与社会活动所需要的最低程度的基本技能,只有达到高水平 Level 5、Level 6 的学生才能被称为这一素养的最佳表现者。

续　表

国家	2009 年			2012 年			2015 年			2018 年		
	阅读（分）	数学（分）	科学（分）	阅读（分）	数学（分）	科学（分）	阅读（分）	数学（分）	科学（分）	阅读（分）	数学（分）	科学（分）
芬兰	536	541	554	524	519	545	526	511	531	520	507	507
加拿大	524	527	529	523	518	525	527	516	528	520	512	512
日本	520	529	539	538	536	547	516	532	538	504	527	527
OECD 平均	493	496	501	496	494	501	493	490	493	487	489	489

资料来源：根据 PISA 2009 年、2012 年、2015 年和 2018 年的报告整理得出。

表 4.2　PISA 2009 年、2012 年、2015 年和 2018 年中国与经合组织国家 Level 5
　　　　及以上学生占比（%）

年份	阅读		数学		科学	
	中国学生占比	经合组织国家学生平均占比	中国学生占比	经合组织国家学生平均占比	中国学生占比	经合组织国家学生平均占比
2009	19.0	8.0	54.0	12.7	24.3	8.5
2012	28.9	9.5	33.0	15.9	31.4	9.6
2015	11.0	9.3	25.0	13.0	10.0	8.8
2018	26.2	10.0	44.0	13.3	39.0	7.4

资料来源：根据 PISA 2009 年、2012 年、2015 年和 2018 年的报告整理得出。

一、知识和能力优于高阶思维与复杂问题的分析和解决能力

在阅读素养评测中，PISA 评价的是学生全面参与知识型社会所需要的阅读能力，考察学生理解、使用、反思文本的能力，超越了传统的字义阐释和信息解码所显示的内容。PISA 2000 的结果表明，分数低于 Level 2 的学生进入高等教育的比例不高，且大多数进入低水平的劳动力市场。[①] 以 PISA 2015 为例，其阅读分析框架旨在通过文本的访问与检索、整合与解释、反思与评价，界定不同国家或地区学生不同的阅读表现，强调阅读的互动性和理解的建构性。通过 PISA 2015 阅读成绩不同水平的学生比例可见（表 4.3），相比新加坡（88.8%）、加拿大（89.3%）、芬兰（89.9%），我国 B-S-J-G 达到 Level 2 及以上学生占 78.1%，低于经合组织平均水平（80%）。低于 Level 2 的 B-S-J-G 学生占 21.8%，超过新加坡、加拿大、韩国、芬兰、日本等国家，高于经合组织平均水平（20.1%）。也就是说，我国被测学生中，大约每五个学生就有一人阅读素

---

① Tan. C. (2019). PISA and education reform in Shanghai. *Critical Studies in Education*，60(03)：1-16.

养未达到阅读的最低标准；而在加拿大，低于 Level 2 的人数比例不到 11%。并且，B-S-J-G 在 Level 1b 及以下水平的学生比例高达 8.3%，大约是新加坡、加拿大、日本学生占比的 3 倍，也高出经合组织的平均水平 1.8 个百分点。

表 4.3　部分国家或地区 PISA 2015 不同阅读水平的学生比例（%）

国家或地区	抽样学生							
	低于 Level 1b（低于 262 分）	Level 1b（262—335 分）	Level 1a（335—407 分）	Level 2（407—480 分）	Level 3（480—553 分）	Level 4（553—626 分）	Level 5（626—698 分）	Level 6（高于 698 分）
中国 B-S-J-G	2.1	6.2	13.5	20.9	25.4	20.9	9.1	1.8
新加坡	0.3	2.5	8.3	16.9	26.2	27.4	14.7	3.6
加拿大	0.4	2.1	8.2	19.0	29.7	26.6	11.6	2.4
韩国	0.5	0.6	3.4	19.9	30.1	33.4	6.5	1.1
芬兰	0.6	2.6	7.8	18.6	29.7	27.9	11.7	2.0
日本	0.6	2.0	8.4	21.0	31.0	29.0	7.0	1.0
OECD 平均	1.3	5.2	13.6	23.2	27.9	20.5	7.2	1.1

资料来源：OECD. (2016). *PISA 2015 results（volume i）：excellence and equity in education*. Paris：OECD Publishing.

表 4.4　PISA 2015 阅读素养各水平的认知要求

	访问与检索	整合与解释	反思与评价
Level 1b	熟悉上下文和文本的类型，能在显著位置定位到明确的信息。	能解释说明与相邻信息之间的简单关系。	能调动已有知识和经验与文本建立简单的联系。
Level 1a	找到一个或多个独立的明确说明的信息。	在熟悉的主题文本中识别主题或作者的目的。	能在文本的信息与常见的日常知识之间建立简单的联系。
Level 2	找到一条或多条信息，这些信息可能需要推断并且可能需要满足几个条件。	在有限的语句中识别文本的主要思想；解释关系或建构意义，进行低水平的推断；能对文本的单个特征进行比较。	结合个人经验，在文本及外部知识之间进行比较或建立若干联系。
Level 3	找到并且在某种情况下识别必须满足多个条件的若干信息之间的关系。	整合文本中的几个部分，以便识别主要观点；解释关系或单词、短语的含义；在对比或分类中总结多种特点。	通过连接、比较和解释，明确文本的特征；展示对熟悉的日常知识文本有良好的理解。

续　表

	访问与检索	整合与解释	反思与评价
Level 4	能从文本中定位和组织好若干隐含信息。	基于整个文本解释部分语言有细微差别的文本的含义,并在不熟悉的环境中进行理解和应用。	使用正式的或公共的知识来解释或批判性地评价文本。
Level 5	定位和组织若干深度隐含的信息,推断文本信息的相关性。	对内容或形式不熟悉的文本进行全面而详细的理解。	利用专业知识进行批判性评价或解释。
Level 6	对复杂文本进行精确分析,把控细节。	进行详细和精确的多重推理、比较与对比;对一个或多个文本进行完整的、详细的理解,能整合多个文本中的信息,并生成抽象的解释和分类。	对不熟悉的主题的复杂文本进行解释或批判性评价;兼顾多个标准和观点,运用文本之外的复杂性知识进行理解。

资料来源:OECD. (2016). *PISA 2015 results (volume i):excellence and equity in education*. Paris:OECD Publishing.

透过中国学生在阅读素养各水平上的比例发现(表 4.3),我国 Level 3 和 Level 4 的学生比例低于韩国、芬兰、新加坡等几个高绩效国家,同时低于经合组织国家平均水平。对照 PISA 2015 阅读素养的各水平的认知要求(表 4.4),相较于 Level 4,在访问与检索方面,Level 3 的学生只能识别文本中明显信息之间的联系,而无法定位文本中所存在的隐含信息;在整合与解释方面,Level 3 学生无法将对部分文本的理解扩展到整个文本语境下,无法在不熟悉的语境中进行理解和运用;在反思与评价方面,Level 3 学生只能理解、比较部分熟悉的文本,无法对其进行批判性分析。基于此,B－S－J－G 大部分学生无法从整体上认识文本的内容,对于文中包含的隐性信息的认知不佳,只能对熟悉的文本进行比较、分析,反思及批判能力较弱。

PISA 2012 的学生问题解决能力测评强调学生在问题解决过程中,发展或完善他们对问题的认知过程,主要涉及探索与理解、表达与制定、规划和执行、监测与反思四个方面。上海学生在以上四项上的平均分数为 536 分,低于新加坡(562 分)、韩国(561 分)、日本(552 分)学生的平均水平。其中,在探索与理解方面高于经合组织国家学生的平均水平,这意味着上海学生善于探索问题情境与未知世界;而在规划和执行方面表现较弱,这意味着上海学生针对问题,从抽象到具体,从知识到行动的转化过程相对薄弱,运用已有知识解决问题的能力相对较低。

PISA 2015 强调测评学生合作解决问题的能力。结果显示,在参与测评的 52 个国家或地区的学生中，新加坡学生的团队合作解决问题的能力排名第一，超过 20％的学生达到测评最高水平(Level 4)要求，即能够通过复杂程度较高的协作解决高难度的问题，同时保持团队的整体活跃度，并主动采取适当的方式克服障碍、解决分歧，其展现出的优秀合作解决问题的能力与他们单科能力的测试结果不无关系。B－S－J－G只有大约 7％的学生能到最高水平，在 50 个参评国家或地区中位列第 26 位，日本、韩国、新加坡、芬兰、加拿大达到 Level 4 的学生的比例都超过我国参评学生，新加坡更是有超过 20％的学生达到这一水平。同时，B－S－J－G 在 Level 1 以下水平的学生占比均低于经合组织国家平均水平。[1] 这意味着，还有部分学生只能完成较低难度的协作性任务，对需要协作的高阶问题解决任务而言，尚未达到基础线。

二、课外学习时间长，社交水平与学校归属水平偏低

PISA 2009 的调查显示，上海学生在阅读、数学、科学三个方面均取得了第一名的成绩，但上海学生每周上课时间总量为 34.8 小时[2]；PISA 2012 的问卷调查说明，上海学校的授课时间与其他国家或地区大致相当，学生的课业负担主要集于课后作业部分。上海 15 岁学生平均每周的作业时间为 13.8 小时，而经合组织国家的平均水平为4.9 小时/周。上海学生私人家教和辅导班时间平均每周达到 3.3 小时，每周课外学习的时间总数达到 17.1 小时。[3] 2014 年上海小学和初中学生的课外补习率分别为 48.9％—58.1％、66.8％—74.4％；2015 年北京小学五年级和八年级学生的课外补习率分别为 60.5％和 58.4％[4]，学生早上 7 点起床并熬夜完成作业直到晚上 10 点以后的情况，并不罕见。[5]

通过对 PISA 2015 部分国家或地区学生的周学习时长进行比较发现(表 4.5)，经合组织国家学生的平均在校周学习时长为 26 小时 56 分钟，其中每周 3 小时 30 分钟用于科学课程，3 小时 36 分钟用于与语言相关课程，3 小时 39 分钟用于数学课程。[6] 芬兰学生平均在校周学习时长大约为 24 小时，科学、数学、阅读科目周学习时长最少；而我国 B－S－J－G 学生是这几个国家中周学习时间最长的，平均大约每周花费

① OECD. (2017). *PISA 2015 results (volume V)：collaborative problem solving*. Paris：OECD Publishing.
② OECD. (2010). *PISA 2009 results：executive summary*. Paris：OECD Publishing.
③ OECD. (2014.)*PISA 2012 results (volume i)：what students know and can do — student performance in mathematics，reading and science*. Paris：OECD Publishing.
④ 李佳丽.(2019).“替代”还是“补充”：从影子教育发展审视学校教育质量——基于 PISA 2015 中国四省市数据的分析. 北京社会科学,(05)：57－68.
⑤ Tan, C. (2012). Learning from Shanghai：lessons on achieving educational success. *Springer Science & Business Media*.
⑥ OECD. (2016). *PISA 2015 results (volume ii)：policies and practices for successful schools*. Paris：OECD Publishing.

33 小时在学校学习,比芬兰学生的周学习时间长约 9 小时,大大高于经合组织国家的平均水平。此外,B-S-J-G 参与测评的学生,除了规定的在校学习时间,每周的课外学习时间超过 25 小时;而芬兰、日本、加拿大学生的课外学习时间平均不超过 16 小时。PISA 2018 测评结果显示,B-S-J-Z 学生每周学习时长达 57 小时,芬兰学生学习的周时长不足 40 小时,而韩国(51 小时)、日本(42 小时)虽然同为高强度学习的国家,但每周学习时长依然至少比中国学生少 6 个小时。[①]

表 4.5 部分国家或地区 PISA 2015 各科学习的周时长

国家或地区	科学(小时)	数学(小时)	语言相关学科(小时)	其他学科(小时)	在校周时长(小时)	校外周时长(小时)
芬兰	3	3	3	15	24	12
新加坡	6	6	3	12	27	22
中国 B-S-J-G	6	4	4	19	33	27
韩国	3	4	3	22	31	20
日本	3	4	4	16	27	13
加拿大	5	5	5	12	27	17
OECD 平均	3.50	3.65	3.60	15.51	26.56	17

* 芬兰、新加坡、中国 B-S-J-G、韩国、加拿大、日本学生各科周学习时间是参照 PISA 2015 结果估算所得。
资料来源:OECD. (2016). *PISA 2015 results (volume ii):policies and practices for successful schools*. Paris:OECD Publishing.

影响学生学业水平的因素较为复杂,学生对学校的归属感是其中的重要因素之一,那些对学校有较高归属感的学生,在学校里也表现出较高的学习动机、自尊心,取得较高的学业成就。[②][③] PISA 对学生之于学校的归属感进行了测评,通过询问学生是否"同意"("非常不同意""不同意""同意""完全同意")关于他们学校的以下陈述来测评的:"我在学校很容易结交朋友(A)""我觉得我属于学校(B)""其他学生似乎喜欢我(C)""我感觉像是学校的局外人(或被排斥在外)(D)""我在学校里感到尴尬和不适应(E)"和"我在学校感到孤独(F)"。其中,与阅读成绩密切相关的是"我感觉像是学校的局外人"和"我在学校里感到尴尬和不适应"。数据分析表明,在充分考虑学生和学校的社会经济状况的基础上,学生对学校的归属感指数(学生对学校归属感的平均值)

① OECD. (2019). *PISA 2018 results (volume i):what students know and can do.* Paris:OECD Publishing.

② Goodenow, C., & Grady, K. (2010). The relationship of school belonging and friends' values to academic motivation among urban adolescent students. *The Journal of Experimental Education*,62(01):60-71.

③ Sirin, S., & Rogers-Sirin, L. (2004). Exploring school engagement of middle-class African American adolescents. *Youth & Society*,35(03):323-340.

每增加一个单位，其阅读得分最高可增加 21 分。结果显示，B-S-J-Z 学生的学校归属感指数为－0.19，满意度平均分为 6.64 分，在参测国家或地区中分别排第 51 位和第 61 位。对几个国家或地区的学生的归属感进行统计分析（表 4.6）表明，只有 70%的学生具有高归属感，略低于经合组织平均水平（76%）。具体来看，B-S-J-Z 学生中只有 65%的人认为自己属于学校，低于新加坡（73%）、韩国（78%）学生的平均水平，也低于经合组织国家平均水平（70%）；B-S-J-Z 学生平均有 80%认为自己在学校并不孤独，略低于经合组织平均水平（82%），而日本、韩国这一平均比例超过 88%，意味着同属于亚洲学习高强度的国家，韩国、日本学生归属感较高。此外，B-S-J-Z 学生的幸福感平均值只有 6.83，低于经合组织的平均值 7.31，只有 26.9%的学生具有高幸福感，学生对到底为什么不幸福并没有特别清晰的认知，在参与测评的 72 个国家或地区中排名处于第 41 位。[①] 尽管不同的社会群体对学生学业成就的期望不同，[②][③]但是，学校不仅是学生学习学术性知识和技能的地方，还是发展他们赖以生存的社交和情感技能的地方。[④] 尽管学校归属感指数、幸福感指数可能涉及文化因素，但中国学生花费大量时间在学校课堂进行知识学习，比较缺乏社会交往技能训练等相关活动，学生的社交技能水平与对学校的归属感水平、幸福感指数普遍偏低。

表 4.6　PISA 2018 部分国家或地区具有归属感学生百分比

	A（%）	B（%）	C（%）	D（%）	E（%）	F（%）
中国 B-S-J-Z	79	65	66	81	83	80
新加坡	78	73	82	77	76	83
日本	69	80	74	87	80	88
芬兰	75	75	78	85	78	86
加拿大	74	67	86	74	74	80
韩国	77	78	81	89	87	90
OECD 平均	78	70	80	80	80	82

说明：A、B、C 三项为"同意"，D、E、F 三项为"不同意"。
资料来源：OECD.（2019）. *PISA* 2018 *results*（*volume iii*）：*what school life means for students' lives*. Paris：OECD Publishing.

---

① OECD.（2019）. *PISA 2018 results*（*volume iii*）：*what school life means for students' lives*. Paris：OECD Publishing.

② Bishop, J., et al.（2004）. Why we harass nerds and freaks: a formal theory of student culture and norms. *Journal of School Health*, 74（07）：235－236.

③ Fuller-Rowell, T., & Doan, S.（2010）. The social costs of academic success across ethnic groups. *Child Development*, 81（06）：1696－1713.

④ OECD.（2017）. *PISA 2015 results*（*volume iii*）：*students' well-being*. Paris：OECD Publishing.

三、学生的成长型思维水平偏低，自我效能感有待提高

斯坦福大学行为心理学教授卡罗尔·德韦克（Carol Dweck）历经 40 年研究，将人的思维方式分为"固定型思维模式"和"成长型思维模式"：人的固定型思维是其与生俱来的能力和才智，不会因经验而改变；而成长型思维对人的发展具有更为重要的意义，可以改善所有学生的行为和学习成果[1]，尤其是对那些处境不利和面临学业困难的学生而言，价值更大[2]。研究发现，对学生进行成长型思维训练可以促进知识学习，提高学习成绩。[3][4] PISA 测评结果有效地支持了这一发现。PISA 2018 的结果表明，不同意或强烈反对"你的智力无法改变"这一说法的学生，其平均阅读成绩比同意或强烈同意这一说法的学生高 41 分。在考量学生和学校的社会经济状况因素的基础上，高成长型思维学生的阅读成绩比高固定型思维学生的要高 32 分。在澳大利亚、巴西、哥伦比亚、冰岛、新西兰、阿拉伯联合酋长国、美国等国家，不认同自己的智力固定的学生比同意该说法的学生的阅读得分至少高 50 分。在 B-S-J-Z 参评学生中，只有56％的学生成长型思维得分较高，低于芬兰（66％）、加拿大（67％）、日本（66％）的水平，略低于经合组织平均水平（63％），且与阅读成绩呈负相关。此外，在几乎所有的参与国家或地区的学生中，高成长型思维学生比高固定型思维学生更不畏惧失败。我国有 78％的学生会为自己失败后别人会如何看待自己而扰心，远高于经合组织平均水平（56％）。[5]

自我效能感是指个体相信自己有能力从事某些活动和执行特定任务的程度，特别是在面临不利环境时。[6] 在考虑到学生和学校的社会经济状况后，在数学方面表现较好的学生会产生较高的自我效能感，同时自我效能感强的学生的阅读成绩相对较高[7]。在 PISA 2015 的测评中，所有经合组织国家平均有 84％的学生同意或强烈同意他们通常可以找到摆脱困境的出路，而中国 B-S-J-G 参评学生中，只有 77％的学生

① Dweck, C. (2016). What having a "growth mindset" actually means. *Harvard Business Review*. http://thebusinessleadership. academy/wp-content/uploads/2017/03/What-Having-a-Growth-Mindset-Means. pdf.
② Caniëls, M., Semeijn, J., & Renders, I. (2018). Mind the mindset! the interaction of proactive personality, transformational leadership and growth mindset for engagement at work. *Career Development International*, 23(01): 48-66.
③ Claro, S., Paunesku, D., & Dweck, C. (2016). Growth mindset tempers the effects of poverty on academic achievement. *Proceedings of the National Academy of Sciences*, 13(31): 8664-8668.
④ Blackwell, L., Trzesniewski, K., & Dweck, C. (2007). Implicit theories of intelligence predict achievement across an adolescent transition: a longitudinal study and an intervention. *Child Development*, 78(01): 246-263.
⑤ OECD. (2019). *PISA 2018 results (volume iii): what school life means for students' lives*. Paris: OECD Publishing.
⑥ Bandura, A. (1977). Self-effcacy: toward a unifying theory of behavioral change. *Psychological Review*, 84(02): 191-215.
⑦ Schunk, D. H., & Pajares, F. (2009). Self-efficacy theory. In Wentzel, K. R., & Wigfield, A. (Eds.), *Handbook of motivation at school*. New York: Taylor Francis.

认为自己可以找到解决问题的方法，[1]低于经合组织平均水平，这意味着我国 B-S-J-G 部分学生对自身能否利用所拥有的技能去完成某项工作的自信程度不足。自我效能感低下的学生不太可能去调节自己的成就行为或动机去学习。[2] 如果学生不相信自己具有完成特定任务的能力，他们就不会为成功完成任务付出所需的努力。尽管除自我效能感之外的其他因素也可能激励学生，但当学生不相信自己拥有能够完成给定任务的能力时，他们需要具有更高水平的自我控制和动力才能取得成功。值得注意的是，自我效能感涉及文化因素，新加坡、韩国学生的自我效能感较低，但在 PISA 测评中表现较好。

四、学生未来职业准备不足，从事与科学、工程和健康相关的专业工作的意愿偏低

学生的职业期望与学生对自己学业发展优势的认知直接相关，当然，影响学生职业期望的因素远不止于此。PISA 2015 和 PISA 2018 均对学生的未来职业期望进行了考察，但考察的方式有所不同，PISA 2015 调查了学生未来从事与科学相关行业的意愿；PISA 2018 询问学生期望在 30 岁时从事何种职业，学生可以在开放式字段中输入任何职务或描述，评分人员根据国际标准职业分类（ISCO-08）对这些答案进行分类统计处理。PISA 2015 的报告显示，仅有 16.8%的中国学生愿意从事与科学相关的行业，远低于经合组织平均水平（24.5%）。[3] 在 PISA 2018 测评中，参与测评国家或地区在三门核心科目（阅读、数学和科学）上的成绩达到 Level 2 且水平较高国家的学生中，有 7%的女生和 15%的男生表示，希望从事科学和工程培训方面的专业工作（如工程师、建筑师、物理学家、天文学家）；科学或数学素养达到 Level 5、Level 6 的学生，愿意从事科学和工程培训方面的专业工作的女生达 14%，男生达 26%。中国参与 PISA 2018 测评的学生在数学和科学方面的成绩表现优异，B-S-J-Z 在数学和科学测评中的优等生数量占总参与人数的 48.4%，远高于新加坡（40.2%）、韩国（23.6%）、日本（21.7%）等国家，但只有 8%的女生和 16%的男生希望未来从事与科学和工程相关的专业工作，这两个比例都大大低于经合组织平均水平。在 15 岁青少年最期望从事的十大职业中，女生更倾向于选择与健康和教育相关的工作，如医生、护士、药剂师和

① OECD. (2017). *PISA 2015 results (volume iii)：students' well-being*. Paris：OECD Publishing.
② Klassen, R. M. , & Usher, E. L. (2010). Self-efficacy in educational settings：recent research and emerging directions. In Urdan, T. C. , & Karabenick, S. A. （Eds. ）, *The decade ahead：theoretical perspectives on motivation and achievement*. United Kingdom：Emerald.
③ OECD. (2017). *PISA 2015 results (volume iii)：students' well-being*. Paris：OECD Publishing.

心理学家等,高达 23% 的女生表示希望未来从事医疗保健工作(如,医生、护士、兽医等),我国 B-S-J-Z 参评学生中,只有 11% 的女生愿意从事这类职业。[1] 分析发现,这一现象与我国中小学的职业生涯教育状况直接相关,学生对未来职业选择认识不足。中国学生在科学、数学方面表现非常突出,但从事与科学、工程和健康相关的专业工作的意愿远低于经合组织平均水平,表明学生的职业价值观教育尚需加强。

五、区域基础教育发展不均衡与不充分问题依然突出

鉴于 PISA 抽样分布的科学性要求,在 PISA 2015 的抽样(表 4.7)过程中,中国选取北京-上海-江苏-广东(B-S-J-G)四个省市参加,严格按照国际统一标准收集抽样信息,上报 9 178 所学校约 14.5 万名符合要求的 15 岁学生。按学校地理位置分为城市、农村、县镇;按学校类型分为普通教育和职业教育;按学段分为初中、高中、完全中学,最后选择 268 所学校,10 682 名学生参加,样本总量涵盖了城市、农村等多层级的各类学校。从样本地区的总人数来看,B-S-J-G 人口共 2.3 亿人,在数量上约是上海人口的十倍,因此,学生在学业成绩与素养表现等方面的差异可能更大。PISA 2015 测评中,B-S-J-G 处于 ESCS 指数[2]排名前四分之一的学生仅占 8%,而处于 ESCS 底层的学生却占 52%,这意味着我国 B-S-J-G 有超过一半的学生家庭社会经济地位低,而这部分学生多数是生活在农村、乡镇等经济水平不高的地区。

从对参与 PISA 2015 的中国 B-S-J-G 与其他几个国家科学成绩城乡差异的比较来看(表 4.8、表 4.9),来自 B-S-J-G 四省市 100 万人口以上的大城市的学生的科学平均成绩为 588 分,比 PISA 2012 上海学生的平均成绩高出 8 分,这表明,中国大城市义务教育阶段的科学教育质量仍然处于世界前列。但是,来自农村、乡镇、县城等地的 B-S-J-G 学生的科学平均成绩低于日本、韩国、芬兰、加拿大等国家的。在纵向对比上,我国大城市学生与农村学生的科学平均成绩相差 123 分左右,数学平均成绩相差 110 分,阅读平均成绩相差则高达 135 分。这一方面印证了 PISA 2015 关于学生 ESCS 指数与学业成绩之间关系的结论:所有经合组织国家的优势学生(ESCS 前 25% 的学生)的科学得分比处于不利地位学生的平均高 88 分,而 B-S-J-G 优势学生的科学得分却比处于不利地位学生的平均高 150 分以上,大大超过了经合组织国家学生的平均差值。

---

[1] OECD. (2019). *PISA 2018 results (volume ii): where all students can succeed*. Paris: OECD Publishing.

[2] 指经济、社会和文化地位指数,PISA 以此作为测量学生家庭社会经济地位的指标,包括三方面的指标:父母的最高学历(PARED)、父母的最高职业状况(HISED)和财产(HOMEPOS,包括家中的书籍)。

表 4.7　PISA 2015 中国抽样及样本量

	学校地理位置			学校类型		学段			总计
	城市	农村	县镇	普通	职业	初中	高中	完全中学	
抽样学校（所）	4 239	1 557	3 382	8 276	902	6 125	1 996	1 057	9 178
抽样学生（人）	676 676	169 008	603 195	1 350 319	98 560	834 849	309 280	304 750	1 448 879
参测学校（所）	98	73	97	243	25	134	68	66	268
样本学生（人）	4 079	2 626	3 977	9 644	1 038	5 098	2 844	2 740	10 682

资料来源：教育部考试中心.（编）.（2016）.*中国 PISA 2015 测试实践指导*.广州：广东高等教育出版社，21.

表 4.8　PISA 2015 部分国家或地区科学平均成绩城乡差异比较

	中国 B-S-J-G	日本	韩国	新加坡	芬兰	加拿大
农村（不到 3 000 人）	465 分	483 分	463 分	—	—	528 分
乡镇（3 000 人—1.5 万人）	476 分	483 分	559 分	—	526 分	530 分
县城（1.5 万人—10 万人）	520 分	526 分	506 分	—	530 分	532 分
城市（10 万人—100 万人）	542 分	539 分	514 分	—	532 分	536 分
大城市（100 万人以上）	588 分	551 分	518 分	556 分	535 分	553 分

资料来源：笔者根据 OECD PISA 数据库中相关数据计算得出。

表 4.9　PISA 2015 中国 B-S-J-G 城乡学生成绩平均分

	阅读	数学	科学
农村（不到 3 000 人）	435 分	486 分	465 分
乡镇（3 000 人—1.5 万人）	449 分	489 分	476 分
县城（1.5 万人—10 万人）	496 分	536 分	520 分
城市（10 万人—100 万人）	523 分	556 分	542 分
大城市（100 万人以上）	570 分	596 分	588 分

资料来源：笔者根据 OECD PISA 数据库中相关数据计算得出。

经合组织将每个国家或地区处于 ESCS 指数分布后四分之一的学校定义为社会经济处境不利学校；将该指数分布前四分之一的学校定义为优势学校。在参与 PISA 2015 的所有经合组织国家中，处境不利学校学生的平均 ESCS 指数为 -0.62，优势学校学生的科学平均成绩为 546 分,而处境不利学校学生的科学平均成绩为 442 分,两类学校学生的科学平均成绩相差 104 分。中国 B－S－J－G 优势学校的 ESCS 指数为－0.04,处境不利学校的指数为－1.89[①],由此可见处境不利学校的指数偏高,拉低了我国学生的总体成绩。

此外,PISA 2015 结果显示了在参与国家或地区,学校之间以及学校内部科学成绩的差异(表 4.10),经合组织国家校内科学成绩平均差异百分比为 69％,学校之间的差异百分比为 30％;在新加坡、日本、芬兰、韩国、加拿大等国家,校际学生成绩差距小于校内学生成绩差异,这一结果表明这些国家的地区间学校差异较小,这虽与当地的区域经济发展水平相近相关,但更与教育投入以及教育均衡发展的政策有着直接关联。而我国 B－S－J－G 的结果则正相反,校际学生的成绩差异远远大于校内学生的成绩差异。PISA 2018 结果显示,我国 B－S－J－Z 优势学校与处境不利学校在师生比例、班级规模、教师学历方面差异较大。其中,就教师学历来看,经合组织优势学校与处境不利学校具有硕士学历教师所占的百分比分别为 54％和 37％,而在我国 B－S－J－Z,优势学校具有硕士学历教师的比例不到 20％,处境不利学校具有硕士学历教师的比例不到 5％。[②] 以上结论进一步佐证了,尽管近年来我国一直努力推进城乡教育一体化建设,促进教育均衡发展,但基础教育发展不均衡不充分依然存在,城乡之间、学校之间的教育教学质量差距较大,教育优质均衡发展的任务仍很艰巨。

表 4.10　PISA 2015 部分国家或地区校际与校内科学成绩差异(%)

国家或地区	校际差距	校内差距
中国 B－S－J－G	63	56
新加坡	42	78
日本	42	54
芬兰	8	93
韩国	25	75
加拿大	14	80
OECD 平均	30	69

资料来源:OECD.(2016). *PISA 2015 results(volume i):excellence and equity in education*. Paris:OECD Publishing.

---

① OECD.(2016). *PISA 2015 results(volume ii):policies and practices for successful schools*. Paris:OECD Publishing.
② OECD.(2019). *PISA 2018 results(volume ii):where all students can succeed*. Paris:OECD Publishing.

第二节 PISA 与未来中国教育改革

PISA 为参评国家或地区提供了衡量 15 岁学生学业成绩及个人素养发展现状的系统化数据，从侧面反映了相关国家或地区的基础教育质量，为这些国家或地区的教育领导者、学校教师以及关心教育发展的人士提供了可以加以横向比较分析的实证材料。许多国家或地区的教育决策者可以借此评估本国或地区学生的知识和技能发展水平，并与其他国家或地区的学生发展水平与教育质量状况进行比较，以 PISA 高绩效国家或地区为进一步改革发展的标杆和参照依据，学习和借鉴其他国家或地区的教育改革发展经验，进而制定基于文化传统与教育改革实际、与全球化教育改革发展趋势相辉映的教育改革发展战略目标、政策体系框架及一系列务实高效的教育改革措施[①]。

我国的教育改革发展，以促进学生的个性全面发展与教育系统的健康发展为目标，以解决人民最关心、与人民最直接最现实的教育利益紧密相关的重大教育问题为突破口，通过国家科学的顶层教育制度、教育政策设计与地方政府对基层学校的积极探索的有机结合，正探索出一条具有中国特色社会主义特征的教育发展道路。近年来积极推进的以培养学生核心素养为中心的课程教学改革、多元教育评价制度改革、缩小班级规模、治理校外培训、减轻学生负担、城乡教育一体化、教育精准扶贫等一系列教育改革举措，彰显了我国在破除知识传授与训练的传统教学模式，促进学生素养全面发展，加强教育资源配置，促进区域教育均衡发展，进而保障和促进全体学生的全面发展上所做的努力与成就，这契合了 PISA 反映出的我国教育教学过程中存在的部分问题。PISA 是国家教育改革发展的一面镜子，它既呈现了我国学生发展与教育改革发展的优势，又揭示了其中的短板和不足；理性审视 PISA 相关数据所揭示的我国教育改革发展问题，着力固根基、扬优势、补短板、强弱项，是进一步深化我国教育改革、促进教育事业健康发展、促进学生全面发展应有的态度与行动。

一、以核心素养为导向的课程教学改革

进入 21 世纪以来，世界教育改革趋势越来越聚焦于 21 世纪技能或横向能力（Transversal Competencies）。[②] 智能技术的普及正在极大地改变劳动力市场所需的劳

---

① Lingard, B., & Rawolle, R. (2011). New scalar politics: implications for education policy. *Comparative Education*, 47 (04): 489 - 502.

② Care, E. (2017). Global initiative around assessment of 21st century skills. http://bangkok. unesco. org/content/global-initiative-around-assessment-21st-century-skills.

动者技能结构,程序性应用技能转向运用高阶能力分析和解决复杂问题的能力,转向批判性、创造性、战略性思维能力,这一现象正深刻影响着学生在学校里学习和掌握的内容。[①] 对于我国基础教育改革而言,这就意味着下一步深化课堂教学改革的重心在于发挥知识传授与学习等相关优势的同时,更加注重思维训练和解决复杂问题的高级能力的培养。我国自 2013 年起开始研究和探索中国学生核心素养发展问题。2016 年 9 月,基于文化基础、自主发展、社会参与三个维度六种素养十八个要点的《中国学生发展核心素养》总体框架正式发布。随后,开始以此为依据和出发点科学设计基于核心素养的学校课程,陆续完成中小学各学科课程方案和课程标准的修订工作。通过修订,各学科凝练出本学科的核心素养,明确了学生学习该学科课程后应形成的正确价值观念、必备品格和关键能力,并围绕学科核心素养的落实,精选、重组教学内容,设计教学活动,提出考试评价的建议。

　　PISA 素养评估并不是单一的知识组合,而是融合多学科、跨学科的能力框架,包含了知识、技能以及能力以外的非认知因素,例如学生动机、自我认知、归属感等因素。2020 年初,世界经济论坛发布《未来学校:为第四次工业革命定义新的教育模式》(*Schools of the Future Defining New Models of Education for the Fourth Industrial Revolution*)报告,提出"教育 4.0 全球框架",认为教育要为学生的未来作好准备,使其不仅成为未来经济的生产力贡献者,更要成为未来社会的负责任的公民,而为了实现这一愿景,就要努力使学生具备全球公民技能(Global Citizenship Skills)、创新与创造技能(Innovation and Creativity Skills)、技术技能(Technology Skills)以及人际交往技能(Interpersonal Skills)等关键技能。[②] 对照 PISA 所反映的我国学生在知识、技能素养方面的不足,对标未来社会对人的发展的要求,深化基础教育课程与教学改革和发展,优化课程体系,加强课程与社会生产和社会生活知识的联系,增进学生对社会与职业的认知,帮助学生形成对工作和职业、社会生活的正确而丰富的认识;变革教学与学习方式,激发学生积极的学习态度和学习热情,增进学生自信心与自我效能感,促进学生的个人化与自定进度的学习(Personalized and Self-Paced Learning)、无障碍的与包容的学习(Accessible and Inclusive Learning)、基于问题和协作的学习(Problem-Based and Collaborative Learning),加强学校实践教学,组织丰富多彩的社会实践活动,让学生在综合性、情景性、互动性的学习过程中,认识社会、参与社会,培养学生的团队协作

① OECD. (2015). *Students, computers and learning: making the connection*. Paris: OECD Publishing.
② World Economic Forum. Schools of the future defining new models of education for the fourth industrial revolution. (2020 - 01 - 09)[2020 - 03 - 06]. http://www3.weforum.org/docs/WEF_Schools_of_the_Future_Report_2019.pdf.

精神与集体荣誉感，提高学生的批判性思维能力、分析和解决复杂问题的能力、创造力，全面提高学生的核心素养与终身学习能力。

二、教育评价体系改革

历届 PISA 测评显示，中国学生用于作业和校外补习的时间过多，这是一个持续存在的问题。这一方面与学校重知识传授与作业训练的教学方式紧密相关，另一方面也与校外培训机构在以应试为导向强化不断重复训练、进一步增加学生学习负担紧密相关，但要从根本上破解学生学习负担难题，除了变革我国传统文化基因中的望子成龙国民心态，关键的难点还在于深化教育评价制度与招生考试制度改革。

我国自 2014 年国务院出台《关于深化考试招生制度改革的实施意见》开始进行考试招生制度改革，选择上海和浙江"一市一省"作为高考综合改革国家试点地区，基本形成了学生学业水平考试制度和学生综合素质评价体系，初步形成了分类考试、综合评价、多元录取的考试招生模式；同时，上海等地积极探索学生学业质量绿色指标综合评价，将评价扩展到学生学业水平、学习动力、学业负担、师生关系、教师教学方式、校长课程领导力、学生社会经济背景对学业成绩的影响、学生品德行为、身心健康和跨年度进步十大方面，旨在扭转"过度关注学业成绩、过度依赖纸笔测验、过度采用横向比较"的传统评价思维。2016 年上海市小学学业质量绿色指标综合评价结果显示，小学生学业压力有所减轻，师生关系良好，家长对学校教育认可度较高。此外，近年来，国家持续开展校外培训机构专项治理行动，规范校外机构办学行为，对作业、学科等级考试、竞赛排名等作了一系列规定，取得一定成效。

但是，基础教育中的唯分数、唯升学、唯文凭等顽瘴痼疾依然存在，即使是在推行学生学业质量绿色评价的上海地区，学生的体育活动时间和自主学习时间依然偏少，43.4％的小学生反映参加了校外与考试学科相关的补习活动。① 在未来的改革发展中，需要进一步完善教育标准体系，从根本上变革以学生学业考试成绩、学校升学率、毕业文凭为依据的教育绩效观，把立德树人成效作为评价学生与学校的根本标准，完善以学生德智体美劳全面发展为核心的多元评价标准体系与中小学教育质量综合评价体系，引导学校和教师潜心培养人才，帮助学生在获取知识的同时，不断提升社会责任感、创新精神和实践能力，实现全面发展、健康成长；变革单纯以考试分数为依据的招生考试制度，完善分类考试、综合评价、多元录取机制，完善学业水平测试、综合素质

---

① 张鹏，焦苇.(2017 - 12 - 22).上海发布 2016 年度小学学业质量绿色指标综合评价报告. 文汇报,3.

评价和高考三方面评价要素为一体的多元化招生考试评价体系;变革以学校等级和文凭为依据的社会选人用人制度,建立与完善注重德才兼备、真才实学的选人用人机制,倒逼学校教育评价体系的深度变革。

三、教育优质均衡发展

上海学生于 2009 年、2012 年参加 PISA 测评,取得了令世界瞩目的好成绩。这一方面取决于上海是我国经济、社会和文化较为发达的地区,有着较好的教育环境;另一方面取决于上海较早实施基础教育课程改革,有着较为深厚的教育积淀。1988 年,在实施素质教育的宏观背景下,受原国家教育委员会委托,上海重点聚焦"四个素质和健康个性培养",启动中小学(幼儿园)课程改革(后称"课程改革第一期工程",简称"一期课改"),探索实施必修课、选修课和活动课"三大板块"的课程结构,以"提高素质,发展个性";1998 年,面向新世纪的新挑战,在传承上海"一期课改"成功实践的基础上,上海再次启动中小学(幼儿园)课程改革(称为"课程改革第二期工程",简称"二期课改"),推进中小学基础型课程、拓展型课程、研究型课程建设,着力"培养学生具有创新精神、实践能力和终身可持续发展能力的基础"[①]。上海的基础课程改革,比国家基础课程改革早十多年时间(1999 年,国家启动《面向 21 世纪教育振兴行动计划》,开始在全国范围内实施基础教育课程改革,以改革课程教材体系为重点,建设面向 21 世纪的现代化课程教材体系)。上海课程改革对学生素质发展的要求与 PISA 所测评的学生素养结构,有高度吻合之处。历经十余年的课程教学改革,不仅使上海的基础教育质量具有整体优势,也使上海学生比全国其他地区的学生具有适应 PISA 测评的独到优势。

但是,上海的基础教育质量并不能完全代表全国水平。2015 年,我国参加 PISA 测评的地区,由此前的上海一个地区扩展到北京、上海、江苏、广东(B-S-J-G)四省市联合组队,成绩果然不似以往,其中的重要原因在于区域间、城乡间的教育发展不均衡。近年来,我国积极推动教育均衡发展,促进城乡教育一体化建设,缩短城乡教育差距;同时,国家采取多种教师专项计划、专项建设计划、财政转移支付、对口支援等措施,使教育资源向中西部地区尤其是中西部农村地区聚集。2012 年,国务院印发《关于深入推进义务教育均衡发展的意见》,要求统一国家办学标准,促进教育资源均衡配

---

① 徐淀芳.(2018).初心如磐　筑梦前行——上海基础教育课程改革 30 周年回顾.*上海课程教学研究*,(01):3—6.

置①。至2015年底,全国1302个县(市、区)完成义务教育均衡发展的督导评估认定,完成2015年目标的68%,完成2020年目标的47%。但是,由于我国幅员辽阔,各地区经济文化差异较大,实现国家教育均衡发展任务,仍不容乐观。在2018年评估认定的338个县中,有252、239、228个县不同程度上分别存在占地面积不足、运动场地面积不足、校舍面积不足的问题;有281个县存在2000人以上大规模学校;大班额比例依然较高,55人以上小学班级比例为6.92%,60人以上初中班级比例为6.21%;有162个县不同程度上存在着教师有编未补问题,128个县聘任4.6万名合同制教师和代课教师,未做到编外教师与在编教师同工同酬,257个县音乐、体育、美术、科学、外语、信息技术等学科的教师短缺2.8万名;乡村教师待遇、补助标准普遍偏低,严重影响教师交流轮岗的积极性。② 教育资源尤其是教师资源配置的不均衡不充分,是导致学生学习成就及整体素养差异的关键因素。在未来的基础教育改革发展过程中,要持续实施教育优先发展战略和精准实施教育扶贫战略,建立健全科学的教育资源动态调整机制,推进城乡教育一体化向纵深发展,统筹与合理配置城乡义务教育资源,进一步加大优质教育资源向中西部地区、贫困地区、农村地区倾斜的力度,推进基本公共教育服务均等化,不断扩大优质教育资源覆盖面。在持续改善薄弱地区学校办学条件的同时,努力健全公办学校教师与当地公务员工资长效联动机制,大幅度提高教师待遇,吸引优秀人才投身教育事业;建立中小学教师专业发展公共服务平台,完善教师教育体系、教师培训制度,不断提升在职中小学教师整体学历水平,持续提升教师专业化发展水平,不断提高教师教育教学能力。

本章小结

自2009年上海学生参与PISA以来,至今中国已有北京、上海、江苏、浙江、广东五省市936所学校300000多名学生参与。中国学生在历届PISA中的成绩表现,在国内外媒体以及教育研究者中产生了广泛的反响。通过对中国与PISA高绩效国家学生表现的对比分析,发现我国学生高水平人数多,数学、科学素养遥遥领先,但同时存在着知识记忆与应用能力高于分析与问题解决能力、校内外学习时间长、课业负担重、幸

① 国务院.(2012).深入推进义务教育均衡发展的意见.(2012-09-07)[2019-11-23].http://www.gov.cn/zwgk/2012-09/07/content_2218783.htm.
② 教育部.(2019).介绍2018年全国义务教育均衡发展督导评估有关情况.(2019-03-26)[2019-11-23].http://www.moe.gov.cn/fbh/live/2019/50415/mtbd/201903/t20190327_375639.html.

福指数偏低,以及成长型思维水平偏低、职业准备不足、城乡校际不均等问题。以 PISA 成绩为依据审视我国的教育改革发现,以核心素养为中心的课程教学改革、治理校外培训、改进评价指标等反映了我国在破除知识传授和减轻学生负担方面所做出的努力;但同时我国城乡教育发展不均衡等问题依然存在。应科学、客观地运用 PISA 数据指导教育改革实践,针对我国教育改革发展的短板与不足,进一步深化课程教学改革,完善多元教育评价体系,促进教育优质均衡发展,促进全体学生的全面发展。

第五章 结果与效应：PISA 教育改革效应分析

过去几十年来，国际上大规模的教育评估项目的数量、实施频率和范围都发生了巨大的变化，国际教育评估项目已逐渐发展成为各国政府从全球视角进行问责的工具。[①] 此外，其结果已成为教育政策制定的重要参考和合法依据。到目前为止，已有大量研究针对大规模评估，尤其是 PISA 在教育治理和政策制定中的应用。[②] PISA 作为一项跨地区的国际教育评估项目，即使其报告不一定会带来直接后果，例如教育预算拨款的增加或减少，但它们会对参与国家或地区制定教育政策的方式产生间接的影响——PISA 在很大程度上决定了我们对学校教育领域中的概念、问题和解决方案的理解。PISA 引发了学术界和政策界的一系列连锁反应，使其成为各国或地区教育水平的比较基准，教育改进的参照依据。同时，PISA 测评透露出对量化指标的追求、比较分析、基于证据的改革范式，加深了 PISA 对于教育改革方式的影响。随着经合组织在全球教育事务中的影响越来越大，PISA 通过软治理影响着全球教育治理，构建了基于教育理念的认知治理以及基于指标研发的数字治理。本章试图以 PISA 对教育改革业已发生的影响为基础，进一步分析 PISA 之于教育改革的意义、PISA 引发的教育改革方式的转变，以及 PISA 对全球教育治理的影响等教育改革"效应"。

第一节 PISA 之于教育改革的意义与价值

PISA 测评的意义不仅仅在于对教育系统相关情况的分析与说明，其重点在于 PISA 对参与国家或地区的影响，PISA 之后各国或地区的行动才是应该关注的重点。PISA 之于教育改革的意义与价值是通过 PISA 这一国际教育比较基准，让各国或地区认识到本国或地区教育的现状，并在比较中促进教育改进。

[①] Addey, C. (2018). The assessment culture of international organizations: "from philosophical doubt to statistical certainty" through the appearance and growth of international large-scale assessments. In Alarcón, C., & Lawn, M. (Eds.), *Assessment cultures: historical perspectives*. Frankfurt: Peter Lang, 379 - 408.

[②] Hamilton, M., Maddox, B., & Addey, C. (2015). *Literacy as numbers: researching the politics and practices of international literary assessment*. Cambridge: Cambridge University Press.

一、教育水平的比较基准

随着国际组织在教育领域中的作用逐渐加强,国际比较基准已经成为政策改革和社会转型变革的有力工具,使得各国教育系统可根据世界其他地方的政策(预期、实施和实现)来看待自己。[①] 经合组织指出,进行国际比较的目的是协助成员国制定政策,并促进教育体系的公众责任感,其中了解教育投入与教育成果之间关系的内部过程尤为重要。[②] PISA 作为经合组织开发的国际教育评估项目,在短时间内取得了长足的进步,巩固了经合组织在全球范围内作为开发和分析国际比较数据工具的地位,PISA 让全球范围的教育研究者与政策制定者得以了解当下各参与国家或地区的教育基本情况,并由此影响教育改革与政策调整。

随着全球化的不断推进,正如受访者(US - 191112 - B)所述,对于教育系统水平的衡量打破了以往国家间的界限,一个国家的教育系统在国际上的表现成为重要的标准。PISA 通过构建学生和学校的背景、投入、过程、产出和结果之间的多因素分析,将影响学生成绩的因素涵盖在内,通过这一比较基准,对落后国家或地区施加改革压力,强调通过教育改革或者借鉴其他高绩效国家或地区的做法,以满足其经济发展与社会进步的需要,[③]弥补了国际教育评估指标的空白。

> 在当今时代中,成功的标准不再取决于国家内部层面,而在于教育系统在国际上的表现。经合组织通过开发 PISA 来应对这一挑战,该计划对约 70 个国家或地区(占全球经济的 90%)的学校系统的质量、公平性和效率进行评估。PISA 是一项以数据为支撑的政策研究,以改进教育政策为评价目的。其测评框架强调在教育的背景、投入、过程、产出和结果全过程视域下对学生发展的有效性及其环境状况进行全方位评价,并从学生、班级、学校等不同层面识别影响学生发展的重要因素。其评价的目的在于通过测验与问卷调查探明教育系统、学校、家庭与学生因素对学生素养的影响,产出大量证据,为教育决策提供依据。
>
> (受访者:US - 191112 - B)

PISA 的结果显示了各参与国家或地区教育系统的水平,亚洲(如日本、韩国、新加

---

① Schleicher, A. (2006). International benchmarking as a lever for policy reform. In Hargreaves, A. , & Fullan, M. (Eds.), *Change wars*. Bloomington: Solution Tree.

② OECD. (1995). *Governance in transition: public management reforms in OECD Countries*. Paris: OECD publishing.

③ Schleicher, A. (2006). International benchmarking as a lever for policy reform. In Hargreaves, A. , & Fullan, M. (Eds.). *Change wars*. Bloomington: Solution Tree.

坡或中国上海)、欧洲(如芬兰)和北美(如加拿大)国家或地区的学生表现较好；而德国、法国教育系统的问题则显露了出来。

在现代社会中，国际比较已经成为提高教育系统质量的重要工具。PISA强调学生获得的应对未来生活需要的知识和技能；强调在更广阔的范围内对参与国家或地区的教育系统的水平进行监测，确保所得数据可以在参与国家或地区间进行比较。通过其强大的影响力，PISA成为衡量国际教育水平首选的数据来源。[1]

二、教育改进的参照依据

PISA作为一项跨地区、跨文化的全球范围的教育评估，着重于提供数据和分析，如学生学习成绩的数据以及影响学习的其他关键因素的数据，通过相关评测数据找出教育系统存在的问题与不足，明确学校、教育系统和政府的现实状况，为诊断教育现状、改进教育政策提供依据。此外，PISA通过比较分析，评估一个国家或地区的教育系统在多大程度上得到了改善，对促进教育系统改进的发展起到了重要的作用。

每一轮PISA测评结束后，留给参与国家或地区政府、教育行政部门最直接的反应在于本国或地区学生在测评中的表现。对此，受访者(A-191026-B)认为：

> 2000年，经合组织发起了第一个15岁学生阅读技能PISA测试方案，这标志着经合组织领导的关于国家教育系统质量的讨论开始了。多年来，PISA已将自己确立为教育改革的重要力量。三年期评估提供了支持证据，帮助决策者降低了政治行动的成本。但是，这也暴露了政策和实践不能令人满意的领域，反映了一些国家或地区政府对教育的不作为，这使得参与国家或地区可以透过PISA了解自身教育系统的现状。

如受访者所述，通过PISA测评对教育系统的检视，让参与国家或地区了解到了自身教育系统的现状，并根据反映的问题对教育系统进行改善。以中国为例，自2009年上海代表中国首次参与PISA测评并蝉联两届冠军后，以上海为代表的中国教育体系取代芬兰被誉为"卓越的新海报封面"[2]。虽然中国学生在PISA测评中取得了良好

① Lingard, B. , & Grek, S. (2007). *The OECD, Indicators and PISA: an exploration of events and theoretical perspectives*. ESRC/ESF Research Project on Fabricating Quality in Education.

② Kamens, D. H. (2013). Globalisation and the emergence of an audit culture: PISA and the search for 'best practices and magic bullets. In Heinz-Dieter, M. , & Benavot, A. (Eds.), *PISA, power and policy: the emergence of global educational governance*. Oxford: Symposium Books.

的成绩,但作为一种测评项目,PISA 以成绩排名的结果呈现方式评估参与国家或地区教育系统的成果,透露出各国或地区教育系统的弱点与盲区。例如,中国学生存在学习时间过长、压力大等问题。

总的来看,通过 PISA 测试可以发现世界上很多国家或地区教育体系的质量如何,这是提供给制定教育政策的行政人员的信息,更重要的是,PISA 发掘了一些成功教育体系范例的共同点,让参与国家或地区更清楚明确自身的教育现状。例如,什么因素导致一个国家或地区教育系统的优势,从中可以了解当前本国或地区教育与其的差距,为未来教育改进提供了有益的信息。

第二节   PISA 与教育改革方式的转变

PISA 的发起是为学校、国家或地区提供通过对其他国家或地区教育系统的性能进行分析来确定自身教育水平的优势与缺陷的机会。具体来看,PISA 提供了与其他国家或地区进行比较的机会,使得政府可以考虑如何进一步优化其现有的教育体系,除此之外,它反映了其背后某些范式和信念的转变。[1] PISA 测评引发的教育改革在契合全球教育改革追求公平、质量等的基础上,其教育改革效应引导教育改革方式从经验走向量化,注重数据比较分析,从思辨走向证据。

一、教育质量的量化追求

在欧洲,早在 1970 年代中期就已经出现了利用量化数据衡量教育绩效的趋向。1999 年在布拉格的一次会议上提出了指标、基准的概念,以提高欧洲教育的连续性、有效性。[2] 他们强调有必要采取更加协调一致的方法来处理欧洲共同体的所有行动,并为未来几年的政治讨论和活动建立结构化的框架。会议主题是学校教育的质量,部长们决定成立一个由各国专家组成的小组,负责制定欧洲学校教育质量指标清单。根据委员会的说法:

> 目标不是在这么短的时间内创造新的指标,而是找出与质量相关的问题,然

---

[1] Schleicher, A. (2007). Can competencies assessed by PISA be considered the fundamental school knowledge 15-year-olds should possess?. *Journal of Educational Change*, 8: 349 – 357.

[2] Council of Europe. (2000). Into the New Millennium: developing new working procedures for European cooperation in the field of education and training. *Official Journal of the European Communities*. https://eur-lex. europa. eu/legal-content/EN/TXT/PDF/? uri=CELEX: 32000Y0112(03)&qid=1648347243851&from=EN.

后确定哪些现有指标——主要来自欧盟统计局、经合组织、国际教育成就评价协会等——对这些问题有很大帮助。①

　　事实上，经合组织自成立以来就十分注重教育系统的指标收集，尤其重视有关教育公平和质量的数据，并在教育指标统计领域积极与欧盟等其他国际组织合作。例如1968年，教育研究与创新中心要求在制定教育计划的时候使用数据。由此可见，经合组织有着悠久的数据收集与分析的历史，PISA的出现更是将经合组织对数据的收集、分析、使用发挥到最大限度，这种对教育质量的量化分析对全球教育改革产生了深远的影响，即把政策制定引向了一种"数字路径"，以一种以量化为重要方式的教育质量评估方法，取代了以往对于教育的哲学思辨分析。

　　前文提到，PISA对于教育质量的追求是通过对参与国家或地区学生的表现来评判的，注重教育结果的测量，用数据、排名表明哪些教育系统质量较好或哪个最好，表明一个国家或地区的教育系统在国际上的水平以及最终表现出的总体竞争力，一切以数据说话，一切以数据分析为准，体现了对教育量化评估的追求。

　　　　从1990年代初开始，经合组织就逐渐采取了量化研究方法，这促使它成为在教育政策中具有话语权的重要参与者。过去，它专注于每个地区的差异，而现在却根据统一的标准将不同国家或地区进行比较。国际评估项目通过使用标准化考试作为衡量教育成果的一种手段，对国家、地区甚至个别学校的教育系统进行量化和比较。在此背景下，PISA在2000年首次实施后，采用数据分析为各国或地区教育政策调整与改革提供了清晰明了的证据支持。经合组织宣称，PISA的结果具有高度的有效性和可靠性，并且可以提高各国或地区对成功的教育体系的理解。

　　　　　　　　　　　　　　　　　　　　　　　　（受访者：US-181012-S）

　　正如以上受访者所述，经合组织通过统一的标准突破国家或地区的限制，利用量化数据进行比较分析，实现了跨国教育治理。在欧洲，经合组织实施的PISA项目被认为是通过指标和标准对国家教育系统进行监督，并由此彻底改变了欧洲的教育政策

---

① Pépin, L. (2006). *The history of European cooperation in education and training：Europe in the making — an example*. Luxembourg：Office for Official Publications of the European Communities.

调整。① 毫无疑问,经合组织在影响跨国教育政策方面具有重要作用。经合组织因其构建绩效指标的工作,以及其在 PISA 中取得的成功,已成为发达国家中面向政策的信息的主要生产者,它不仅提供了可测量和可比的数据,而且还提供了基于这些数据分析的可靠的政策指导。但也正是由于经合组织的工作,教育质量评估常常被简单地表示为一个需要量化并因此得以改进的经验问题,而不是作为一种认识论和政治努力。

作为呈现量化的评价结果的典型案例,PISA 充分利用了各参与国家或地区在不同素养领域上的水平、表现以及排名图表,体现各参与国家或地区在阅读、科学、数学等科目上的发展趋势,同时使用背景资料与学生学业成就指标进行建模与关联分析,从教育产出的角度,分析"输入和过程"的影响效应。自 2000 年以来,PISA 已经实施了七轮测评,对数据的量化分析是保证如此大规模评估的重要工具。对问题的量化表述是减少社会认知差距的重要方式。对此,有学者指出,PISA 测试的成绩排名作为一种量化表述,向公众提供了一种对等性的通用语言。就像人口普查排名和国内生产总值排名一样,PISA 通过标准化和技术手段,把统计学中令人费解的内容简化为参与国家或地区学生成绩的量化表述,以此促进人们对教育系统问题的理解,②但同时这种数据、排名、成绩的量化结果也会导致诸多数字治理问题,笔者将在下一章对此进行讨论。

二、基于数据的比较分析

教育改革越来越被描述为提高一个国家的全球竞争力的一种手段,以其在国际学生成绩排行榜中的表现来衡量。这就产生了对比较研究的需求,以识别高绩效学校系统中的"有效方法"。比较教育领域出现了新的和有影响力的行动者,包括各种各样的国际组织、智囊团、商业咨询机构,它们使用跨国家或地区的成绩测试,如经合组织的 PISA,来构建和促进可借鉴的"最佳实践"。③ 2017 年,经合组织在一次论坛上提到其社会宗旨,其中"比较不同国家或地区的学校系统如何使年轻人为现代生活作好准备"以及"分析和比较数据以预测未来趋势"等成为重要组成部分。④ PISA 作为经合组织

① Grek, S. (2015). Seeing from the top of the tower: PISA and the new governing panoramas in Europe. *Compare: A Journal of Comparative and International Education*, 45(03): 479 - 481.

② [美]托马斯・波克维茨,吴明海,梁芳. (2015).国际学生评估项目(PISA)对学校课程影响——成绩排名、标准化及学校课程炼金术.教学学报,(02):73—86.

③ Auld, E., & Morris, P. (2016). PISA, policy and persuasion: translating complex conditions into education 'best practice'. *Comparative Education*, 52(02): 202 - 229.

④ OECD. (2017). *About the OECD*. www.oecd.org/about/.

进行跨国或地区教育比较的项目之一，根据经合组织的规定，PISA 结果拟用作：(1)诊断参与国家或地区的教育情况；(2)随着每轮 PISA 测评，对每个国家或地区进行纵向比较；(3)与其他国家或地区进行比较。[①] 它不仅仅是简单地声明数据结果的有效性和可靠性，PISA 团队的主要成员认为，教育的"比较评估"应该是"教育改进的基本工具"，并且以标准化评估的形式，成为教育系统成功的最有力的预测因素。[②]

首先，数据是 PISA 进行比较分析的前提。在一些国家、欧洲和全球范围内，"数据"已成为教育管理和政策制定研究的重点。[③] 通过使用标准化测试作为衡量教育成果的一种手段，评估可以对国家、地区甚至个别学校的教育系统进行量化和比较。在此背景下，PISA 在 2000 年首次实施后，采用数据分析为各国或地区教育政策调整与改革提供了清晰明了的证据支持。经合组织宣称，PISA 的结果具有高度的有效性和可靠性，并且可以提高各国或地区对成功的教育体系的理解。[④] 具体来看，PISA 测评结束后，其数据工作涉及学生测试数据、问卷数据，学校问卷数据，教师问卷数据，职业编码以及课程名称编码数据，等等，使数据尽可能地真正可比较。

其次，通过比较教育系统的平均表现，引发了有关 PISA 成绩的最初争论。其中，高绩效国家或地区的教育系统是进行比较的参照系。自从比较研究领域出现以来，比较分析的主要目的之一就是确定可以借鉴的国家或地区，用以改善自身教育系统。PISA 的教育比较逻辑在于全球知识经济竞争与教育之间的关系。正如受访者(US-180920-L)所说，一个国家或地区的经济表现与教育系统质量是对等的，这意味着如果另一个国家或地区的教育系统水平较差，经济发展状况也不好，如能借鉴 PISA 测评中表现较好的国家或地区，则有可能改善学生表现与经济水平。

对 PISA 数据进行比较分析后，诸多 PISA 高绩效国家或地区涌现出来，那么接下来进行比较的逻辑为：(a)A 的经济表现良好，这在很大程度上是由于其教育系统培养了具有所需技能的工人，这一点得到了国际检验的证明；(b)B 的教育系统具有相反的特征；(c)如果 B 借鉴 A 的教育系统，将改善学生的表现和经济

① Holzinger, K., & Knill, C. (2005). Causes and conditions of cross-national policy convergence. *Journal of European Policy*, 12(5): 775-796.

② Schleicher, A. (2009). *International benchmarking as a lever for policy reform*. In Hargeaves, A., & Fullan, M. (Eds.), *Change wars*. Bloomington. IN: Solution Tree, 97-115.

③ Demszky, A., & Nassehi, A. (2014). The role of knowledge in scientific policy advice: doing knowledge. In Fenwick, T., Mangez, E., & Ozga, J. (Eds.), *World yearbook of education 2014: governing knowledge*. London: Routledge, 113-127.

④ OECD. (2006). *PISA 2006: Science competencies for tomorrow's world*. Paris: OECD Publishing.

状况。

（受访者：US - 180920 - L）

例如,芬兰学生在 PISA 测评中高绩效表现的秘密在于没有标准化考试,学习时间短,鼓励学生玩,政府与学校、老师与学生之间相互信任,等等。其中最重要的是高素质的教师群体,由此吸引了诸多国家或地区借鉴芬兰的教师培养相关政策并进行改革,以求通过教育改革推动经济发展。PISA 传达出的教育改革信息在于通过数据判定教育系统的质量,判断是从比较中产生的。通过比较,一方面可以明确本国或地区教育系统的现状;另一方面,在比较中可以突出高绩效国家或地区教育领域的政策措施与改革成效,为其他国家或地区的教育改进提供现实依据。

三、基于证据的改革范式

在教育领域,证据是指政府以及教育行政部门制定或判断教育改革、计划或方法的客观依据,是达到既定政治目的或教育目标的有效手段。通过将教育研究与教育实践和改革联系起来,循证政策已被视为追求问责制和提高教育质量的决定性手段。[1] 证据在许多方面与传统科学所依赖的数据不同,传统科学中的数据用于检查理论、进行科学解释并创造真理和知识。而证据不是证明或伪造理论作为科学假设的数据,而是用于判断手段是否达到目的的材料。它不是解释因果关系的科学理论的基础,而是对给定方法是否适用的规定性判断的基础。目前,这种基于证据的教育改革方法已在世界范围内采用,怀斯曼（Wiseman）认为,这种方法是政客与决策者最常使用的。在讨论证据在教育政策制定中的用途时,他概括了基于证据的政策制定的三个目标:衡量和确保质量、公平、控制,这三个目标都强调在问责制下达成。[2]

在实践层面,基于 1960 年代的人力资本理论,经合组织着手使用证据阐述问题,但由于彼时经合组织刚重组,相关指标等证据的使用并不完备。英国工党在 1997 年的宣言中指出,着眼于政策作为摆脱党的意识形态的一种方式的有效性,基于证据的决策得到了高度肯定。在美国,《不让一个孩子掉队法》提出,联邦政府资助的实践必

[1] Matsushita, R. (2017). The paradox of evidence-based education: from the decline of education to abandonment of the theories of education. *Educational Studies in Japan: International Yearbook*, (11): 101 - 119.
[2] Wiseman, A. (2010). The uses of evidence for educational policymaking: global contexts and international trends. In Luke, A., Green, J., & Kelly, G. (Eds.), *What counts as evidence and equity? review of research in education*. New York: AERA Sage, 1 - 24.

须是依据科学的、严谨的、客观的程序获得的可靠数据。① 2015 年美国政府颁布的《让每个孩子都成功法案》(*Every Student Succeeds Act*)进一步重申了基于证据的改革的重要性，"不得向学校传播不科学、没有证据或不准确的材料"，等等。② 联合国教科文组织发布的《千年发展目标报告》(*The Millennium Development Goals Report*)中将"基于证据的政策"定义为："一种帮助决策者在更充分的信息条件下进行决策的政策过程，该过程以证据为核心。"③自1990年代中期以来，经合组织一直强调人力资本理论以抵消全球化的新兴影响。在此背景下，经合组织教育活动的主要转折点从"对教育政策的分散贡献"转变为"收集经验性的证据"。④ 正如受访者(C-180620-C)所述，PISA测评为参与国家或地区提供了相当多的实证材料，显示出了经合组织对教育结果和质量强有力的重视，强调了从对教育的哲学思辨分析走向基于证据的教育改革研究。

　　PISA为参评国家或地区提供了衡量中学生学业成绩及个人素养发展现状的系统化数据，从侧面反映了相关国家或地区的基础教育质量，为这些国家或地区的教育领导者、学校教师以及关心教育发展的人士提供了可以加以横向比较分析的实证材料，实现了研究方法的转变，从以往的思辨分析走向基于证据的教育改革研究，这种基于证据促进各国或地区进行改革的方式再次印证了基于证据的改革范式的重要性。

（受访者：C-180620-C）

以德国为例，其在 PISA 2000 中受到了冲击，PISA 结果揭示了德国与教育领先国家之间的差距：德国教育体系的成果不符合有效性和效率标准。2000 年的 PISA 的第一份报告显示，德国学生在所有测试上的表现都大大低于 OECD 的平均水平。总体而言，在 2000 年的 PISA 测评结果中，德国在 27 个 OECD 国家中排名第 20 位。PISA 结果震撼到了德国人的自我认知的核心，并给德国决策者带来了巨大压力，他们需要改善中等教育制度。正如金登(Kingdon)所说，PISA 2000 为德国打开了一个向

① U. S. Department of Education. (2001). *No child left behind act.* https://www.k12.wa.us/policy-funding/grants-grant-management/every-student-succeeds-act-essa-implementation/elementary-and-secondary-education-act-esea/no-child-left-behind-act-2001.
② U. S. Department of Education. (2015). *Every Student Succeeds Act.* https://www.ed.gov/essa? src=rn.
③ Segone, M. (2004). *Bridging the gap: the role of monitoring and evaluation in evidence-based policy making.* http://mymande.org/sites/default/files/Bridging_the_Gap_evidence_based_policy_making.pdf.
④ Gorard, T., &Smith, E. (2004). An international comparison of equity in education systems. *Comparative Education*, 40(01): 15-28.

政府施加压力的问题之窗。① PISA 不仅成功地推动了 OECD 以经济为中心的教育理念和建议,而且在教育决策方面影响了德国,以适应评估学校绩效的手段。在很短的时间内,德国在教育改革中建立了国家教育评估。在德国的教育体系中实施的改革反映了范式的转变,其中包括 PISA 研究促进的对教育输出质量的重视。对此,有学者指出,PISA 影响下的德国教育改革不仅仅着眼于某些原则的实现,还整合了"循证决策"的新治理模式。② 此后,德国学生在 PISA 测评中的成绩一直稳步改善:2003 年排名第 15 位,2006 年排名第 11 位,2009 年排名第 9 位。这一系列变化都归结于德国透过 PISA 测评促进了基于证据的改革范式,以促进本国教育系统质量的提高。在中国,有学者指出,PISA 提供了一个崭新的视角来审视中国基础教育发展现状与问题,有助于我们更好地理解处于全球化进程之中的中国教育,优化和完善中国的教育政策。要加强教育科学研究,进一步推动"基于证据"的教育改革研究,促进教育科研成果的有效转化,为教育决策提供科学依据和参考。③

第三节　PISA 与全球教育治理

自 20 世纪 90 年代以来,全球教育治理成为一种趋势。随着经合组织以及 PISA 在全球教育领域的影响力不断扩大,其对教育理念的重塑、数据生成以及对教育改革和政策调整的影响,使得经合组织成为国际组织中全球教育领域的重要参照。PISA 引发的教育改革效应使得其积极参与全球教育治理,突破了以往在国家内部的评估,实现了跨国、跨地区的国际教育评估,走向了全球治理的道路。对此,有学者指出,必须将 PISA 理解为在更广泛的政治、社会和文化背景下的一种社会现象,并且将其作为教育治理的规范性工具。④ 本节内容旨在明确 PISA 对教育系统的重要意义与作用,梳理 PISA 如何对全球教育施加影响,这是 PISA 引发教育改革效应的结果。

一、全球化、国际组织与教育

全球化被描述为世界各地之间相互依存度不断提高的结构性现象,在过去的 50

① Kingdon, J. (1984). *Agendas, alternatives, and public policy*. New York: Harper Collins Publishers.

② Waldow, F. (2009). What PISA did and did not do: Germany after the 'PISA-shock'. *European Educational Research Journal*, 8(3): 476 - 483.

③ 钟秉林. (2019 - 12 - 05). 参与测试不是为了看排名. 光明日报,12.

④ Martens, K. (2007). How to become an influential actor — the 'comparative turn' in OECD education policy. In Martens, K, Rusconi, A. , & Leuze, K. (Eds.), *New arenas of education governance — the impact of international organizations and markets on education policy making*. Basingstoke: Palgrave Macmillan, 40 - 56.

年中，其影响涉及经济、文化和社会的变化，这些变化已重新塑造了世界。随着全球化进程的不断推进和世界范围内的竞争日趋激烈，教育政策越来越国际化。[①] 教育被认为在促进经济、科技以及社会发展中发挥着重要作用。国家教育系统必须应对新兴的全球知识经济带来的新挑战。[②] 从20世纪90年代初开始，国际交流与合作有了明显、稳定的增长，特别是国际组织在全球教育政策制定中的影响逐渐增强。[③]

从理论上讲，将教育扩展到国际舞台是国际组织不断发展的结果。一方面，国际组织受到国家的直接授权，以管理和促进教育领域中国家自己无法实现的多边合作。国际组织通过建立规则、程序或标准以监控与报告治理指标和机制来执行这些任务。从历史上看，国家行为本身一直是国际教育倡议形成的主要推动力。另一方面，一些国际组织可能会超出其预定义的任务，并对参与者产生意想不到的影响，使得参与国家产生依赖性。在教育方面，国际组织在没有强大的预定任务授权的情况下，自主地扩展了自己的业务范围并连续成为该领域的重要参与者。[④] 经合组织、国际货币基金组织（International Monetary Fund，IMF）和世界银行（World Bank）就是其中一些杰出的例子。通过积极参与教育，它们不仅塑造了国际教育领域，而且巩固了其对成员国的政策影响力。

图5.1是来自国际协会联盟的数据，报告了20世纪以来非政府教育组织的数量。非政府教育组织的增长很大程度上与全部国际组织的增长并行，20世纪80年代以来，教育类组织数量逐渐增多。布罗姆利（Bromley）研究了这些组织，将它们按照组织的目的分类，研究发现，组织性质从传统的宗教使命逐渐转向更科学的逻辑思维。实际上，这意味着与简单的组织任务相反，这些组织越来越多地参与策略过程。[⑤] 有专家认为非政府组织越来越多地参与传递和执行政策承诺。世界教育体系已经由以州、国家或地区为主导转变为以国际组织直接影响的全球教育发展体系。[⑥] 此外，相比非政府组织，政府间国际组织的迅速崛起对教育政策也产生了重要的影响，图5.2显示

① Deacon, B. (2007). The international and global dimensions of social policy. In Deacon, B. (Ed.), *Global social policy and governance*. London: Sage.

② Robertson, S. L. (2005). Reimagining and rescripting the future of education: global knowledge econ-omy discourses and the challenge to education systems. *Comparative Education*, 41: 151 - 170.

③ Martens, K. (2007). How to become an influential actor — the 'comparative turn' in OECD education policy. In Martens, K., Rusconi, A., & Leuze, K. (Eds.), *New arenas of education governance — the impact of international organizations and markets on education policy making*. Basingstoke: Palgrave Macmillan, 40 - 56.

④ Deacon, B. (2007). The international and global dimensions of social policy. In Deacon, B. (Eds.), *Global social policy and governance*. London: Sage.

⑤ Bromley, P. (2010). The rationalization of educational development: scientific activity among international nongovernmental organizations. *Comparative Education Review*, 54(04): 577 - 601.

⑥ Mundy, K., & Murphy, L. (2001). Transnational advocacy, global civil society: emerging evidence from the field of education. *Comparative Education Review*, 45(01): 85 - 126.

了政府间国际组织的数量,这些组织越来越积极地在全球范围内定义教育政策。这种扩张在欧洲尤为显著,例如,经合组织、欧盟及其相关组织在欧洲发挥着重要作用,并在全球具有影响力。

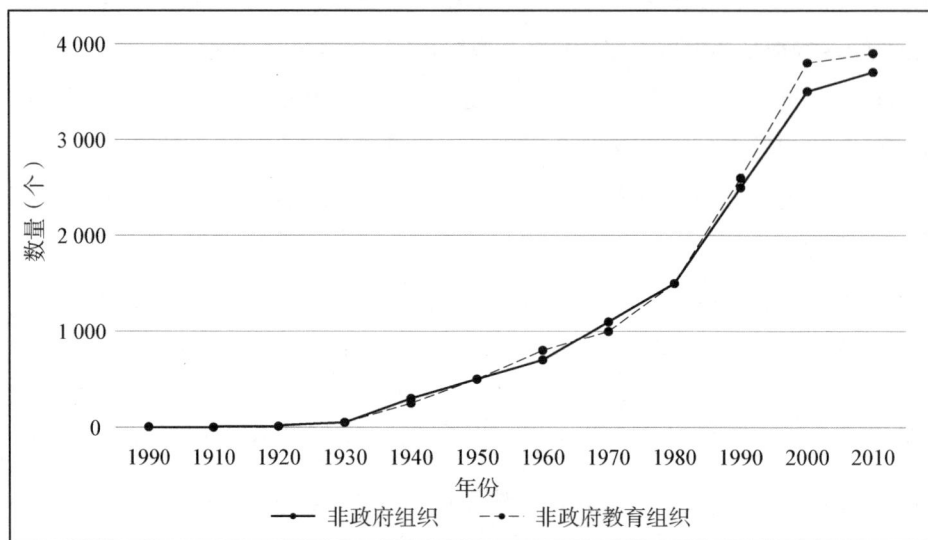

图5.1 1900—2010年国际非政府教育组织数量

资料来源:Union of International Associations.（2013）. *Yearbook of international organizations*. Online version.

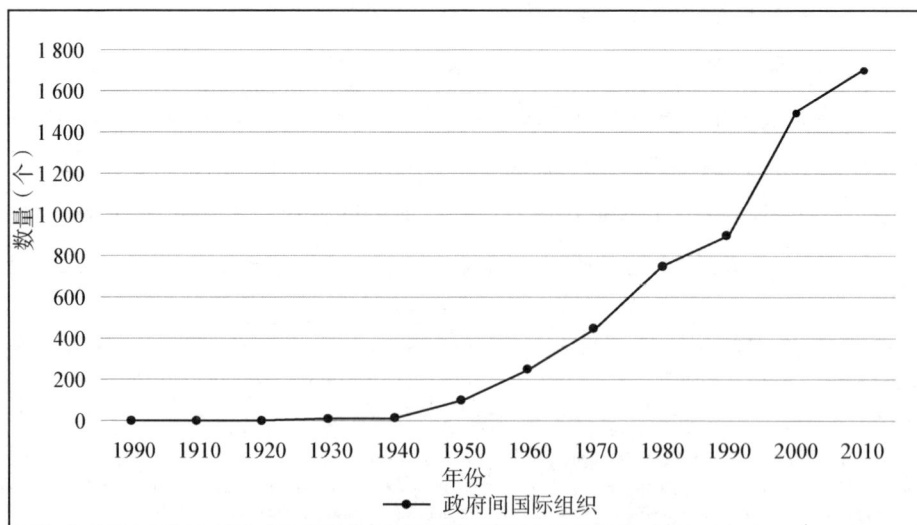

图5.2 1900—2010年政府间国际组织数量

资料来源:Union of International Associations.（2013）. *Yearbook of international organizations*. Online version.

以世界银行为例，1980年代，世界银行已成为国际上最大的教育发展资金来源，并且已成为最强大的全球教育思想领袖，特别是对发展中国家而言。在美国的巨大影响下，世界银行将教育发展定为对人力资本的一系列战略投资，以促进经济增长，并大力促进使用类似市场的机制和竞争以确保教育效率。① 在1980年代和1990年代，世界银行在为因廉价国际信贷流失而面临债务危机的国家设计改革议程方面发挥了重要作用，建议世界各国政府通过降低对高等教育的补贴来重组教育部门，并通过聘用合同制教师，提高教育教学质量，降低留级率，增加父母和社区对学校教育的参与，来引入以效率为导向的教育改革。②

进入21世纪后，当前趋势的一个显著特点是突出了对国家教育系统的比较定量评估，并且参加这种国际大规模评估的国家数量也在增加。③ 可以说，教育政策已经发展成为加强国际协调的舞台。经合组织的PISA计划于2000年首次实施，与IEA的测试工作一起，率先推动了国家自愿参与监测国际教育成果标准测试，这一现象正在迅速蔓延到其他区域组织，例如欧盟，其联合教育计划已大幅增长。与许多其他国际机构不同，经合组织对成员国的命令能力是有限的，对其成员国没有规定性的要求，它寻求通过"政府相互审查、多边监督和同伴国家或地区施加进行改革的压力"来施加影响。此外，它通过限制人们更多地直接参与教育决策的方式来制定一种新的方法——通过数据制定教育政策，经合组织在新自由主义全球政策的兴起中发挥了关键作用。④

二、PISA、经济繁荣与教育治理

自19世纪国家教育系统出现以来，一些国家就将教育作为经济发展的重要手段或途径。⑤ 有学者认为，在一些国家或地区，15岁学生在PISA中的表现被认为是"国内生产总值"（GDPer），最终可能会与诸如国民生产总值（GDP）之类的经济指标相提并论，这些指标是公认的国家繁荣指标。⑥ 正如GDP可能表明国家经济政策的成败一样，GDPer也可能成为国家教育政策成败的最终试金石。经合组织称，通过对越来越

① Resnik, J. (2006). Bringing international organizations back in: the 'education-economic growth' black box and its contribution to the world education culture. *Comparative Education Review*, 50(02): 173-195.
② Bank, W. (1995). *Priorities and strategies for education*. Washington, DC: World Bank.
③ Benavot, A., & Tanner, E. (2007). *The growth of national learning assessments in the world*, 1995-2006. Paris: UNESCO.
④ Henry, M., Lingard, B., Rizvi, F., et al. (2001). *The OECD, globalisation and education policy*. Oxford: IAU Press/Pergamon.
⑤ Takayama, K. (2008). The politics of international league tables: PISA in Japan's achievement crisis debate. *Journal of Comparative Education*, 44(04): 387-407.
⑥ Volante, L. (2015). The impact of PISA on education governance: some insights from highly reactive policy contexts. *International Studies in Educational Administration*, 43(02): 103-117.

多的国家进行纵向研究,PISA 评估的学生知识和技能与其在未来的教育成功甚至在劳动力市场上的成功有关。的确,经合组织已成功地将教育的话语与经济繁荣联系起来,并因此引起了公众对结果不佳国家的教育改革的需求。[①] 一些经济学家却不以为然,认为 PISA 测评成绩并不能很好地衡量经济潜力。[②] 由此,这个问题即转变为——PISA 衡量的素养是否能在实际上转化为经济繁荣。尽管有经合组织的建议,但这是一个需要进一步关注的研究领域,这个社会科学分支称为"教育经济学"。智力是经济成果的众所周知的决定因素,而学校教育是认知能力的重要增强剂[③],但事实上,教育和经济繁荣之间的因果关系也可能与学校教育之外的其他干预变量有关。尽管有这些方法论上的考虑,但很明显,PISA 通过对素养的测评——衡量学生在全球经济背景下知识、技能和态度的总和,以监测教育系统的现状,并将其用于教育改进,以期提高人力资本。[④]

自 20 多年前开展国际教育评估以来,围绕国际成就研究和跨国教育治理的辩论一直在稳步增长。PISA 正在开发用以衡量包括人力资源和非认知技能在内的更广泛的技能的测试。PISA 测评在学习、人格和社会生活的更多方面的量化与比较正在扩大,这些方面已被纳入人力资本模型,在一些国家或地区被接受用于教育政策调整。随着 PISA 的成功,经合组织已经能够在全球范围内开创以数据为主导的新型教育治理模式。经合组织声称,连续参加 PISA 测评的国家或地区可以比较学生随时间变化的表现并修正自身教育系统的缺陷,展现了 PISA 的跨国教育治理。[⑤] 例如,它指出了像德国这样的国家是如何通过使用 PISA "每三年可观察到的稳定进展",为自身的教育系统改革提供支持的。正是不同政治、经济、社会和教育问题在特定历史时期与国家背景下的复杂相互作用,创造了条件来促进政策借鉴或转移效应,验证了 PISA 的相关结论,使其在影响全球教育治理中占据一席之地。

三、PISA 参与全球治理的权力来源

自 1980 年代以来,经合组织已成为教育政策领域最有影响力的国际组织之一。

① Niemann, D. (2009). *Changing patterns in german policymaking — the impact of international organizations*. TranState Working Papers No. 99, Transformations of the State Collaborative Research Center 597, Bremen, Germany.
② Bracey, G. (2009). PISA: considerations for the economy. *Principal Leadership*, 9(07): 52 - 54.
③ Rindermann, H. (2008). Relevance of education and intelligence for the political development of nations: democracy, rule of law and political liberty. *Intelligence*, 36: 306 - 322.
④ Takayama, K. (2013). OECD, 'key competencies' and the new challenges of educational inequality. *Journal of Curriculum Studies*, 45(01): 67 - 80.
⑤ OECD. (2014). *About PISA*. http://www.oecd.org/pisa/aboutpisa/PISA-trifold-brochure-2014.pdf.

尽管经合组织没有正式的法律权力说服其成员国采纳其建议，但它通过基准或政策建议等非约束性机制影响了国家政治进程。① 具体来说，该组织主要通过构建新逻辑、政策评估和数据生成来影响国家决策。② 许多国家或地区使用经合组织的数据资源作为制定自己的政策目标的指南，因为它们来自知名专家并且符合科学标准。③ 韦伯（M. Weber）认为，任何一个组织必须以某种形式的权力作为基础，没有某种形式的权力，组织则不能达到自己的目标。④ 经合组织要对全球教育治理施加影响，也必然有赖于一定形式的权力作为支撑。但经合组织是一个跨国组织，由主权国家组成，这些主权国家在其各个部门的教育政策的制定和实施方面拥有自主权，因此经合组织不具有立法授权的权力。总的来看，经合组织对参与国家或地区的影响不是通过合规措施制定的，而是依赖于为教育改革提供依据，通过建立一系列代表质量的指标实现的。⑤ 在其他领域（例如欧洲学生流动研究），"软法"一词用于指那些不能运用国家强制力保证实施的法律规范。经合组织的软治理，描述了一种通过自愿的公共行动形式和自律的政治指导来实施政策的方法。⑥ 它包含不具法律约束力的规则，例如行为准则、建议和国际政治协议，并通过出版物、会议和演讲等形式进行政治对话以及思想与信息的交流。

传统上，教育被视为一个独立民族国家负责的事务领域。但随着全球化进程的不断加快，教育政策的制定以及教育改革逐渐超出了国家的界限，扩展至全球。一些国际组织通过重新定义教育理念、制定教育规则、组织跨国评估等多种机制将其影响力扩展至全球，成为推动教育发展的重要力量。当治理从国家层面上升到国际层面时，全球治理就应运而生了。它是各国政府、国际组织、各国公民为最大限度地增加共同利益而进行的民主协商与合作，其核心内容应当是健全和发展一整套维护全人类安全、和平、发展、福利、平等和人权的新的国际政治经济秩序，包括处理国际政治经济问题的全球规则和制度。PISA 并不仅仅属于教育领域的

① Marcussen, M. (2004). Multilateral surveillance and the OECD: playing the idea game. In Armingeon, K., & Beyeler, M. (Eds.), *The OECD and European welfare states*. Cheltenham: Edward Elgar, 13 - 31.
② Mahon, R., & McBride, S. (2008). *The OECD and transnational governance*. Vancouver: University of British Columbia Press.
③ Sharman, J. C. (2007). Rationalist and constructivist perspectives on reputation. *Political Studies*, 55(01): 20 - 37.
④ 苏忠林. (2013). 公共组织理论. 武汉: 武汉大学出版社, 26—27.
⑤ Martens, K., & Jakobi, A. P. (2010). Introduction. The OECD as an actor in international politics. In Martens, K., & Jakobi, A. P. (Eds.), *Mechanisms of OECD governance: international incentives for national policy making?*. Oxford: Oxford University Press, 1 - 24.
⑥ Mayntz, R., & Scharpf, F. W. (1995). Steuerung und selbstorganisation in staatsnahen sektoren. In Mayntz, R., & Scharpf, F. W. (Eds.), *Gesellschaftliche selbstregulierung und politische steuerung*. Frankfurt am Main: Campus, 9 - 38.

范畴,它也是全球治理体制的组成部分。它通过收集参与国家或地区的测评数据与问卷调查,评估其教育系统的质量,扩大其政策解释力,成为全球衡量教育质量的标准。

(受访者:C-190625-Z)

经合组织通过设计、管理 PISA 测试,提高了其作为有影响力的国际教育组织的地位。从组织职能的角度来看,有学者认为“经合组织提供的只是由 PISA 测评而来的证据、分析和建议”[1]。但事实上是,PISA 不仅仅提供了有关教育的信息数据库,而且已成为经合组织的政治工具,即 PISA 不仅解决数据收集的方法论问题和技术问题,而且就如何理解和达到教育目标作出反应并促进决策。正如布隆(Bloem)所表明的那样,尽管在 PISA 成立之初的经合组织仍然仅是教育数据的生产者而处于中立地位,但它越来越多地将 PISA 用作管理国际教育话语的工具。[2] 在 PISA 不断扩大的同时,仍有一些国家尚未参与 PISA。但是,不参与不等于无视 PISA 的影响。即使是格林纳达(Grenada)或瓦努阿图(Vanuatu)这样的小邦,在改革其自身的教育体系或设计类似的国家评估机制方面也受到了 PISA 的影响。例如,在瓦努阿图,PISA 结果被用作证明改革合理和引发政策辩论的数据来源。在格林纳达,事实证明,PISA 测评有助于改善国家课程体系、教育治理的组织结构以及对教师资格和专业发展的要求。因此,这项研究的影响范围远远超出了经合组织成员国,它的影响力很大,对全球教育治理产生了重要影响。

根据巴尼特(M. Barnett)等学者对全球教育治理中的权力机制的认识来看,其包括强制性权力、制度性权力、结构性权力以及生产性权力。其中,强制性权力是由一个行为者直接控制存在的条件或另一行为者的行为;制度性权力是通过制度压力对其他人施加影响;结构性权力是直接的和特定的,因此相互构成一种本构关系;生产性权力,则是利用参与者的主体性对个体施加影响,这其中包括了话语、知识体系等方面。[3] 就经合组织的属性来看,就是借用生产性权力,即利用其话语资源和制度资源,引导其他行为体赋予其价值判断以正统属性,从而实现话语支配式的“软治理”,[4]而

---

① Schleicher, A., & Zoido, P. (2016). The policies that shaped PISA, and the policies that PISA shaped. In Mundy, K., Green, A., Lingard, B., et al. (Eds.), *Handbook of global education policy*. Hoboken, New York: Wiley, 374-384.

② Bloem, S. (2016). *Die PISA-Strategie der OECD: zur bildungspolitik eines globalen Akteurs*. Weinheim: Beltz Juventa.

③ Barnett, M., & Duvall, R. (2005). *Power in global governance*. In Barnett, M., & Duvall, R. (Eds.), *Power in global governance*. Cambridge: Cambridge University Press, 8-22.

④ 丁瑞常.(2019).经济合作与发展组织参与全球教育治理的权力与机制. *教育研究*,(07):63—72.

PISA项目则是基于此，发布通俗易懂的有关教育的信息，通过排名和比较传播了经合组织的教育价值观念、政策导向等，进一步加深了经合组织对全球教育治理的影响。

四、PISA走向全球教育治理的运行机制

PISA测评走向全球教育治理的关键在于依靠PISA对于教育理念、指标测量等重新建构形成的独特的软治理。

（一）基于教育理念构建的认知治理

认知治理（Epistemic Governance）的概念是在建构主义国际关系学说兴起后才逐渐得到关注。概括来说，认知治理主要塑造人们在环境、个体认同、判断标准三方面达成一致。其中环境在于对多元环境的认知；个体认同在于对行为主体的活动的认同感；判断标准是对善恶好坏的判断。[①]

作为经合组织进行全球教育治理的"工具"，PISA的正式发布针对的是成员国对学生技能和教育系统表现的可靠的数据需求，其主要目的在于提供监测教育系统变化的稳定参照点。基于这一明确的政策导向，经合组织对"政策—知识"关系和知识生成实践提出了明确的要求，它认为，这是"一种汇集了参与国的专业知识，由各国政府在共享的基础上，以政策驱动、共同协作的利益"。[②] 但是，PISA不仅仅是为了帮助收集"可靠"的数据或信息制定政策而创建的新型国际比较评估，其基本的全球教育治理机制是通过对教育概念、知识等的认知治理，对各国或地区教育系统施加影响。

具体来看，首先，从经合组织制定PISA项目的历史变迁来看，它源于各国对教育指标的需求，这是PISA通过对教育概念的重新定义对全球教育治理施加影响的第一步。例如，将学生重新定义为终身学习者，重新定义教学—学习关系和环境，以及重新定义学校知识。而且，它还保留了有关当代决策者和决策的特殊文化习俗。其次，对PISA主体的认同感包括两部分，一部分只针对经合组织成员国；另一部分为了平衡不同国家或地区课程内容的不一致性，PISA重新对学校知识进行设定，以素养代替知识，并使素养与学生未来生活技能相结合，该举措得到了参与国家或地区的认同。前者在于在经合组织话语体系中，成员国并不是单纯代表每一个国家，更多的时候是代表了一个个体，甚至是作为一个参照标准。[③] 在PISA测评进行比较时，经合组织平均

① Alasuutaria, P., & Qadirb, A. (2014). Epistemic governance: an approach to the politics of policy-making European. *Journal of Cultural and Political Sociology*, (01): 67 - 84.
② Carvalho, L. M. (2012). The fabrications and travels of a knowledge-policy instrument. *European Educational Research Journal*, 11: 172 - 188.
③ 丁瑞常. (2019). 经济合作与发展组织参与全球教育治理的权力与机制. *教育研究*, (07): 63—72.

水平成为重要的参照标准。后者在于 PISA 作为一项评估,其独特性在于它并不是检查特定学校课程的掌握情况,而是关注学生在关键学科领域应用知识和技能,以及解释、推理、交流、分析、解决问题的能力。这与对以往传统学校课程,以及对以往依赖国家课程的比较研究背道而驰。与此同时,PISA 重新定义了知识经济社会应具备的基本技能。素养概念确立了知识的功利主义观点,因为它以解决日常问题的实用性作为评估学校知识的主要标准。因此,它促进了课程内容的重组,不是以常规的学科术语,而是以跨学科的术语。最后,PISA 通过将参与国家或地区的学生在知识层面的测评表现,与一些国家或地区的"最佳实践""成功经验"等这样的价值概念等同,来评估一个国家或地区教育系统的优劣等。

(二) 基于教育指标研发的数字治理

在欧洲,政策话语和实践的迅速转变,实现了构建欧洲"文化"走向数字治理的转变。同样地,经合组织也在寻求共同的教育标准和指标构建全球教育治理的新模式。经合组织参与全球教育治理最直接的方式就是通过对不同国家或地区教育系统的监测,明确它们教育的现状。其中 PISA 项目对全球治理的影响,即通过统计数据指标,旨在对世界范围内的教育提出一种特殊的看法,进入"国家政策空间",以支配和塑造教育活动的方式。[①]

> 当今的教育治理越来越需要被理解为"数字治理"。对教育系统、机构和个人的监测与管理是通过数字系统进行的,数字系统通常被认为是常规政策工具和政府技术的背景。由某些参与者和组织开发并运作的技术系统,其目标是塑造分布在教育系统和机构中的参与者的行为。PISA 项目所产生的量化数字足以为政策制定提供丰富的数据支持。
>
> (受访者: US - 181030 - F)

正如受访者(US - 181030 - F)所言,PISA 也是透过数字进行教育治理的项目。PISA 通过数据收集和处理来自各国或地区教育基本情况的数据信息,进行数据指标的比较分析,塑造决策的认知框架,从而对政策领域产生影响。同时,PISA 可以通过提供更大的背景来解释国家或地区的绩效,以扩大和丰富国家或地区的形象。它们可以从教育成果的质量以及分配学习机会的公平性方面,展示教育领域可能达到的程

---

① Grek, S. (2009). Governing by numbers: the PISA 'effect' in Europe. *Journal of Education Policy*, 24(01): 23 - 37.

度；它们还可以帮助各国或地区确定其相对优势和劣势并监测进展。[①] 通过对 PISA 影响教育改革的内容的分析，基于以上方式，一些国家或地区在入学、课程、教师等方面做了政策上的调整。经合组织试图通过新形式的数据分析来加强 PISA 与各国或地区教育改革之间的联系，它采取了一种更加面向公众的数据交流方法，旨在提高评估及其结果在政治上的相关性，[②]扩大其全球教育影响。

此外，数字治理还表现在一些国家或地区可以参照 PISA 提供的数据信息，根据其他系统实现的可衡量指标设定政策目标，为教育改革提供路径。例如，2010 年 6 月日本内阁会议通过了《2010 年增长战略》(2010 Growth Strategy)，该战略要求到 2020 年低水平学生的比例减少，而高水平学生的比例应成为参与 PISA 测试的所有国家或地区中最高的，并提高日本学生对于阅读、数学和科学的兴趣。[③] 同年，英国首相制定了提高本国学生平均成绩的目标，即在 PISA 2012 数学评估中排名第 3 位，科学评估中排名第 6 位，该公告伴随着一系列实现这些目标的政策。墨西哥总统于 2006 年制定了"PISA 绩效目标"，要求该目标在 2012 年前实现，该目标凸显了国家绩效与国际标准之间的差距，并指出可以通过监测评估驱动教育改革缩小这一差距。改革的内容包括支持系统、激励机制以及改善专业发展途径链，以协助学校领导和教师达到目标。PISA 也可以帮助各国或地区评估其教育改革整体成效。教育工作者经常面临两难的境地：如果在全国范围内，获得 PISA 高水平的学生比例增加，则有些人会声称学校制度已经改善；反之，则说明这个国家的教育政策需进行进一步的调整。

> 自 2000 年以来，PISA 对参与国家或地区的政治和政策影响逐渐提高。这与全球范围内教育治理的新模式——"数字治理"紧密相关。包括澳大利亚在内的许多经合组织国家，在 PISA 未实施之前并没有进行全国范围内的测试，受到 PISA 的影响，澳大利亚、日本等国家都相继推行了全国范围内的评估。经合组织将 PISA 结果作为一种外化的手段，利用数据将 PISA 结果促成为政府进行改革的合法性工具，对全球教育领域施加影响。

（受访者：A - 181022 - D）

---

① OECD. (2013). *Innovative learning environments*. Paris：OECD Publishing.

② Simone Bloem. (2014). *PISA in low and middle income countries*. https://www.norrag.org/pisa-in-low-and-middle-income-countries/.

③ Ministry of Economy，Trade and industry. (2010). *The new growth strategy：blueprint for revitalizing Japan*. https://www.cas.go.jp/jp/seisaku/npu/policy04/pdf/20100706/20100706_newgrowstrategy.pdf.

如上文所述,教育的概念过于抽象,而 PISA 正是将教育的抽象化为具体的标准化工具,主要是将其转换为直观的数据,让教育行政人员、研究者、大众等更直观的认识国家或地区之间的差距。PISA 收集与运用的数据信息,被作为教育的主要监测工具,以评估教师、学校、学区和教育系统的质量,促进基于证据的教育改革,从不同角度展示了 PISA 通过开发指标,以数字的方式对全球教育治理施加影响。但值得注意的是,PISA 这种以数据呈现的方式实现了从数据向政策的过渡,这种过渡存在一定的风险,例如盲目追求成绩与排名,忽视教育中人的发展等。

本章小结

全球化进程的加剧催生了全球测试和比较评估文化在教育领域的发展。为实现问责和公众透明度的目标,这种评估文化已经超越了发达国家和发展中国家的边界,围绕政治民主化、人权、人力资本的发展,使学校教育从国家文化范畴转变为一个世界范围内的问题。通过确立跨地区并从属于当前世界发展的普遍教育目标,学校系统的优劣被定位在全球标准的框架下。[①] 在过去的十年中,经合组织发起的 PISA 项目在国际教育政策辩论中已成为战略重点,同时 PISA 似乎正在制度化,对学生、教育工作者和来自不同文化的国家的学校系统使用相同的标准化基准,成为全球问责制主体的主要引擎,对全球的教育系统进行衡量、分类和排名。[②] 具体来看,在经合组织的发展过程中,PISA 项目从发生到逐渐发展再到当下的规模,依托这一全球性的国际组织。PISA 测评的参与国家或地区、学校、学生人数逐年攀升,覆盖了更多的国家或地区的学校。通过不断更新评估框架来适应未来社会对学生的要求,以及通过增加对结果的解释力来为各国或地区的教育政策调整提供更多的数据资源等,使得参与国家或地区根据其学生的表现,开始正视教育系统的现状;PISA 根据测评的内容,为参与国家或地区提供教育改进的建议,扩大了其影响力,从而参与全球教育治理。

基于教育质量的量化追求、数据的比较分析,以及基于证据的教育改革范式,这些都从不同角度阐释了 PISA 对教育改革的影响。PISA 并不仅仅是一种评估工具,而且是一个旨在管理全球教育和学校的无所不包的框架,利用数据与信息比较,对参与国家或地区施加政策影响,这些影响的主要趋势为构建全球教育治理新模式奠定了基

---

① Kamens, D. , & McNeely, C. L. (2010). Globalization and the growth of international educational testing and national assessment. *Comparative Education Review*, (54): 5 - 25.

② Lingard, B. , & Grek, S. (2007). *The OECD, indicators and PISA: an exploration of events and theoretical perspectives*. ESRC/ESF Reaesrch Project on Fabricating Quality in Edncation.

础。在这个过程中，从经合组织的基本属性以及实施 PISA 项目的基本价值观来看，PISA 在人力资本的导向下也出现过追求教育的经济价值，过度追求 PISA 排名以及盲目借鉴高绩效国家或地区政策等一系列数字治理问题。本章从正面角度阐述了 PISA 的数字治理效应，为下一章反思 PISA 测评及其教育改革效应奠定了基础。

第六章　反思与批判：PISA 及其效应的深度分析

自首次实施以来的二十多年里，PISA 已成为经合组织在地区、国家、国际乃至全球范围内进行政策建构、传播其教育理念的平台。近年来，PISA 受到了全世界教育研究者的严格审查和批评，揭示了 PISA 存在的主要问题，包含其基本概念、技术实施、统计分析和政策解释等多个方面。2014 年 5 月 6 日，英国《卫报》发表了一封致经合组织教育和技能总监安德烈亚斯·施莱歇尔的公开信[1]，指出了 PISA 存在的缺陷和不足。此后，学界对于 PISA 的反思与批判越来越多，就其自身来看，素养测评框架、结果以及实际操作中的技术问题等影响了 PISA 测评的有效性；就其引发的教育改革效应来看，媒体和政策制定者对 PISA 测试最直观的感受在于成绩与排名，由此产生了诸多问题，例如，其背后对经济、人力资本的理解扭曲了已有的教育观，其评价结果成为衡量全球教育质量的标准等一系列问题给教育系统带来冲击，导致教育领域发生了巨大的变化。但似乎这种批评并没有影响到决策者、教育行政人员、公众对 PISA 的认识，在批评中 PISA 的影响力仍在不断扩大。本章拟在此前各章厘清 PISA 对教育改革的内容与方式的影响基础上，对 PISA 及其教育改革效应作进一步的反思与批判，以揭示 PISA 本身的有待改进之处，以及 PISA 对教育改革带来的负面影响。

第一节　亟待改进的 PISA 测评

自 PISA 第一轮测试开始，关于 PISA 的讨论从未停歇。在研究早期，部分学者针对 PISA 的测评内容、测量方法等展开质疑与批判，例如普赖斯（Prais）于 2003 年、2004 年在《牛津教育评论》上发表了两篇批判 PISA 的文章，认为 PISA 测评内容与学校课程体系关联不大，无法给学校和课程政策制定者提供帮助，[2]普赖斯的批判得到了经合组织专家的重视与回应。此后，一些学者通过 PISA 与其他测试的对比对 PISA 的测量技术进行了反思；另一些学者从 PISA 对教育教学实践和国家政治的影响上，

---

① Meyer, H. -D. , Zahedi, K. , et al. (2014). Open letter to Andreas Schleicher. *Policy Futures in Education*，11（07）：872 - 877.

② Prais, S J. (2003). Cautions on OECD's recent educational survey (PISA). *Oxford Review of Education*，29（02）：39 - 163.

分析数字治理形式存在的问题。2016 年前后，在国际期刊上发表了一系列批判 PISA 测评的文章，使得 PISA 在受到前所未有的关注的同时，也招致了越来越多的质疑与审视，[①]有些学者甚至呼吁停止 PISA 测试。[②] 基于此，本节内容立足于当前 PISA 测评存在的问题，对 PISA 的测评内容、结果、技术等方面进行分析，检测 PISA 结果的可信度与有效性。

一、素养测评的可信度

在大部分国家或地区，对于教育系统的质量的评价都是通过学生对知识的掌握程度来决定的，包括测试学生对知识的理解程度、应用知识解决问题的能力等。PISA 作为一项跨地区的国际教育评估项目，采用"素养"概念并将其界定为"有关学生在主要学科中应用知识和技能、分析、推理、有效交流的能力，以及在不同情境中解释问题和解决问题的能力"。[③] PISA 将对各国或地区教育系统绩效的衡量标准窄化为对科学、阅读、数学素养的测评。那么，在此背景下，必须要清楚，这些素养是否能让全球学生应对未来生活的挑战？素养是否可以测量，能在多大程度上进行测量？素养是否涵盖了所有学科？等等。

（一）素养是否能让学生应对未来生活的挑战

PISA 测试结果可以提供有关以下方面的证据：年轻人是否为应对未来挑战做好了充分准备；他们能否有效地分析、推理和沟通；他们是否有能力在一生中继续学习；他们在多大程度上获得了充分参与社会所需的一些知识和技能。但这些素养是否能让学生应对未来生活的挑战？对这一问题的回答本研究将从以下三个方面进行阐释：一是是否有证据证明 PISA 素养涵盖了未来生活挑战的全部内容；二是素养是否能监测不同国家或地区学生面临的未来挑战；三是 PISA 素养试题中是否含有与未来生活相关的问题。

首先，PISA 衡量了现代社会或未来世界必不可少的知识和技能的说法，并非基于任何经验证据。有学者指出，没有任何研究可以证明 PISA 涵盖的范围足以代表应对未来生活挑战的全部知识与技能。PISA 测评的内容基于其研究人员的实践推理，而

---

① 黄志军.(2019). PISA 测试的限度：国际学者的批判. *教育测量与评价*,(01)：11—17＋44.

② Meyer, H.-D., Zahedi, K., et al. (2014). Open letter to Andreas Schleicher. *Policy Futures in Education*, 11(07)：872-877.

③ OECD. (2001). *Knowledge and skills for life-first results from PISA 2000*. Paris：OECD Publishing, 99.

不是基于对当前或将来的知识结构和需求的系统研究。[1] 换句话说,PISA 衡量未来所需技能的主张并不具有科学意义。

其次,素养测评是否能使所有参与国家或地区的学生应对未来生活的挑战? PISA 的基本主张是假设有一套技能和知识在所有国家或地区中都具有普遍的价值,而这些知识和技能与学校制度、社会结构、传统文化、自然条件、生活方式、生产方式等无关。[2] 在此背景下,PISA 衡量"年轻一代为迎接未来的挑战作好准备的程度",这意味着 PISA 已经明确了未来学生面临的挑战,且对所有国家或地区的学生的挑战都是相同的。但使用一个通用框架来评估处于不同经济、文化、政治环境下的学生未来应具备的技能和知识是不科学的。因为参与 PISA 的国家或地区并不具有相同的政体,在文化、政治、宗教、经济等方面的发展水平也不同,无法完全兼顾参与国家或地区学生面对着的不同的挑战。举一个极端的例子,很难想象阿塞拜疆的牧者的孩子和柏林的牙医的孩子将需要相同的"知识和技能,这是充分参与社会所必不可少的",但事实就是如此,PISA 在这方面是基于"一刀切"的假设。[3]

最后,从 PISA 测试阅读、数学、科学素养来看,具备这些素养是否就能应对未来生活的挑战? 答案是否定的,因为未来世界变化莫测,带来的挑战也是无法估量的。我们无法估量现在的知识是否可以用于应对未来生活的挑战,也许下一秒钟就没有任何效用。从试题内容来看,PISA 是基于纸笔的考试,学生在 2 个小时中独自回答书面问题。这种试题的内容在多大程度上类似于"现实生活",并与年轻人作为公民、社会参与者和熟练的劳动力在未来的生活中可能面临的挑战有关? 事实上,无论是在私人场所、休闲场所还是在工作场所,现实生活情境都与 PISA 测试情境有很大区别。[4]

(二) 素养是否可以测量

PISA 进行评估的流程在于将素养转化为具体的学习结果,即通过确定评价指标,运用标准化测试,或增加新测试,开发跨学科素养的评价工具,描述学生在相应水平中的表现。其前提条件在于评价内容的可测量性。对 PISA 测评内容的分析发现,素养框架可测评学生的知识运用能力,虽然近年来 PISA 也扩展了对非认知能力的测评,

① Hopmann, S. T. (2008). No child, no school, no state left behind: schooling in the age of accountability. *Journal of Curriculum Studies*, 40(04): 417-456.

② Sjøberg, S. (2015). PISA and global educational governance — a critique of the project its uses and implications. *Eurasia Journal of Mathematics Science and Technology Education*, 11(01): 111-127.

③ Kellaghan, T., & Greaney, V. (2001). The globalisation of assessment in the 20th century. *Assessment in Education*, 8: 87-102.

④ Sjøberg, S. (2015). PISA and global educational governance — a critique of the project its uses and implications. *Eurasia Journal of Mathematics Science and Technology Education*, 11(01): 111-127.

例如动机、自我效能感等，但其是否客观、有效，是否可以影响学生成绩等，仍存有疑问。

根据测量的定义，教育测量是指依据特定规则给学生的特质赋予数值[①]，也就是对学生的认知、心理、技能水平进行量化。对于 PISA 部分指标的不可测量性的分析，首先要明确被测内容在多大程度上可测量。从 PISA 测评的内容来看，由于不同国家或地区使用的课程、教材不同，故 PISA 并不涉及任何一个国家或地区的课程，而是构建素养框架，这是因为课程是基于特定国家或地区的，而素养则具有普遍性。但知识和能力等转化为素养时存在一个问题，即 PISA 素养作为知识、能力、态度与价值观的结合，通过测试的方式，很难全面记录素养各维度的外在表现，更难获得学生的内在情感、态度等心理品质的真实变化过程。这样一来，PISA 则只能测试知识等指标，无法测量能力方面的指标。

> 粗略地看一下 PISA 对这些能力的评估，事实上，它们并不能满足 15 岁年轻人为未来作准备所需的全部条件。针对测试与问卷，无论设计得如何，都将无法评估人际交往能力的维度，例如，学生与他人的良好关系，处理和解决冲突的能力，或者尊重和欣赏不同的价值观、信仰或文化。
>
> （受访者：US‑181014‑E）

正如受访者（US‑181014‑E）所述，PISA 无法衡量学生是否习得一些非认知能力。虽然 PISA 也增加了一些非认知能力的测评，通过对某个问题回答的选项占比可以推测这个国家或地区的学生关于此方面的能力水平，但其测量信度问题有待考究。例如，PISA 2018 认为理性和适度的恐惧感可能促使学生在学业上投入更多的精力，如许多学生因为害怕老师而尽快完成作业，但与此同时，过于担心失败的学生常常会产生焦虑等心理问题，因此很难专注于某项活动。[②] 由此 PISA 通过测试学生对"当我失败时，我担心别人对我的想法""当我失败时，我担心我没有足够的才能""当我失败时，这会使我怀疑我的未来目标"三个问题的同意程度（"非常不同意""不同意""同意""非常同意"）来测量对失败的恐惧。首先，对失败的恐惧是否能测量是一个问题；其次，是否能通过同意程度来测量，选项是否能全面概括对于失败的恐惧等问题，仍旧是困扰 PISA 非认知能力测量的关键。

---

① Stevens, S. S. (1946). On the theory of scales of measurement. *Science*，103：667–680.

② OECD. (2019). *PISA 2018 results（volume iii）：what school life means for students' lives*. Paris：OECD Publishing.

(三) 素养是否涵盖所有学科

首先,在国际环境中,对课程内容的关注将限制对一些国家或地区本身已有的特色课程元素的关注。这将会造成测量工具评估过于狭窄,无法为希望了解其他教育系统的优势的国家或地区提供有用的信息。要比较不同国家或地区接受不同课程、不同教学方法的学生的考试成绩,需要制定能反映当下学生必须具备的知识和技能的集合。从 PISA 测评的内容来看,其选取了阅读、科学、数学素养来替代对课程知识的测评,以实现对不同国家或地区学生的测评。正如有校长(X - 180712 - L)反映的那样,阅读、科学、数学素养包含了与科学、数学、阅读相关的跨学科领域,多数是理科内容,并不涉及历史、美术、道德、音乐等人文学科学习,在强调全面发展的时代中显得不合时宜,这有悖于 PISA 评估促进学生发展的初衷。

> 我们学校是第一次接触 PISA 测评,在我们眼里,PISA 测评的内容并不全面,虽然它力图通过阅读、数学、科学素养测评来检测学生应对未来生活的挑战的能力,但事实上,这些学科只涉及语文和数学、物理、化学、生物、地理等理科学科,不是太重视文科学习。在这个强调全面发展的年代里,这样的安排不太合理。
>
> (受访者:X - 180712 - L)

其次,随着 PISA 被越来越多地用作"教育质量"的最终参考,它把政府与公众的注意力几乎完全转移到了数学、科学和阅读这些核心学科上。这使历史、地理、道德、外语等其他科目都被边缘化了。同时,PISA 未能涵盖所有学校科目,但是通过选择某些学科而无视其他学科,它向公众以及政治家传达了关于学校和未来生活的重要信息,即阅读、科学和数学的实际选择反映了经合组织的基本宗旨:关注教育对经济发展有影响的学科。PISA 在发展中的素养完善以及增加相关素养的选测也都集中于与经济发展有关的学科。例如,当 PISA 2012 扩展其功能范围时,新的领域为财经素养;PISA 2018 增加了全球胜任力,这些素养所评价的内容在大多数国家或地区根本不存在。用学生未了解的相关知识内容与技能衡量学生,其结果可想而知。

最后,从不同国家或地区的课程内容来看,没有哪个国家或地区的课程内容会声称课程没有关注学生在本年龄段应该具备的知识与技能。[①] 从这个层面来看,各国或地区的课程内容、知识体系、技能发展等方面的内容比 PISA 狭隘的素养测评更全面。

---

① McGaw, B. (2008). The role of the OECD in international comparative studies of achievement. *Assessment in Education: Principles, Policy & Practice*, 15(03): 223 - 243.

总的来看，PISA 素养框架未覆盖 15 岁学生应具备的所有基本知识与技能已是不争的事实，因为用一个并不完善的框架去测评学生应具备的知识与技能本身就是有缺陷的。

二、测评结果的有效性

PISA 的核心是试图在各个国家或地区之间提供可比性，可比性如此重要的原因在于，该数据用于构建国家或地区教育系统表现的排名表。无论是从学生的年龄选择、测评内容还是不同年份的 PISA 涉及的国家或地区等来看，PISA 比较研究都存在着严重的问题，影响着测评结果的有效性。

（一）年龄界定、课程各异，导致比较存在偏差

从年龄的界定来看，PISA 之所以选择 15 岁，是因为在这个年龄段，大多数经合组织国家的学生都已接近义务教育的末期。但由于不同国家或地区教育系统的特征，进入正规学年的学生的年龄因国家或地区而异。在某些国家或地区，入学年龄是 6 岁，在其他国家或地区则是 7 岁。在入学年龄为 6 岁的国家或地区中，与 15 岁年龄段相对应的年级为十年级，而在 7 岁入学的国家或地区中，则对应九年级，同时不同年级的学生学习的内容也有所不同。

PISA 框架不是基于全球通用的课程元素，也不是根据国家或地区学校课程的共同标准，而是基于学生在 21 世纪的未来生活中所需的知识和技能，这是 PISA 区别于其他评价项目的最显著的特征，例如 TIMSS 是对四年级和八年级学生的数学与科学学业成绩的检测。以 PISA 2012 数学素养的 3 个测试样题为例，其中，问题 1 是根据给定的路程和时间，考查比较平均速度的大小，难度系数为 2 级；问题 2 是根据给定的平均速度和路程，计算所需的时间，难度系数为 3 级；问题 3 则是根据给定的两段行程和时间，计算整个行程的平均速度，难度系数为 6 级。从数学题目涉及的概念来看，以上考察数学素养的试题更符合欧美发达国家 15 岁学生应该掌握的数学知识。

PISA 2012 数学素养测试样题

海伦刚买了一辆新自行车，车上装有一块码表，可以告诉海伦骑了多远和她的平均速度。

问题 1：海伦先骑了 4 千米，花了 10 分钟；又骑车 2 千米，花了 5 分钟。下面哪个说法是正确的？

A. 海伦前 10 分钟的平均速度大于后 5 分钟的平均速度

B. 海伦前 10 分钟和后 5 分钟的平均速度相同

C. 海伦前 10 分钟的平均速度小于后 5 分钟的平均速度

D. 无法确定海伦的平均速度

问题 2：海伦骑了 6 公里到达阿姨家。这时码表显示这段路程的平均车速为 18 公里/小时。下面哪个陈述是正确的？

A. 海伦到阿姨家用时 20 分钟

B. 海伦到阿姨家用时 30 分钟

C. 海伦到阿姨家用时 3 小时

D. 无法计算海伦到阿姨家所用的时间

问题 3：海伦骑自行车从家里到河边，共用 9 分钟走了 4 公里。骑车回家时，海伦走了另外一条较短的路，只用 6 分钟走了 3 公里。海伦往返家和河边一趟的平均速度是多少公里/小时？

中国上海小学 3 年级数学题

问题 1：甲船 4 小时行驶 80 千米，乙船 6 小时行驶 96 千米，哪条船行驶得快？

问题 2：甲船在静水中每小时行驶 20 千米，在水流速度为每小时 4 千米的江中，往返甲、乙两码头共用了 12.5 小时，求甲、乙两码头间的距离。

对比 PISA 2012 数学素养测试题和我国数学试题发现，PISA 这种基于情境化的问题构建类似我国数学考试中的应用题。具体来看，对于 PISA 2012 的数学测试题，有受访者(J－180716－Z)表示，难度并不大，大部分同学都能答对。事实上，对比分析发现，上述 PISA 试题基本上相当于中国上海小学 3 年级学生学习的关于"速度、时间和路程"的知识。上海的数学试题给出了此类问题的两个示例，其中问题 1 测试了平均速度的概念和计算，并且难度级别等同 PISA 2012 的前 2 个问题。但相比之下，问题 2 要难得多。它涉及相对速度的概念，并且存在一个隐含的关系，即在行程的两个部分中，河流的流速在两个相反的方向上，难度显然超过了 PISA 试题中的 6 级难度示例。

在我们学校，对于 PISA 数学测评中海伦骑车(速度、时间和路程)这道应用题，大多数同学都能答对。基本上，我们会在课后增加部分数学拓展性题目，供学生选做，以培养学生的解题能力、探究能力，在试卷中也会设置部分较难的题目，以划分学生水平。

（受访者：J - 180716 - Z）

在中国，15 岁年龄段的学生正面临初中升入高中阶段的考试。其数学考试大纲中要求学生具备基础知识和能力、逻辑推理能力、运算能力、空间观念、解决简单问题的能力。在内容及相应水平层级上，难度分为三级（记忆水平、解释性理解水平、探究性理解水平），学生需学会用一元二次方程、三角函数、平面几何、概率等知识解决实际问题。而美国、英国等一些国家对 15 岁学生实行选课制，在一些学校学生不学习数学也可以毕业，且学习内容基本符合 PISA 试题的范围。综上所述，用年龄作为限制，并用统一的指标进行衡量，这就意味着让可能是已经进入高中的学生去和一个还在读初中的学生比较，用一个指标来衡量不同国家或地区不同年级的学生成绩，其结果的有效性是值得怀疑的。

（二）背景调查具有主观性，影响结果的有效性

从测量工具来看，PISA 主要通过基于纸笔或计算机的标准化考试，以及与学生成绩有关的各种调查问卷，例如学生的自我报告，来测量学生的潜在心理特质。就前者来看，标准化考试属于认知测验，通过问题—反应模式诱发学生对认知内容的反映，并根据反映结果进行水平分类。就后者来看，面对自陈式的回答，有些学生可能选择有利于测验结果的反应，难以保证问卷的客观性。一些调查问卷询问的问题如受访者所说，学生不是很清楚，就随便填写，这影响了结果的有效性。

我们学校是第一次参加 PISA 测试，之前也做过相关调查问卷，但问卷不像 PISA 那么具体，比如其中问到学生母亲有没有工作资格证，或学生的家里有哪些东西等，一些学生对有些问题并不是很清楚，随便填写，影响了 PISA 调查的有效性。

（受访者：X - 180819 - L）

在一些问卷中，学生被问及父母的职业和受教育程度。法国国家统计和经济研究所对这些问题的答案进行了独立研究，结果表明，学生提供正确的信息的比例很低，无法进行相关因素比较分析。可以想见，如果法国学生无法提供这种正确的信息，那么在其他国家或地区也可能出现类似的情况。在英国、加拿大进行的类似研究也指出了同样的问题。从更广泛的意义上说，从国际可比性的角度来看，PISA 中使用的社会经济指标的有效性是值得怀疑的。例如,父母职业为打字员与父母是面包师的学生在PISA 测评成绩中相差 22 分,是否在所有国家或地区都可以适用?

也有受访者(J - 180819 - J)反应:

> 我作为一名物理教师,教学超过了 10 年,第一次参加 PISA 测评。对于教师问卷中的一些问题的回答我有些拿捏不准,比如说,对教学的工作热情,我不知道怎么才算对工作有热情。此外,对一些问题的回答,比如近期参加过多少次专业活动,我觉得多写一些比较好。

这表明一些教师对一些涉及自身的概念不是很明确,由于多方面原因,他们对问题的回答脱离了事实。此外,背景数据的使用和解释方式在比较分析中起着根本作用,但存在主观偏差。在 PISA 2000 中,基于学生报告的"学科氛围指数",基于校长报告的"影响学校氛围的学生相关因素指数",以及基于校长对教师的判断的"影响学校氛围的教师相关因素指数",他们的回答不免会带有自身的主观观点,但这些指数仍然被用来解释各国之间在科学素养中的表现差异。事实上,这些数据也受到了不同个体的主观影响,由此产生的比较分析可能是完全错误的。

(三) 每轮测评内容不同,难以进行纵向比较

PISA 的设计目的非常简单,用于观察一个国家或地区在 PISA 测评中的趋势,主要是构建模型在统一标准下衡量学生水平,即某一时点收集的不同对象的数据,缺少纵向设计与分析,这一点不如国家教育进步评估关于纵向趋势的调查与分析。

在 PISA 中评估教育效果的衡量结构越来越依赖单一的指标,并且将这些测试分数与其他指标分开使用。考虑到各种报告已经提供了 PISA 的原始数据,对 PISA 每个周期所有学生的表现进行纵向研究无疑将是容易实现的,但 PISA 对于素养的界定是一个不断发展和演进的过程,其内涵伴随着时代对个体的要求而不断发展。随着信息技术、互联网等新兴媒体的发展变化,带来了评估内容、技能种类等的变化,例如2009 年启用基于计算机的测评,但同时保留原有的纸笔测试。对于素养的概念也由原有的认知方面的内容,逐渐增加了一些非认知、学习动机等与成绩紧密关系的因素,并强调"参与",包括社会、文化、政治的参与,例如选举投票时通过阅读多方面材料作出理智的决定,充分参与并促进民主社会的发展。这样一来,由于每轮测评的内容不同,之前一些在 PISA 测评中未测过的能力可能无法与当下正在进行的测评内容进行纵向比较。

三、测评技术及其他问题

评估技术是一项评估进行的规范性程序的综合。PISA 抽样方法、试题翻译以及固有的文化偏差等诸多问题的出现,同样影响着 PISA 结果的准确性。

(一) 抽样的代表性

为了保证抽样的可靠性,在各参与国家或地区按照要求准备好相应的抽样框架之后,由 PISA 总部具体实施抽样,一定程度上避免了抽样的随意性导致的样本数量、代表性不足等问题,减少了其中存在的误差概率。但研究发现,PISA 样本不具有它所阐述的代表性。例如,在 PISA 2003 中英国学生的参与率低,代表性不足,只有不到 50% 的试卷和问卷回收率;德国、瑞士一些 15 岁的学生早已离开学校走向工作岗位,难以保证抽样的覆盖面,这意味着在某些国家或地区 PISA 的样本不具有代表性。

其次,并非所有抽样学校的学生都能参加,一些学生被排除在外。PISA 标准规定,只有在以下情况下,该学生才能被排除在外:经过专业评估为智力或情感上有障碍的学生;具有永久性功能障碍、身体残疾的学生,从而无法在 PISA 测试环境中进行适当评估;测试语言经验不足的学生,以及其他商定的排除理由。但它规定总体排除率低于 5%。由于智力障碍或语言能力有限,PISA 2003 中参与国家或地区的学生最少排除 0.5%,最多排除 4.5%。对存在智力问题学生的排除取决于学校校长的意见或其他来源。但从技术报告中的说明可知,在不同国家或地区有着不同的排除标准,丹麦、芬兰、爱尔兰、波兰和西班牙排除了具有阅读障碍的学生;丹麦还排除了具有运动障碍的学生;卢森堡排除了移民学生。加拿大、丹麦、新西兰、西班牙和美国的排除率超过了 5% 的限制。在 PISA 2012 中,大约有 8 个国家的排除率超过了 5%。在 PISA 2018 中,瑞典、以色列的排除率高达 10% 以上,卢森堡和挪威的排除率也超过了 7%。值得说明的是,PISA 样本不包括所有残疾学生。排除残疾学生与 PISA 宣称要获得教育系统的教育质量和公平的价值理念不符。

(二) 翻译的准确率

对于任何评估计划而言,测试中都会涉及语言和文化因素,必须以统一的语言、标准等对待来自 70 多个参与国家或地区的学生的挑战是艰巨的。来自不同文化背景的学生可能会以不同的方式对常见问题甚至普通形式的考试做出不同反应。即使人们接受共同的社会文化信念,仍然存在其他问题。例如,既定的测试可能非常适合区分特定国家或地区个人之间的能力水平,而事实证明,在另一些国家或地区进行此测试可能无济于事,同时也可能会模糊一些国家或地区已存在的教育问题。

为了实现国家或地区之间的可比性,PISA 项目组花费了相当长的时间,实施了严格的程序,以确保对参与国家或地区使用的所有测试文本进行翻译,并与国际 PISA 中心制作的原始版本进行等效性的独立验证。为了确保各个国家或地区测评试题的一致性,减少语言问题造成的学生理解方面的差别,PISA 项目组要求翻译成本国或地区文字的测试材料必须以两种语言进行翻译,将两种翻译结果合二为一,使试题尽可能保持原有的内容、风格及特点,减少因测验试题翻译本身造成的误差。国际 PISA 中心提供的译本说明均包含对翻译的要求,旨在帮助解决可能的翻译或改编问题。例如,对于每个阅读试题,都明确说明了该试题的目的,以进一步提高翻译的准确性。① 同时,还向参与国家或地区提供了翻译指南,作为每个国家或地区翻译团队的主要人员参加的培训课程的指导材料。PISA 2009 准备了 45 种语言的 101 种国家或地区版本的阅读材料,但仅对法语和英语版本进行了深入检查,一些小语种例如阿拉伯语则没有受到重视。由于语言背景的不同,在翻译的过程中产生了一些文本错误,其效果无法评估。例如,英文的"Hemisphere",在德语中被翻译为"Hemisphäre",而在德语课本中则为"Erdhälfte",一定程度上影响学生对试题的理解。有学者从语言学和翻译理论的角度对英语翻译为芬兰语进行分析,结论是永远无法得出所谓的"翻译对等",②这意味着在文字翻译方面可能存在着文化偏差。同时,翻译过来的文字数量不一,一般来说,德语版本比英语版本长 18%③,但却统一在固定的时间让学生作答,使得一些学生要比英语母语国家的学生阅读花更多的时间,这在一定程度上影响了学生的成绩。

(三) 测评的文化偏见

在过去的二十年中,许多定量研究人员对 PISA 的文化偏见问题提出了担忧。④ 例如,邦尼特(Bonnet)指出:"很难通过设计和翻译工具来测试人们的文化偏见,特别是在阅读测试中。"对此,她指出,为了克服语言和文化偏见,PISA 应该根据每个国家或地区的学生学习的内容进行测评,而不是在所有国家或地区中使用相同的译文。⑤ 除此

---

① McQueen, J., & Mendelovits, J. (2003). PISA reading: cultural equivalence in a cross-cultural study. *Language Testing*, 20(02): 208-224.

② Arffman, I. (2007). *The problem of equivalence in translating texts in international reading literacy studies: a text analytic study of three English and Finnish texts used in the PISA 2000 reading test*. Institute for Educational Research, Jyväskylä: University of Jyväskylä.

③ Eivers, E. (2010). PISA: issues in implementation and interpretation. *The Irish Journal of Education/Iris Eireannach an Oideachais*, 38: 94-118.

④ Bracey, G. W. (2004). International comparisons: less than meets the eye?. *Phi Delta Kappan*, 85(06): 477-478.

⑤ Bonnet, G. (2002). Reflections in a critical eye: on the pitfalls of international assessment. *Assessment in Education: Principles, Policy & Practice*, 9(03): 387-399.

之外，其他学者也提出过类似建议。① 因此，在她看来，文化偏见是 PISA 等国际测试中固有的，但可以通过使测试工具对文化和语言的处理进行修正。

PISA 的文化偏见不仅体现在翻译、测试工具等方面，还体现在其测量理念上，PISA 的总体目的是向参与国家或地区提供其教育过程和系统绩效的比较数据与绩效指标。这些指标可用于政治和行政决策，以改善国民教育体系的质量。PISA 是所有经合组织国家的合作项目，因为所有国家都有相似的政治、经济和教育利益。同时，经合组织指出，PISA 提供了一种监测教育系统成果的新方法，它以全球学生的成绩为依据，而不是考虑单一国家或地区的具体文化背景。② PISA 这一去文化的倾向意味着在测评的过程中并不考虑文化背景的影响，这是测评中普遍存在的问题。参与 PISA 的国家或地区迄今为止已经达到 70 多个，我们必须承认，各国和地区都有历史、文化、政治、经济等方面的差异，忽视不同国家或地区的文化背景，可能会使 PISA 结果的准确率产生一定的偏差。例如，在亚洲学生中间，存在着普遍的课外补习现象，而在欧美发达国家，课外补习现象并不常见。在对待考试的态度上也是如此，相关研究表明台湾地区家长反对取消标准化考试的原因在于他们对努力与成就的看法，他们认为如果没有考试，学生可能就不会努力学习，因此家长更喜欢通过严格的考试制度督促孩子们学习，并认为这会提高学生学习的积极性。这种心态在文化上与西方国家不同，在一些西方国家，学业成功取决于智力水平，而单靠考试成绩并不能衡量成功。③ 在 PISA 测评中，台湾地区学生的表现高于一些西方国家。但以上这些文化理念、价值观差异在 PISA 中并未被考虑过。

事实上，PISA 测试的这种去文化的理念并不是真正的不顾所有国家或地区的文化背景，而是排除发达国家文化价值以外的其他国家或地区的文化。前文中提到，PISA 数学试题的难度更贴近经合组织成员国 15 岁学生的基本技能。PISA 这种忽略文化背景造成的偏差实际上反映了经合组织对发达国家教育系统的偏爱，毕竟经合组织对于经济、教育等方面的推动都是建立在率先提升成员国利益的基础上。

综上所述，从素养的界定到抽样、背景调查，再到涉及 PISA 的相关技术问题，纵使每一轮 PISA 都在进行更改、完善，但没有任何证据证明素养框架涵盖了学生应对

① Nardi, E. (2008). Cultural biases: a non Anglophone perspective. *Assessment in Education: Principles, Policy & Practice*, 15(03): 259 - 266.

② OECD. (2001). *Knowledge and skills for life: first results of programme for international student assessment*. Paris: OECD Publishing.

③ Gillis, S., Polesel, J., & Wu, M. (2015). PISA data: raising concerns with its use in policy settings. *The Australian Educational Researcher*, 43(01): 131 - 146.

未来生活的全部内容,其在无法包含所有学科的同时,也忽略了对人文学科的测评;对年龄的限制,忽略了不同国家或地区学生的不同年级造成的课程内容学习的差距,同时作为辅助性的问卷调查,由于个体主观倾向,也存在比较偏差;此外,抽样对残疾学生的排除以及翻译技术、文化偏差等问题,影响了结果的有效性以及其对教育改革与政策调整的可参考性。

第二节 PISA 的教育改革效应之批判

全球化进程的加剧催生了全球测试和比较评估文化的在教育领域的发展。为实现问责和公众透明度的目标,这种评估文化已经超越了发达国家和发展中国家的边界,围绕政治民主化、人权、人力资本的发展,使学校教育从国家文化范畴转变为世界范围内的问题。通过确立跨地区并从属于当前世界发展的普遍教育目标,学校系统的优劣被定位在全球标准的框架下。[①] 经合组织开发的 PISA 项目顺应了这样一种趋势,加速了利用数据指标评估教育系统绩效的方式,为各国或地区的教育系统提供了政策建议。与此同时,媒体和政策制定者通常对 PISA 结果的一个特定方面最感兴趣:成绩与排名。PISA 测评通过数字化形式自动采集、再现各国或地区的教育信息,由成绩排名的形式描述结果,通过数字治理设定了教育系统的标准框架,以促进个人、地区、国家的发展,但这种发展是朝着经济增长、促进教育系统绩效、标准化等方向发展,由此产生了过度追求 PISA 排名与成绩,盲目借鉴高绩效国家或地区的教育政策等问题,这是 PISA 效应引发的数字教育治理的问题所在。

一、教育经济价值追求

人力资源作为现代经济主要推动力的重要性是经合组织专注于教育的主要原因。PISA 的最终目的是从宏观经济、微观教育层面上寻找影响学生成绩的相关指标,以期评估教育系统的效率并确定国家教育改革的方向。因此,对于教育行政人员来说,考虑更广泛的教育目的以及使用 PISA 指标指导政策的适当性很重要。普维(Poovey)认为,现代性的一个显著特征是使用数字信息以看似客观与无价值的方式来构架和表示世界,但是这些表示实际上掩盖了理论上的假设。[②] PISA 的意图很容易得到认可,毕

---

① Kamens, D., & McNeely, C. L. (2010). Globalization and the growth of international educational testing and national assessment. *Comparative Education Review*, 54:5-25.

② Poovey, M. (1998). *A history of the modern fact: problems of knowledge in the sciences of wealth and society*. Chicago: University of Chicago Press.

竟没有人会不同意确保年轻人获得发展成为未来公民所面临的挑战所需的知识、技能和能力。但是，经合组织推动的 PISA 项目背后的潜在意识形态、经济和政治野心则被忽略了。[①]

在 1990 年代中期，经合组织发展了关于教育目的、终身学习概念下的经济和人力资本视角。正如受访者(J - 181105 - S)所说，"经合组织对教育成果的理解与所产生知识的实用性紧密相关。知识的价值取决于它在其他领域(例如应用研究、技术等)的效用。对产生人力资本的重视成为了经合组织教育框架的基石，进而积极推动通过教育来增强成员国竞争力的战略和建议"。但一些国际教育组织强调以权利而不是人力资本为基础的教育理念。例如，经合组织对教育作用及其终身学习观的经济概念与联合国教科文组织所倡导的强调社会与民主参与和参与学习的人本主义观有很大不同。[②] 联合国教科文组织的《教育——财富蕴藏其中》强调了学习的目的，即学会认知、学会做事、学会共同生活、学会生存。[③] 而 PISA 以以经济增长为核心的人力资本理论为基础，要求学生具备适应未来不断变化的社会的技能。相关因素分析在一定程度上是围绕经济目的重新制定的，这样一来，原本的一些教育目的则被忽略或重新改写。例如，PISA 指标忽略了教育在国家文化和公民社会化中的作用。此外，关于教育的包容性和公平性，在基于权利的教育话语中有着深刻的概念根源，而在 PISA 人力资本的视角下却被重新考虑，其着眼于确保所有未来的工作者通过优化他们的技能来实现最大化产出。

PISA 数据已被反复用来为教育提供"经济依据"。例如，如果每个欧盟成员国的 PISA 得分提高 25 分，则到 2090 年，整个欧盟的 GDP 将增长 4%至 6%，其中 6%的增长相当于 35 万亿欧元。[④] 2009 年，经合组织国家在 PISA 阅读方面的平均得分为 493 分。如果撰写本报告时的所有 30 个经合组织国家在未来 20 年内仅将其 PISA 平均得分提高 25 分，那么到 2090 年经合组织国家的 GDP 总计将增加 115 万亿美元。[⑤] 上述文字体现并总结了经合组织在关于教育的问题中对经济价值的推崇。"经济模型"被用于"估计认知技能对一个国家预期经济增长的相对价值"。此外，"长期 GDP"决定

① Sjøberg, S. (2019). The PISA-syndrome — how the OECD has hijacked the way we perceive pupils, schools and education. *Confero Essays on Education Philosophy and Politics*, 7(01)：12 - 65.
② Delors, J. (1996). *Learning the treasure within*. Paris：UNESCO.
③ 联合国教科文组织. (1996). *教育——财富蕴藏其中*. 上海：教育科学出版社，75.
④ Woessmann, L. (2014). *The economic case for education*, *EENEE analytical report 20*, *European Expert Network on Economics of Education*(*EENEE*). Munich：Institute and University of Munich.
⑤ Woessmann, L. (2014). *The economic case for education*, *EENEE analytical report 20*, *European Expert Network on Economics of Education*(*EENEE*). Munich：Institute and University of Munich.

了现在教育的目标。教育的"质量"取决于其在"全球市场"中的定位,即一个国家、一所学校、一名老师或一名学生在全球教育系统中的表现。通过对 PISA 的成果与"经合组织国家 2010 年出生的一代人的一生中贡献的 GDP"之间的关系作出明确的预测,从而表明"未来 20 年"全世界的学校教育应朝哪个方向发展。

　　有学者指出,PISA 强调教育的经济价值,而不是如何让学生做好参与民主自治、树立道德信念,以及个人发展、成长和幸福生活的准备。[①] 基于此,它引发的政策导向并不能代表学校系统的目标与宗旨,以至于不能与教育的最终目标相提并论。关于教育目标的讨论涉及"受教育的人应该是什么样的"。那么问题来了,PISA 能够有效地衡量一个国家或地区的教育目标,它的目标是否与教育的最终目标契合? 这是一个值得深思的问题。事实上,世界各地的许多国家就教育目标作出过符合本国国情的阐释。在澳大利亚,墨尔本宣言声明了所有年轻人应成为的目标:成功的学习者,创造性的个人,以及热情和负责的公民。[②] 加拿大艾伯塔省要求学生从学习中获取对未来生活的经验,成为富有思想、协作、独立、自主的公民。这些关于教育目标的陈述,远远超过了 PISA 可以评估的范围,经合组织进行教育治理的基础在于教育活动是否发展是以经济增长的成效来衡量的,教育被定义为促进增长的动力,对 PISA 的过度依赖可能导致通过人力资本教育方法来作出决策,继而丧失教育本来的育人价值,过度追求教育的经济价值。此外,PISA 测评忽视了学校教育对儿童个人、社会发展的目的,将学校教育目标简化为一个通用、标准化和可衡量的指标,而不受国家文化和背景的影响。[③]

二、成绩与排名崇拜

　　什么是数字? 当涉及 PISA 时,事实证明它的数字相当多。PISA 生成了一个广泛的数据库。例如,PISA 2012 报告涵盖六卷,共近 2 500 页。有许多补充分析和技术报告,这些统计工作都产生了一些吸引公众注意力的数字。当问及 PISA 理事会的国家代表有关结果的哪些方面导致其所在国家的政策或实践发生变化时,排名和成绩被认为是影响最明显的两个要素。[④]

① Meyer, H.-D., Zahedi, K., et al. (2014). Open letter to Andreas Schleicher. *Policy Futures in Education*, 11(07): 872-877.

② Ministerial Council on Education, Employment, Training and Youth Affairs (2008). *The Melbourne Declaration on educational goals for young Australians*. Canberra: MCEETYA.

③ Zhao, Y. (2020). Two decades of havoc: a synthesis of criticism against PISA. *Journal of Educational Change*, 21: 245-266.

④ Breakspear, S. (2012). *The policy impact of PISA: an exploration of the normative effects of international benchmarking in school system performance*. Paris: OECD Publishing.

    PISA 通过对教育相关因素的分析,将最复杂的问题简化为可以高精度排名的简单数字,以促进各国或地区了解自身现状并根据此进行政策整改。"数字政策"是当代教育政策制定中普遍存在的观点,因为这些数字比较成为跨越国家和全球范围的新型治理模式。[①] 正如安东尼奥·诺瓦(António Nóvoa)等学者所指出的,人们运用比较策略,是为了在不同的国家或地区背景中寻求"本质上"共性的答案。[②] 尽管经合组织指标制定者的目的可能不是建立国际排名,但实际上,每个媒体报道都基于其指标图表上的国家或地区排名。这种以排名的方式描述不同国家或地区的教育现状,不可避免地引发了对于成绩与排名的盲目崇拜,正如受访者(F - 190317 - M)所述,排名是一种客观中立的表述方式,但过度追求排名与成绩则会导致一种教育虚荣的心理。例如,PISA 对德国的冲击使得德国教育行政部门开始了全国范围内的教育改革,从课程、评价、教师等多个方面入手,力图提高在 PISA 排行榜上的名次,耗费了大量的人力、物力。同样地,英国为改变学生在 PISA 2006 中由 2000 年的科学素养从第 4 位下降到第 14 位,阅读素养由第 7 位下降到第 17 位,数学素养从第 8 位下降到第 24 位的现状,2010 年其教育部宣布进行彻底的学校改革,赋予学校更多的权利和责任,实行强有力的问责制,全面提升教育质量,[③]但由此引发了学生、教师的负担加重等一系列问题。

    媒体以及政策决策者们对 PISA 的成绩和排名十分感兴趣。因为这些排名表明了教育的"赢家"和"输家"。表面上看,这种排名的表述具有精确性和一致性的特点,不受时空的限制,显得客观中立。但只追求排名,不顾本国或地区教育现状、学生的发展,则会带来不良影响。自 2000 年第一轮 PISA 项目实施以来,德国从各个方面致力于追求 PISA 高绩效,先后在课程、评价、教师等多方面进行改革,但到 2009 年德国学生仍没有显著进步。对此,德国仍旧参照 PISA 测评相关内容进行整改,这在一定程度上打破了原本的教育传统,耗费了大量的人力、财力、物力,只为提高德国学生在 PISA 排行榜上的名次,这体现了一种对教育质量的虚荣心理。

(受访者：F - 190317 - M)

[①] Nóvoa, A. , & Yariv-Mashal, T. (2003). Comparative research in education: a mode of governance or a historical journey?. *Comparative Education*, 39(04): 423 - 438.

[②] Nóvoa, A. , & Lord, M. (2002). *Fabricating Europe: the formation of an educationspace*. London: Kluwer Academic Publishers, 144.

[③] Department for Education, UK. (2020). *The importance of teaching: the schools white paper 2010*. London: Department for Education.

就我国来看,在一定程度上 PISA 呈现的对成绩的追求、数字治理的问题,与我国社会经济发展和教育发展追求效率的思想与做法是不谋而合的。分数、排名等量化指标有其合理的一面,如表面公平、操作简单等。"唯论文、唯帽子、唯职称、唯学历、唯奖项"在很长一段时期内对发展教育有功,对促进教育公平有利,但在教育发展起来之后就开始成为阻碍科学发展的因素。[①] 经合组织坚持认为,PISA 成果应该用于帮助实现教育的卓越,而不是创建一种教育排行榜。[②] 不幸地是,全球媒体、政府倾向于关注哪些国家或地区在 PISA 考试中名列前茅,而不是关注提供的关于其他教育成果的丰富数据,例如:学生受教育类型、小组工作和学生之间合作的满意度、解决问题能力和职业期望,等等。此外,有学者提出,PISA 排名对学校教育产生了负面的影响,它导致了对标准化测试的过度依赖,将学习狭窄化到容易测量的地步。[③]

总体来看,这种以数字信息对教育系统相关因素进行分析、排名的方式,致使很多国家或地区全面改革自己的教育系统,希望借此提升自己的排名,这在一定程度上忽视了学生的身心健康发展。

三、教育政策的同质化

在这个全球化时代,世界各地的教育系统、价值观变得越来越同质化,[④]部分原因在于全球教育改革运动,这种融合所采取的形式在很大程度上受到有影响力的参与者和主导政策范式的影响。对教育具有重要影响的国际组织是这一过程的重要参与者,正如里尼(Rinne)所说:"⋯⋯在教育和教育政策的同质化的过程中,经合组织和欧盟等国际组织发挥了重要作用。经合组织每三年一次的 PISA 利用统计技术手段,发布大量详细的数据分析,其在教育政策的日益全球化的过程中,具有巨大的影响力,被广泛认为可提供高质量的基于证据的研究和政策建议。它对国家或地区在测试中的表现进行评分和排名吸引了全世界的关注。"[⑤]PISA 引发的教育政策的同质化表现在两个方面:一是由于排名靠后,一些国家或地区产生了教育改革的压力,而提升排名最

---

① 马陆亭. (2019 - 03 - 26). 破"五唯"立在其中, 光明日报, 13.

② OECD. (2016). Education at a glance 2016. Paris: OECD Publishing.

③ Pasi Sahlberg and Andy Hargreaves. (2016). Do you want to straighten the already leaning PISA tower?. https:// opinion. cw. com. tw/blog/profile/364/article/4401.

④ Zhao, Y. (2009). Catching up or leading the way: American education in the age of globalization. Alexandria: ASCD.

⑤ Rinne, R. (2008). The growing supranational impacts of the OECD and the EU on national educational policies, and the case of Finland. Policy Futures in Education, 6(06): 665 - 680.

好的方式就是借鉴高绩效国家或地区的相关教育政策与改革，例如在学习上花费更多的时间，提高学生的学习质量；另一方面在于通过借鉴 PISA 测评的方式、内容等方面，在教育改革与政策调整中靠近 PISA，例如更专注 PISA 所要测评的阅读、数学、科学学科，借鉴 PISA 的标准化评价与问卷调查相结合的评价方式，等等。

（一）盲目借鉴高绩效国家或地区的政策

在某些情况下，政策响应是由 PISA 绩效排名驱动的，因为这些国家或地区的教育系统并没有达到 PISA 指出的公平或卓越的预期，因此应该在 PISA 高绩效国家或地区那里汲取经验教训。例如，芬兰学生在 PISA 的前四次调查中表现最好，这引起了人们对芬兰教育系统成功的原因以及这些做法在其他国家或地区有多大程度的改善作用的兴趣。[①] 自 2009 年的 PISA 以来，上海作为潜在政策借鉴的对象已引起越来越多的关注。[②]

教育政策借鉴被定义为"教育理念、制度、实践跨越国界的运动"，一直以来是比较教育研究采用的主要理论之一。[③] 20 世纪 90 年代，戴维·道洛维茨（David Dolowitz）和戴维·马什（David Marsh）认为政策借鉴即"在某一特定时空的政策、制度等被借鉴并发展到另外一个时空中去"。牛津大学教育学系教授大卫·菲利普斯（David Phillips）在对两百年以来英国对德国教育政策借鉴的案例以及其他许多发达和发展中国家的案例研究总结的基础上，设计出了"跨国吸引—决策—实施—内在化/本土化"四步循环模型，构建了教育政策借鉴模型（图 6.1）。

跨国吸引（Cross-National Attraction），作为教育政策借鉴的第一步，旨在回答为什么一个国家会被另一个国家的教育政策和实践所吸引，即对政策借鉴国家来说，向别国学习的目标是什么。具体来看，当一个国家被另一个国家的教育政策吸引时，大卫·菲利普斯将吸引力分为内外两个维度，注重宏观的背景因素对教育的影响。在内在动因方面，包括了对现有教育系统的不满，政治、经济等方面的变化引发的对教育的新要求等；在外在动因方面，强调哲学或意识形态、战略、目标、过程对教育的影响。就 PISA 引发的教育改革与政策调整而言，多数是在 PISA 排名落后的外力之下，以及自身改变的内在驱动下形成的。模型的第二阶段是决策阶段，其类型主要包括理论、现

① Sahlberg, P. (2011). *Finnish lessons: what can the world learn from education change in Finland*. New York: Teachers College Press.
② Tucker, M. (2011). *Surpassing Shanghai: an agenda for American education built on the world's leading systems*. Cambridge: Harvard Education Press.
③ Beech, J. (2006). The theme of educational transfer in comparative education: a view over time. *Research in Comparative and International Education*, 1(01): 2-13.

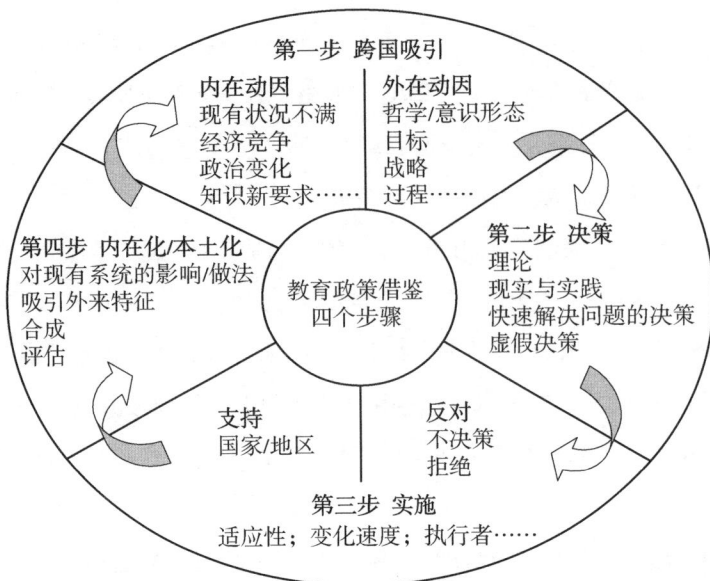

图 6.1　教育政策借鉴模型

资料来源：Phillips, D., & Ochs, K. （2004）. Researching policy borrowing: some methodological challenges in comparative education. *British Educational Research Journal*, 30(06): 773 - 784.

实与实践、虚假决策等方面。就这个阶段来看，借鉴 PISA 高绩效国家或地区的政策大多数是想从别国或地区已经进行的实践中出发，省去诸多验证等环节，寻求的是一种快速解决的方案。政策借鉴的第三步为实施。实施一项重大的教育改革通常要包括两个前提：第一，政府教育行政人员强烈认为当前的教育体制存在重大问题，必须通过教育政策调整、法案等保证教育改革的实施；第二，政府就如何改革要达成广泛的共识。[①] 在这个阶段，PISA 结果能够反映参与国家或地区教育系统存在的问题，而想提升排名、提高教育系统质量则必须通过改革，这在一些国家或地区中已达成共识。最后，有一个"内在化"阶段，也就是所谓的政策"本土化"阶段。该政策是根据具体情况而定的，成为借鉴者教育体系的"一部分"，并且有可能评估其对原有教育安排及其运作方式的影响。在这个阶段，外来的政策逐渐融为本国或地区教育体系的一部分。而参与 PISA 的很多国家或地区忽略了这最重要的一步，照搬高绩效国家或地区的教育政策，无视自身教育的特殊性，引发了诸多问题。

自 PISA 实施以来，英国学生的测评结果就不理想，而且有"稳中有降"的趋

---

① Simkins, T., Ellison, L., & Garrett, V. (1992). *Implementing educational reform: the early lessons*. New York: Prentice Hall, 149 - 170.

势。受中国上海在 PISA 中的优异表现的影响,2014 年,英国教育部启动了"中英数学教师交流项目"(England-Shanghai Mathematics Teacher Exchange Program)[①],通过选派优秀数学教师到上海考察学习,归纳上海(数学)教育的优势。随后,英国中小学引入我国教辅材料《一课一练·数学(上海英文版)》(*Shanghai Maths One Lesson One Exercise*),力求在 PISA 测评中获得良好的成绩。这种追求排名的政策拿来主义,忽略了本国特有的文化、历史、经济背景,教育改革上的"揠苗助长"使得英国教师、学生的负担增加,导致了新的教育问题产生。随着借鉴高绩效国家或地区教育系统的成功,各国或地区之间在教育领域相互学习与交流不断加强,但当所有国家或地区,在无视当地需要、教育系统现状以及文化背景等因素,都实施相同的政策做法时,就会造成在一个国家或地区的某个方面成功的教育政策可能在另一个国家或地区行不通,甚至会损害原有的教育生态[②]的后果。因为,由于文化、历史、经济等的影响,一个国家或地区 15 岁的孩子所需要的东西可能与另一个国家或地区的大不相同。

(二) 参照 PISA 测评内容进行改革

虽然国家教育政策的地方适应性差异相对普遍,但很难找到对 PISA 的真正不同的政策回应的证据。相反,更有可能找到一些基于 PISA 的政策趋同反应。[③] 例如,PISA 在教师招聘、教师发展以及课程设置等方面推动着全球教育改革运动。[④] 2006 年至 2009 年的 PISA 调查报告显示,扩大择校空间在一定程度上可以促进教育公平。对此,至 2009 年,超过一半的参与国家或地区报告减少了对学校选择的限制,12 个经合组织国家报告创建了更多的新型自主学校模式,其中 10 个国家采用了新的筹资机制以促进学校的选择和竞争。[⑤] 还有一些国家或地区根据 PISA 对数学、科学素养的要求来对自身的数学、科学计划进行整改,无论是课程内容还是评价方式,都接近 PISA 测评的要求。对此,有学者认为 PISA 的目的将导致教育系统同质化,

---

① 由中英两国教育部共同领导,上海市教育委员会、上海师范大学、英国卓越数学教学中心共同实施的英国和中国(上海)数学教师之间的互派教学培训项目,是中英高级别人文交流机制重点项目之一。该项目主要是英国选派优秀教师到中国学习、考察、接受培训,并邀请中国教师到英国执教与交流。

② Zhao, Y. (2018). Shifting the education paradigm: why international borrowing is no longer sufficient for improving education in China. *ECNU Review of Education*,1(01):76-106.

③ Wiseman, A. (2010). The uses of evidence for educational policymaking: global contexts and international trends. In Luke, A., Green, J., & Kelly, G. (Eds.),*What counts as evidence and equity? review of research in education*. New York: AERA Sage, 1-24.

④ Tucker, M. (2011). *Surpassing Shanghai: an agenda for American education built on the world's leading systems*. Boston: Harvard Education Press.

⑤ OECD. (2010). *PISA 2009 results(volume i): overcoming social background: equity in learning opportunities and outcomes*. Paris: OECD Publishing.

并促进国家或地区间的教育竞争。[①]

        PISA 的政策导向给了国家或地区在教育改革与政策调整方面的建议,一些国家或地区也从 PISA 项目中学到了很多关于课程、评估等方面的理念与技术等,但在参照 PISA 进行改革的同时应该注意参照的改革内容是否符合本国或地区教育的现状。比如说在教师方面,PISA 要求提高教师资格门槛、促进教师发展,如果本国或地区在这个方面做得比较好,就不需要再通过更高的标准进行改革了。需要注意的是,应透过 PISA 看教育存在的问题,而不是把好的方面也进行调整,也不是让本国或地区的教育政策完全契合 PISA 测评。如果完全比照 PISA 项目进行改革,则可能会造成教育系统陷入另外的困境,例如,在课程安排上,针对阅读、数学、科学以及相关学科进行学习,而忽视其他学科的学习等。

(受访者:C‐190114‐Z)

        PISA 本身是一种测评项目,在评估方面肯定会带给一些国家或地区借鉴。如以上受访者提到的,过分地、完全地契合 PISA 测评项目来改革自身教育系统也会带来诸多问题,例如只注重 PISA 测评的相关科目,忽视其他科目的学习。根据公众对 PISA 结果的不同反应,怀斯曼(Wiseman)认为,不同国家或地区的政策制定者经常会通过实施类似的应对措施而表现出一种政策趋同感,从严格意义上讲,应避免采取完全相同的政策措施。[②] 以课程改革为例,尽管不同国家或地区可能针对 PISA 的基本框架进行相关改革,但从实然层面改革后课程的相关内容则因国而异。从更广泛的意义上来讲,尽管 PISA 可能在参与国家或地区形成广泛的共识,但各种改革(课程、教师、教学等)作为实现教育公平和卓越的手段,如果单纯地、不顾自身发展需要地复制,则会导致政策的“水土不服”,反而不利于教育的发展。

        教育政策同质化的另一个危险是,教育方法、价值观、过程趋同导致的人才多样性的减少。PISA 提倡的所有政策和实践显然还不是很完美,例如 PISA 在政策上建议,应该从优秀高中毕业生中选拔、培养教师,但事实上芬兰并没有这样的政策或做法,因

---

① Uljens, M. (2007). The hidden curriculum of PISA — the promotion of neo liberal policy by educational assessment. In Hopman, S., Brinek, G., & Retzl, M. (Eds.), *PISA according to PISA：Does PISA keep what it promises?*. Wien：LIT.

② Wiseman, A. (2013). Policy responses to PISA in comparative perspective, in PISA, power, and policy. In Meyer H.-D. & Benavot, A. (Eds.), *PISA, power and policy：the emergence of global educational governance*. Oxford：Symposium Books.

为研究表明,优秀的毕业生不一定会从事教师职业,也不一定会在高等教育中获取更好的成绩。[1] 但这些错误的政策建议可能被普遍采用,而随着社会的变化,它们可能会过时。如果社会迎来新的转型变革,例如技术革命的浪潮,世界上的任何教育改革都将变得过时,必须寻求新的变革。值得注意的是,如果每个国家或地区都执行 PISA 推广的政策和做法,不顾自身教育的实际情况进行全面整改,且不说投入的资金、人员等方面的问题,学校、学生、教师等是否能适应等问题就会使自身的教育系统陷入另外一个怪圈。在培养人才方面也会产生同样的情况:如果每个学生都按照 PISA 所倡导的进行培养,那么学生的个性和独特性可能被忽略,继而不利于学生的个性成长。

四、教育改革中的短视倾向

迈克尔·富兰将复杂性理论运用于教育变革实践中,他认为,"变革是一场旅程,而不是一张蓝图,变革是非直线的,充满着不确定性,有时还违反常理"。[2] 这意味着教育改革的实施过程中存在着一些无法估计的变数,作为一项长期的、系统的工程,教育改革不可能通过短期措施来实现。

PISA 影响力的日益扩大,使得有些国家或地区为迅速提升其在该测试中的分数与排名而采取急功近利的态度。前文提到 PISA 触发教育改革的重要意义之一在于各国或地区通过其学生的表现,正视自身教育系统的现状,从而促进各国或地区重视教育绩效。但如果寄希望于短期内提升一个国家或地区的教育质量,这就有违教育发展以及教育改革的基本规律。例如,2012 年 8 月,当时的澳大利亚总理朱莉娅·吉拉德宣布澳大利亚将努力在 2025 年之前进入 PISA 前五名。该声明已被纳入 2013 年的《澳大利亚教育法案》。但是,在实践中实现这一目标有些困难。因为在 PISA 测评中各国或地区的排名是相对的,虽然澳大利亚努力改善其教育,但如果其他国家或地区有了很大程度的改善或澳大利亚的改善程度低于其他国家或地区,它的排名甚至可能更落后。

PISA 这种对国家或地区的排名、成绩的呈现,鼓励政府采用"旨在帮助一个国家或地区快速提高排名的短期解决方案",而实际上,这些快速解决方案均未帮助改善教育教学条件,[3] 反而使人们的注意力转向了旨在帮助一个国家或地区迅速攀升排名的

① Zhao, Y. (2018). The changing context of teaching and implications for teacher education. *Peabody Journal of Education*, 93(03): 1 - 14.
② ［加］迈克尔·富兰. (2004). 变革的力量——透视教育改革. 中央教育科学研究所,加拿大多伦多国际学院,译. 北京:教育科学出版社,33.
③ Meyer, H.-D., Zahedi, K., et al. (2014). Open letter to Andreas Schleicher. *Policy Futures in Education*, 11(07): 872 - 877.

短期措施。但是研究显示,教育实践的持久变化需要几十年(而不是几年)才能实现。例如,部分教育政策得以实施在于其长期的历史文化传承。比如芬兰的教师职业有着由来已久的传统,教师地位很高,教师资格考试严格、起点较高等,这些都不容易受到短期政策的影响。同时,对一个国家或地区的教育系统的质量来说,教师的质量起着至关重要的作用。教师队伍建设是一个复杂、系统的工程,一个国家或地区的教师队伍质量不可能在短期内迅速提升。这涉及教师选拔和培养等职前、职后多个方面,无法在短期之内达到提升教师整体素养的效果。

本章小结

　　教育评价发展至今,没有任何一种测量方式是完美的。PISA 也不例外,从其自身来看,阅读、数学、科学以及后来加入的财经素养、全球胜任力等一定能使学生从容不迫地面对未来挑战么？事实上,PISA 主要注重了与经济发展相关的学科,而忽视了诸如艺术、体育、道德等人文学科,不利于学生的全面发展,这是 PISA 存在的主要问题。同时,PISA 测评指标是否具有可比性及其技术方面的问题,也使得我们对 PISA 结果存疑。此外,由于 PISA 是一种缺乏文化背景的知识性指标,各国或地区教育领导者应该意识到即使是来自 PISA 的结果也有其局限性。例如,政策制定者常常无法区分 PISA 分析中与政策有关的因果关系。

　　PISA 以所谓的"排行榜"的形式发布的结果,即根据学生的表现对国家或地区进行排名,这些结果被许多国家或地区用作对教育体系进行根本性改变的论据。例如,在丹麦,尽管直接受到 2003 年 PISA 考试成绩不佳的影响,其政府在教师组织和教育研究人员的强烈抗议下仍推出了各种各样的学校考试。但这种效应在多大程度上促进了教育系统的质量？PISA 对于数字思维的追求,使得一些国家或地区盲目追求教育的经济效益,过度追求排名,力图通过短期的改革,提高教育系统质量。

　　PISA 可以提供有用的相对绩效衡量指标,但它们仅是一项衡量指标。教育系统是复杂且多维的,任何有效的改革都不能建立在单一狭窄的绩效衡量标准上,换句话说,任何使用单一评估来制定或修正政策与改革的做法都是片面的。同时,对于教育系统的错误认识可能会导致政策的无效或有损教育系统运行的平衡。如果 PISA 成为关注的唯一指标,则可能会出现通过政策调整来提升本国或地区成绩的现象,继而对其他无法衡量的重要教育内容产生不利影响。对于决策者而言,教育系统的衡量标准也不能降低到 PISA 全球教育表现的排行榜上的单一指标上。以上诸多问题从不同角度阐释了 PISA 测评结果及其效应的有效性，对此，应该正确看待 PISA 及其效应。对于 PISA 测评结果的分析和解读，应理性看待，不能只关注分数和排名或将其作为评价教育好坏的标准，而应作为参考，并结合自身教育系统的实际情况，力图通过 PISA 本土化，取长补短，为未来教育改革提供有意义的信息与借鉴。

第七章　超越与发展：后 PISA 时代的教育改革

PISA 代表了经合组织对参与国家或地区的一项新承诺,即在国际公认的共同框架内,以学生的成绩来监测教育系统的成果。自 2000 年以来每三年进行一次 PISA,通过对参与国家或地区的学生成绩进行排名比较,以证明一个国家或地区是否有所改善以及改善的程度。作为一项开源的数据库,PISA 通过确定"行之有效"的模型,并通过定期审查和比较数据集,呈现测试结果与排名,迫使各国或地区改善针对已确定的最佳实践模型的政策,以便在全球化的知识经济中具有竞争力。在这种背景下,PISA 测试利用素养替代知识,其结果便于参与国家或地区了解自身教育系统现状,并提供教育改进的政策建议,发挥了良好的政策引领作用。但与此同时,PISA 自身及其教育效应存在诸多问题,尤以 PISA 成绩排名这种数字治理效应产生的问题最为显著。PISA 及其教育改革效应本身已成为客观的教育存在,对此,我们需要有着清醒而又理性的认识;以此为基础,通过改进 PISA 测评,逐步克服过于关注 PISA 成绩排名及由此引发的数字治理效应,回归 PISA 的价值与功能,回归教育改革发展的育人本质,促进教育有序、健康发展。

第一节　超越数字治理的 PISA 改革

自 2001 年首次发布结果以来,PISA 结果已成为一种全球教育质量的"金标准"[1],通过这一标准,"PISA 已被公认为是衡量全球学生表现的可靠工具,而 PISA 的结果已影响到参与国家或地区大多数的教育政策调整与改革"。[2] 通过上一章节的分析发现,PISA 本身存在的问题在一定程度上影响了其效应的发挥。因此,必须首先从 PISA 自身入手,改善现有的问题,促进 PISA 在测量内容、因素分析、技术水平上的提高与完善。

---

① Sjøberg, S. (2015). OECD, PISA, and globalization: the influence of the international assessment regime. In Tienken, C. H., & Mullen, C. A. (Eds.), *Education policy perils*. London: Routledge, 114 - 145.
② Breakspear, S. (2012). *The policy impact of PISA: an exploration of the normative effects of international benchmarking in school system performance*. Pairs: OECD Publishing.

一、构建科学的指标体系

指标定义了经合组织如何理解教育系统。在 PISA 背景下，提高教育质量成为提高参与 PISA 测评国家或地区学生分数的代名词，或者，降低 PISA 不平等指标得分等同于提高教育系统的公平性。然而，在通过将指标与实现教育系统的最初目标等同起来简化和量化复杂现象与进行多方面分析时，可能会忽略许多要素。例如，PISA 对学校间的不公平指标进行测量，以学生家庭背景、成绩、入学机会作为衡量标准，忽视了学校内部的不平等因素。在教育公平方面取得进展意味着要改善这些 PISA 公平指标。但是，这些指标并不能完全代表复杂的社会不平等现象或更广泛的公平理论结构。

其次，PISA 指标过于狭窄，无法代表学校系统在经济、社会、公民和人类发展领域中要制定的更广泛的目标。例如，PISA 指标仅针对特定的学习成果进行测量，由于测试时间的限制，它也只能衡量阅读、数学和科学素养的狭义概念。对此，有学者指出，PISA 着重于一小部分可测量的教育目标，忽略了那些如体育、品德、公民教育及艺术修养等不易测或不可测的部分。这种做法限制了我们对现有及应有的教育目标的想象。[1] 最终结果是，PISA 成为衡量教育系统整体绩效的一种非常狭窄的标准，并且不能为改进教育政策与改革提供足够的信息。例如，学校教育系统将注意力集中在 PISA 可衡量的内容的学习上，而其他重要内容（例如健康、福祉、社会情感发展等）则有被边缘化或完全被排除在外的危险。

基于此，未来改革需要超越 PISA，以生成一套更合适的评估指标，从不同的层次理解和认识教育。首先，应该摆脱采用 PISA 制定的"黄金指标"，从诸如 IEA 等项目的数据收集、处理与分析中汲取经验。其次，必须进一步开发相关指标项目与数据分析技术，通过进一步完善抽样方式、数据分析与比较，减少数据误差，以便为教育系统的发展提供更广泛的新的目标。例如，PISA 2015 增加了对合作解决问题能力的分析，以及对学生对生活的满意度、对学校的归属感的分析，或是面临失败时对自我效能感等非认知能力的分析，旨在扩大 PISA 的测试范围，使其涵盖非认知技能的重要领域。然而，这仅仅是开始，PISA 必须协调教育系统的多方面指标分析，特别是与个人发展有关的能力，加强对非认知能力的测评。最后，PISA 指标应重新强调学生福祉、健康等指标，促进学生身心健康发展。

---

① Meyer, H. -D. , Zahedi, K. , et al. (2014). Open letter to Andreas Schleicher. *Policy Futures in Education*, 11(07): 872 - 877.

二、建立科学的多因素分析

在 PISA 项目正式实施之前,经合组织已经做了大量工作,以确保实施最新、最严谨的统计和数据收集方法,从而减少产生不可靠和不可比数据的机会。对于收集到的数据信息,通过建立因果分析、相关性分析阐释一个国家或地区在此项指标中的实际情况,但这些测量因素之间的相关性是否准确也成为一些学者诟病 PISA 测评的主要内容之一。

使用 PISA 为政策改革提供信息的主要问题之一是,学生成绩和影响成绩的因素之间存在相关性。PISA 评估学生在阅读、科学、数学上的表现水平,同时收集学生和学校的背景信息。尽管这样的调查可以提供有关一个国家或地区学生表现水平的信息,并且可以突出显示特定教育体系的优点和缺点,但它确定学生表现如何得到改善的能力有限。[①] 它可能只是提供了一些关于导致教育成功的因素的假设,但学生背景信息与学生成绩之间的任何联系只是猜测,单凭统计数据不能证明两者之间的因果关系。[②] 事实上,经合组织在最近的一份报告中指出:

> 虽然 PISA 不能识别教育投入、过程和成果之间的因果关系,但它可以显示高绩效的教育系统相似且不同的关键特征,并将这些发现与教育者、决策者和公众分享。[③]

虽然 PISA 可以报告教育系统之间的相似之处,但不可能将这些相似之处直接与教育绩效因素联系起来。首先,PISA 没有收集有关教育成功的所有因素的信息。例如,家长支持和课后辅导等私人教育投资尚未正式纳入 PISA 数据之中。此外,尽管学生和学校背景变量可能与成绩相关,但无法得出关于哪些因素与学业成绩直接相关的明确结论。例如,家长较高的收入可能会为儿童提供更好的教育资源。高收入家庭的父母也可能对儿童在教育方面表现出较高的期望。因此,学生背景变量与成绩之间存在多层次的中介变量,要证明学业成绩与学生背景特征之间的直接联系是非常困难的。[④]

① Buckingham, J. (2012). *Keeping PISA in perspective: why australian education policy should not be driven by international test results*. Issue Analysis, No. 136. Centre for Independent Studies. Sydney. http://www.cis.org.au/images/stories/issue-analysis/ia136.pdf.

② Wu, M. (2014). Evidence-based policy making in education. *International Journal of Contemporary Educational Research*, 1(01): 1-8.

③ OECD. (2010). *PISA 2009 results (volume v): learning trends: changes in student performance since 2000*. Pairs: OECD Publishing.

④ Gillis, S., & Polesel, J., & Wu, M. (2015). PISA data: raising concerns with its use in policy settings. *The Australian Educational Researcher*, 43(01): 131-146.

　　其次，PISA 尝试使用多层次建模来考虑学校差异。本质上，一个多级模型试图代表影响变量的所有变化源。例如，假定学生的成绩取决于各种学生特征，包括诸如性别、社会背景和先前学业等因素，并且还取决于与他们就读的学校相关的特征。当建立包括此类因素的统计模型时，通常还将包括关于学校特征的因素，但是分析发现，学校之间仍然存在差异，而无论是学生还是学校水平的特征都无法解释这些差异。此外，在 PISA 结果中也存在着"具备某一能力的学生成绩比未具备这一能力的学生高几分"的描述，例如，PISA 2018 指出在考虑学生和学校的社会经济状况后，具有成长型思维的学生比固定型思维的学生的阅读成绩要高 32 分。[①] 诸如此类的表述是建立在对经合组织国家学生的平均基础上的，并不能反映一个国家或地区学生的特定水平，这样的表述很难说明不同国家学生的成长型思维对学生阅读成绩是否有影响。

　　值得说明的是，PISA 报告中涉及的因素分析，大约是在借鉴前人研究的基础上，利用已有因素分析扩展到当下的测评中，忽视了当下的历史、文化、经济背景，其准确性是很难保证的。未来，对于多因素分析，PISA 项目组的专业人员应该通过新的量化分析与质性研究工具对影响学生成绩的因素的相关性进行重新界定和分析，在构建回归模型时要考虑到每个模型的使用条件及其稳定性，如因变量的类型、分布特点，以及自变量之间的独立性、共性等问题，以免得出错误的结果。

三、提升测评的技术水平

　　假设"当今知识社会的挑战"的构成是一个合理的背景，而不论其文化或发展特点如何，仍然存在以下问题：选择项目的方式和将项目答案汇总为一个总分的项目反应模型如何符合 PISA 旨在衡量的素养。更具体地说，有关于 PISA 的文献研究中，多数批评主要集中在测量项目的技术层面。PISA 不仅衡量阅读、科学、数学素养，而且还衡量与素养相关的其他方面。在 PISA 2012 中，删除了十多个国家或地区的学生表现出较差的心理测量特征的项目，而这些项目是最容易出现多维性并反映文化偏见的项目。这样做的目的在于掩盖国家或地区之间的差异性，因为这些差异可能在不同的教育系统上表现出更大的异质性，继而影响 PISA 一些核心的教育理念。对于戈德斯坦（Goldstein）来说，进行跨国研究的目的不应是忽视，而是获得有关国家之间根本差异的信息。[②]

---

① OECD. (2019). *PISA 2018 results (volume iii)：what school life means for students' lives*. Paris：OECD Publishing.
② Goldstein, H. (2004). International comparison of student attainment：some issues arising from the PISA study. *Assessment in Education*，11(03)：319 - 330.

调查通常只测量教育系统的一个方面,对这个方面的内容需要进行特殊定义以防止出现学术界定的混乱。而在 PISA 测评中,核心是试图在各个国家或地区之间提供可比性。"评估有效性的前提在于衡量所有参与群体的工具在文化和语言上都是相同的。"[1]在实践过程中,PISA 实现跨国或地区调查充满了挑战:第一个挑战是构建具有文化中立性的项目;第二个是将这些项目翻译成其他语言。为了达到理想的中立性,经合组织使用各种机制来确保措辞和翻译不影响结果,但仍存在诸多文化差异导致的翻译问题。

其次,项目反应模型的选择对 PISA 排名和变化产生影响。项目反应模型使用各种假设,以便将一个人对一系列问题的答案汇总为该人的单个分数。对此,布朗(Brown)认为,这种方法是有问题的,因为项目反应模型的选择会对教育不公平等方面的国家排名产生显著影响(即根据第 95 位和第 5 位之间的差距的大小对国家或地区进行排名,以衡量一个国家或地区的教育系统是否公平)。[2]

最后,PISA 声称"通过密切关注学生素养表现随着时间的变化来监控国家或地区教育系统的发展"。[3] 在整个 PISA 报告中,以及在许多评论中,都明确假设可以对参与国家或地区的教育系统进行直接比较。对此,学术界普遍认为,PISA 的主要局限性在于它依赖于横向数据(某一时间点收集的不同对象的数据),即每一轮都指向不同学生群体的数据。由于这项研究是横向的,难以进行纵向对比,因而对学校教育本身的影响很少。因此,要根据教育系统的效果进行比较,有必要(尽管不够充分)收集纵向数据。但在 PISA 测评中,一些进行相关分析的因素之间确实存在这种因果关系,例如,报告声称阅读素养水平"对税前收入、就业、健康有直接影响",但不能从横向研究中推断出来。这就需要 PISA 在未来进一步提升技术水平,挖掘数据的横纵向分析,减少测量误差,以提升结果的准确性与有效性。

就 PISA 本身来看,未来 PISA 测评改革应该关注以下内容:第一,在试题开发中认识到文化的特殊性,并在此后的测试中关注不同文化的重要作用。第二,在分析中使用的统计模型应更加复杂化,以便纳入多重因素,保留而不是消除国家差异。第三,需要强调任何比较的多层次性,根据不同国家或地区的教育系统表现出的可

① Kirsch, I., Long, J. D., Lafontaine, D., et al. (2002). *Reading for change: performance and engagement across countries*. Paris: OECD Publishing.
② Brown, G., Micklewright, J., Schnepf, S. V., & Waldmann, R. (2007). International surveys of educational achievement: how robust are the findings?. *Journal of the Royal Statistical Society (Series A)*, 170(03): 623-646.
③ Kirsch, I., Long, J. D., Lafontaine, D., et al. (2002). *Reading for change: performance and engagement across countries*. Paris: OECD Publishing.

变性和对差异的可能解释对各国或地区进行比较，有可能为跨文化研究提供强有力的新视角。第四，PISA 的比较研究必须向纵深方向发展。只有横向数据，很难对不同教育系统的影响作出令人满意的推论。第五，PISA 测评不应被视为对国家或地区进行排名的工具，而应被视为探索国家或地区在文化、课程和学校组织方面差异的一种方式。要做到这一点，就需要对问卷和测试项目的设计采取不同的方法，以期暴露参与国家或地区教育系统的问题。

第二节　超越数字治理的教育改革

　　每一轮的 PISA 测试，不仅会产生按学生表现进行的国家或地区的排名，而且还会将教育实践与学生绩效联系起来，为各国或地区提供有关如何改善教育系统的指导。除了 PISA 结果报告，经合组织还使用 PISA 数据生成特定主题的报告，以及针对特定国家或地区的基于 PISA 改进的报告，提供咨询服务，帮助这些国家或地区改善教育系统质量。在这个过程中，PISA 测试结果在评价不同国家或地区教育系统优劣得失的同时，其大量的数据结果也有利于打破人们对于教育问题的传统认知。对此，特洛勒(Tröhler)指出，在试图了解全球教育的当前趋势时，不能低估这种治理模型的发展和传播的重要性。首先，它使教育过程(包括其所有复杂性)简化为一套预先确定并由国际施加的指标，同时简化了文化背景，量化了人口统计和社会经济统计数据。在未来教育改革的过程中，应该规避 PISA 数字治理引发的不良效应，回归教育的育人价值，强调以学习者为中心，通过课程、教学、评价等多方面的改革，教会学生从容面对未来的挑战。同时，客观、科学地看待量化数据，结合国家或地区的实际情况进行改进与完善，进一步加强国际交流与合作，这或许是 PISA 为未来教育改革带来的启示。

一、以学习者为中心的教育

　　在现代社会，以学生为中心的学习越来越成为占主导地位的教学方法，其假设为：学生设计和指导自己的项目的主动性水平与学生的表现之间存在正相关关系。在以学生为中心的学习中，一个典型的形象是作为独立学习者的学生。[1] 学生设计自己的项目，因此期望他们更加坚定、积极参与。他们从正在进行的过程中获得的结果中以

① Keitel, C., & Kilpatrick, J. (1999). The tationality and irrationality of interna tional comparative studies. In Kaiser, G., Luna, E., & Huntley, I. (Eds.), *International comparisons in mathematics education*. London: Falmer Press, 241-256.

及开展项目本身的挑战中学习。这里的基本假设是,学生通过自我指导的经历指导自己最有效地学习,其动机相应地提高并产生更高的成就水平,并且通过这种经历获得的知识类型可以更具创造性地应用到其他实践中。

从上文得知,PISA 引发的教育改革效应暴露了 PISA 强调教育的经济效益,使得部分国家或地区盲目追求排名、成绩,追求短期教育成效等。同时,相关研究显示,在 PISA 测评中的高绩效国家或地区,包括新加坡、芬兰等,纷纷强调以学生为中心的教育改革,强调学生自我探究、创造性解决问题的能力。在日本,2018 年经济产业省启动未来教室项目,为克服当前学生没有把重点放在对已有知识、问题保持疑问上,该项目要求教学应"以学习者为中心",即学校不再会像现在这样具有特别重要的作用,而是应充分利用学习工具,打破地域限制。① 基于以上分析,未来教育改革应规避 PISA 引发的数字治理的弊端,回归到教育育人的本真,以学生为中心,以育人为己任。

在教育改革的发展过程中,以学生为中心的教育理念并不是一个新鲜事物。自 17 世纪初夸美纽斯提出班级授课制,到赫尔巴特构建课堂、教师、教材传统教育学的三中心,再到 19 世纪末 20 世纪初进步教育运动兴起后,杜威提出"以儿童为中心"的教育思想,原有僵化的教育理念被打破,转而掀起了新教育的浪潮。20 世纪五六十年代苏联卫星上天后,美国等一些发达国家重新强调科学知识的重要性,实现了以往教育理念的回归。在 20 世纪 70 年代和 80 年代,皮亚杰的思想启发了欧美教育的变革,包括理论和实践,产生了一种"以儿童为中心"的教育理念。在与皮亚杰的对话中,布林格(Bringuier)说:"对于大多数人来说,教育意味着试图带领孩子变得像他所在社会的成年人……但是对我而言,教育意味着创造,你必须使发明家、创新者不墨守成规。"②这种教育理念强调将学生作为学习者来关注。由于这种关注,教育在一定程度上以学习者为中心并且以建构主义为基础。不可否认的是,以学生为中心的理念激发了学生的学习兴趣,但对于教育质量提升的影响并不显著。20 世纪 80 年代后,随着各国对教育质量的要求提升,一些国家通过增加标准化测试、增加问责等方式强调教育改革以学生成绩为中心,弱化学生的个性化发展。进入 21 世纪以来,在信息化、人工智能等的冲击下,教育系统内外面临更多的挑战,但学校模式仍延续以往工业化时代的标准化、服从模式,这种模式并不是真正站在学生发展的立场上的。未来教育政策改革必须从以往单纯以学生成绩为中心的理念中跳脱出来,重新界定以学生为

① 日本信息平台."以学习者为中心"——日本将启动"未来教室"验证项目. (2018 - 07 - 02)[2019 - 03 - 12]. http://www.keguanjp.com/kgjp_jiaoyu/kgjp_jy_gdjy/pt20180702094648.html.
② Bringuier, J. -C. (1980). *Conversations with Jean Piaget*. Chicago: University of Chicago Press.

中心的理念。尊重学生多样性，强调为每个学生提供平等且适合其自身发展的教育，通过技术与教育的融合，强调学生自我探究、自我学习、自我建构，促进学生的个性化发展。

二、智能时代与未来教育

时代在进步，PISA 测评的内容也在不断变化。PISA 在 2009 年首次启动数字阅读，此后每届 PISA 都有基于计算机、互联网等的测评，力图通过相关测试了解当下青少年对互联网的认知与使用。随着互联网的不断发展，云计算、人工智能等革新不断改变人们的生活。其中，人工智能对社会产生了影响与冲击，对劳动力市场技能的需求也在不断增长。例如，社会情感技能的需求在过去四十年中有所增加。[①] 无论如何，如果技能需求按照这些估计所表明的速度发生变化，那么工人就必须在职业生涯中不断调整自己的技能。如果说工业时代需要劳动者具备高智商(IQ)，信息时代赢在高情商(EQ)，那么人工智能时代则需在已有的基础上具备更高阶的技能。这对教育系统具有重大意义，必须通过教育改革调整学生培养目标、内容、过程等，使教育生态更契合智能时代对人的要求。

在过去的几个世纪中，工作技能的转变一直是全球经济发展的一个关键方面。这种转变的本质是众所周知的，随着教育程度的大幅提高，最初将就业从农业转向制造业，然后转变为服务业。例如，在英国，服务业就业人数从 1890 年的 41％增加到 1998 年的 72％，[②]而平均受教育程度从 4.8 岁增加到了 13.1 岁。[③] 不同的国家处于教育和工作技能转变的不同阶段，但这种转变正在全球范围内发生，并对政府与人力资本相关的政策产生持续影响。在 20 世纪后期，技能需求变得更加复杂，随着技术的进步，某些技能的自动化引发了对未来所需工作量变化的质疑，而不仅仅是整个劳动力数量的分配。从历史上看，新技术引起的失业问题一直存在，这延续了至少两个世纪的早期工业革命。[④] 现在，人们更担心因经济结构调整导致的大量失业问题的出现，因为传统上由人类执行的任务正在或正面临被机器人接管的风险，尤其是那些启用了人工智能的机器人。实际上，全球运营的机器人数量正在迅速增加。到 2019 年，约有 140

① Deming, D. J. (2017). The growing importance of social skills in the labor market. *The Quarterly Journal of Economics*, 132(04): 1593-1640.

② Maddison, A. (2003). *The world economy: a millennial perspective*. Paris: OECD Publishing.

③ Van Zanden, J., et al., (2014). *How was life? global well-being since 1820*. Paris: OECD Publishing.

④ Mokyr, J., Vickers, C., & Ziebarth, N. L. (2015). The history of technological anxiety and the future of economic growth: is this time different?. *Journal of Economic Perspectives*, 29(03): 31-50.

万台新工业机器人投入运营,全球总数达到 260 万。^① 一些研究表明,含有机器人在内的机器在涉及"可编码"的日常任务时最容易取代工人。其中一些任务是认知的,例如处理工资单或账单。其他是手动的,例如操作焊接机、组装货物或驾驶叉车,这些任务很容易自动化。在挪威,公司在其生产过程中采用信息和通信技术使技术工人受益,但同时造成了一些流水线上的工人失业。^②

同时,欧洲国家最近的证据表明,虽然技术可能会取代某些工作岗位的工人,但总的来说提高了对劳动力能力的需求。^③ 1986 年希尔顿酒店在上海招聘,要求受聘人员品格优秀、态度良好、勤奋好学;文化程度为大学或大专毕业。而其 2018 年的招聘广告则要求受聘者必须具备如下态度、行为、技能、价值观:具有以服务为中心的经验;积极的态度和良好的沟通能力;更高的服务水平;团体协作的能力以及熟练掌握信息技术等。有学者对 1960 年以后的劳动力结构进行分析预测,如图 7.1 所示。其中,横轴表示年份,纵轴表示工作输入量的百分比。从 1960 年到现在,劳动力结构发生了重大转变。抽象工作有所增加,常规和体力工作相应减少。到 2020 年,抽象工作超过了

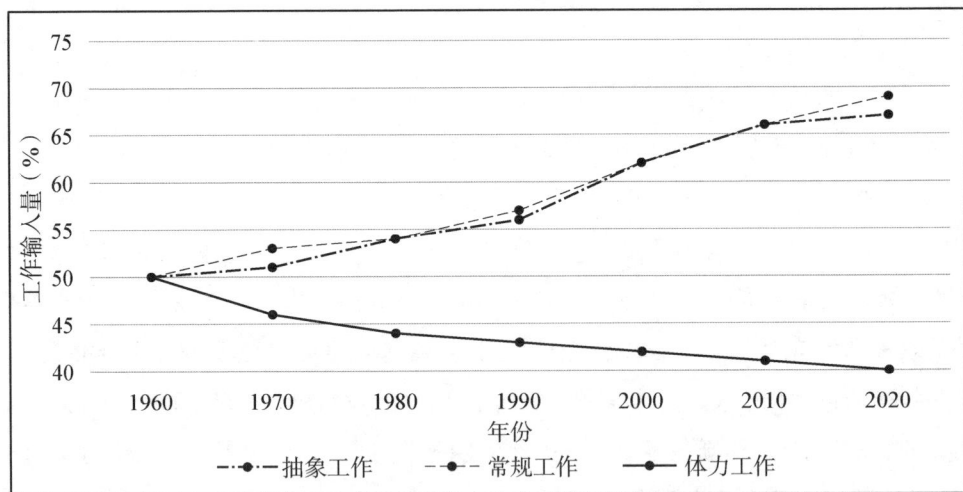

图 7.1　1960 年以来工作结构的趋势与预测

资料来源: Griffin, P., et al. (2012). *Assessment and teaching of 21st century skills*. London: Springer.

① International Federation of Robotics. (2016). World robotics report 2016: European union occupies top position in the global automation race. https://ifr.org/ifr-press-releases/news/world-robotics-report-2016.
② Akerman, A., Gaarder, I., & Mogstad, M. (2015). The skill complementarity of broadband internet. *Quarterly Journal of Economics*, 130(04): 1781 - 1824.
③ Gregory, T., Salomons, A., & Zierahn, U. (2019). *Racing with or against the machine? evidence from Europe*. https://ftp.iza.org/dp12063.pdf.

65％。在当下这个时代，技术正在解构对原有工作的要求，而增加了对工作人员能力素养方面的需求。有学者指出，当下发达经济体和新兴经济体对非常规认知和社会行为技能的需求似乎在上升，对不同技能类型组合的回报似乎在增加，而对常规工作技能的需求正在下降。这些变化不仅体现在取代旧工作岗位的新工作岗位上，而且体现在现有岗位的技能变化上。[①]

　　工业革命引发的现代化大生产、大量专业化的岗位，需要培养具有一技之长的生产者和劳动者。而在这个时代，就像《2016年世界发展报告：数字红利》所指出的那样，"随着计算能力的提升，再加上连接互联网的信息价值，数字技术正在承担更多任务"。[②] 大量机器人替代人完成更多的工作，未来智能机器将全面取代人类工作，真正能够工作的或许只有2％的人。[③] 2020年初，世界经济论坛发布《未来学校：为第四次工业革命定义新的教育模式》(*Schools of the Future Defining New Models of Education for the Fourth Industrial Revolution*)报告，提出"教育4.0全球框架"，认为教育要为学生的未来做好准备，使其不仅成为未来经济的生产力贡献者，更要成为未来社会的负责任的公民，而为了实现这一愿景，就要努力使学生具备全球公民技能(Global Citizenship Skills)、创新与创造技能(Innovation and Creativity Skills)、技术技能(Technology Skills)以及人际交往技能(Interpersonal Skills)等关键技能。[④] 以PISA测评框架所反映的学生在知识、技能素养方面的不足，对标未来社会对人的发展的要求，未来教育改革应进一步深化基础教育课程和教学改革与发展，优化课程体系，加强课程与社会生产、社会生活知识的联系，增进学生对社会与职业的认知，帮助学生形成对工作和职业、社会生活的正确而丰富的认识；变革教学与学习方式，激发学生积极的学习态度和学习热情，增进学生自信心与自我效能感，促进学生的个人化与自定进度的学习(Personalized and Self-Paced Learning)、无障碍的与包容的学习(Accessible and Inclusive Learning)、基于问题和协作的学习(Problem-Based and Collaborative Learning)，加强学校实践教学，组织丰富多彩的社会实践活动，在综合性、情景性、互动性的学习过程中，认识社会、参与社会，培养学生的团队协作精神与集体荣誉感，提高学生的批判性认识、分析和解决复杂问题的思维能力、创造力，全面提高学生的核心

① Jimoyiannis, A. (2012). *Research on e-learning and ICT in education*. New York: Springer.
② World Bank. (2016). *World development report 2016: digital dividends*. Washington, DC: World Bank. http://data.worldbank.org/data-catalog/world-development-indicators.
③ 吴军. (2016). 智能时代. 北京：中信出版集团，364—365.
④ World Economic Forum. (2020). *Schools of the future defining new models of education for the fourth industrial revolution*. (2020-01-09)[2020-03-06]. http://www3.weforum.org/docs/WEF_Schools_of_the_Future_Report_2019.pdf.

素养与终身学习能力。

三、量化评价与教育决策

使用数据已被嵌入到基于证据的教育决策过程中,例如教师收集有关学生学习的数据;政策制定者收集有关国家、地区学校和学生成绩的数据;教育研究人员收集有关学校教育方面的数据,等等,[①]这一点在近几十年来变得越来越重要。多项研究表明,教师和学校领导者对数据的有效利用可以改善学校及学习效果。[②③④]

随着信息技术不断发展,利用数据监测教育系统的质量变得越来越简单。技术人员只需要将代码输入到监测系统中,通过捕捉教师教学及学生的课堂表现、作业情况,可以很快获取相关数据信息。鉴于各国政府和大众媒体全神贯注于提高跨国排名与促进经济繁荣,摆脱对国际排行榜的关注并非易事。不同国家或地区的经济、政治、文化、历史各有不同,同时教育系统的现状、发展等也不同,用统一的标准去衡量不同国家或地区学生的表现并将其通过数据分析的形式展现出来,PISA 的这种评估方式助长了对量化数据的追求,强调了教育与经济发展的关系。例如,经合组织在其 2012 年 PISA 的结果分析中指出,"如果所有学生在数学上都达到 2 级水平,经合组织国家的合并经济产出将增加约 200 万亿美元"。以上由数字治理引发的问题对于教育决策具有重大影响。

未来,各国政府应该从基于结果的导向转变为更关注发展而非竞争,不应将 PISA 作为对教育系统绩效的确定性判断,而应将 PISA 作为了解教育系统的一种方式,从而促使参与国家或地区使用多种数据源来检测本国或地区教育系统的质量,以求从多种途径了解教育质量,并根据本国或地区教育系统的实际情况进行改革与完善。不应将 PISA 作为衡量教育质量的唯一标准,超越以数字为表征的全球教育质量测评应是全球教育治理的共同趋向。联合国教科文组织关于文化、教育与发展的报告特别指出:"人类生活的文化层面可能更重要……例如,教育促进经济增长,因此教育具有工具价值,同时也是文化发展的重要组成部分,具有内在价值。因此,我们不能将文化减

---

① Gelderblom, G., Schildkamp, K., Pieters, J., & Ehren, M. (2016). Data-based decision making for instructional improvement in primary education. *International journal of educational research*, 80: 1-14.

② Black, P., & Wiliam, D. (1998). Assessment and classroom learning. *Assessment in Education*, 5(01): 7-63.

③ Black, P., Harrison, C., Lee, C., Marshall, B., & Wiliam, D. (2004). Working inside the black box: assessment for learning in the classroom. *Phi Delta Kappan*, 86(01): 9-21.

④ McNaughton, S., Lai, M. K., & Hsiao, S. (2012). Testing the effectiveness of an intervention model based on data use: a replication series across clusters of schools. *School Effectiveness and School Improvement*, 23(02): 203-228.

少到仅仅作为经济增长的推动者的附属地位。"①为此，各国或地区须正确看待 PISA，超越 PISA 数字治理，正确认识数据的工具性价值，不应将 PISA 结果作为衡量本国或地区教育系统优劣的唯一指标，必须因地制宜，结合本国或地区的历史文化传统，科学、客观地运用数据分析，破解数据引发的全球治理难题。

四、国际教育交流与合作

进入 21 世纪，世界多极化、经济全球化、社会信息化、文化多样化推动着全球范围内教育国际化深入发展，国际教育格局深刻演变，经合组织实施的 PISA 项目使得各国突破了以往的国内评估，加强了全球范围内的教育交流与合作。为了在此变化中紧随时代前进的步伐，保持本国在教育领域内的世界领先地位，必须通过加强国际交流与合作，促进国与国之间的教育往来，学习他国先进教育理念，推进教育国际化与本土化相结合。

发达国家之间的国际教育竞争不断加剧，它们通过争抢国际教育市场份额，招收更多学生，提高本国教育国际竞争力。其中，澳大利达提出 2015 年要实现招收国际学生 72 万人的目标，加拿大提出到 2022 年招收 45 万人，德国提出到 2020 年招收 35 万人，新西兰提出到 2025 年招收 14.3 万人。② 在 2007 年底"次贷危机"爆发并逐步演化成国际性金融危机的过程中，美国教育机构以国际教育合作为突破口，加强与其他国家的教育合作，改善国内教育系统，促进国民经济持续发展。2008—2009 学年，因出国深造而得到助学贷款的美国学生数量达到了 260 327 人；而在 2009—2010 学年，就读于美国的国际学生数量为 690 923 人，达到了历史新高。③ 在中国，国际教育的需求量逐年增加，主要受劳动力国际化趋势增强，高等教育水平学术流动性增长，以及英语作为商业语言的主导地位日益增强等影响，来自教育部的官方数据显示，自 2017 年我国出国留学人员数量突破 60 万大关后，2018 年我出国人员总数较去年增加 5.37 万人，达到 66.21 万人，同比增长 8.83%，④2019 年我国出国留学人员总数突破了 70 万人。

面对未来诸多不确定因素的影响，教育改革应该继续立足于未来，反思全球共同

① UNESCO. (1996). *Our creative diversity：report of the world commission on culture and development*. World Commission on Culture and Development，Pairs：Egoptim.
② 李建忠. (2018－12－07).演变中的国际教育格局——教育国际化发展趋势扫描. *中国教育报*,005.
③ 徐辉，张永富. (2012).美国国际教育交流与合作的基本价值和具体实施——以国际金融危机为视角. *外国教育研究*,39 (06)：35—40.
④ 教育部. (2019).2018 年度我国出国留学人员情况统计. (2019－03－27)[2020－01－06]. http://www. moe. gov. cn/ jyb_xwfb/gzdt_gzdt/s5987/201903/t20190327_375704. html.

利益,未来全球教育改革应进一步打破地域局限性,扩大国际交流范围;进一步扩大对外开放水平,实现国际化与本土化的有效融合;进一步加强国际理解教育,提升国际理解教育质量。

本章小结

PISA 测评结果越来越多地影响到一些国家或地区的教育改革与政策调整。PISA 通过一些问卷,包括标准的学生背景问卷调查表、学校校长问卷和其他可选问卷与学生试题联合分析,监测参与国家或地区教育系统的质量。但值得注意的是,PISA 测评自身存在的问题以及其政策导向也暴露出国际比较存在弊端,它强化了以数字排名的治理模式,致使一些国家盲目追求 PISA 高绩效,忽视了教育育人的基本价值。结合当下教育改革的愿景,作为一项教育评估的 PISA 项目需要变革。首先,需要摆脱采用 PISA 制定的"黄金指标",从诸如 IEA 等项目对于阅读、数学、科学等素养的国家数据中,从更广泛的现有数据中汲取经验;其次,认识到文化的特殊性,兼顾各国历史文化实际,并在此后的 PISA 测试中关注文化的重要作用,赋予更多的人文精神;进一步提升测评的技术水平,在量化评价基础上,适度增加质量评价、模糊评价。

就其效应来看,PISA 结果蕴含着与学生成绩有关的其他指标,这将使国家或地区决策者能够将其教育系统的绩效与其他国家或地区的绩效进行比较。它们还将重点关注和激发教育改革、促进学校的改善,特别是在投入相似的学校或教育系统取得明显不同成果的地方。此外,它们将为更好地评估和监测国家或地区一级教育系统的有效性提供基础。[①] 这是 PISA 引发的积极效应,但值得注意的是,PISA 透过数字、统计数据创建了全球教育政策领域,尽管 PISA 研究人员警告决策者不要专注于排名和成绩,但 PISA 提供的数字和表格更容易让决策者在其政策制定中使用。[②] 从基于经验到基于数字的教育决策,用数据"说话",把数据分类转化为政策依据,以证据为基础的政策概念一定程度上实现了从微观数据到宏观政策的实质性连

① Bogdandy, A. V., & Goldmann, M. (2012). Taming and framing indicators: a legal reconstruction of the OECD's program for international student assessment (PISA). In Kevin, E., Davis, A. F., Kingsbury, B., & Merry, S. E. (Eds.), *Governance by indicators: global power through quantification and rankings*. Oxford: Oxford University Press.

② Schleicher, A. (2000). Monitoring student knowledge and skills: the OECD programme for international student assessment. In Shorrocks-Taylor, D., & Jenkins, E. W. (Eds.), *Learning from others: international comparisons in education*. Dordrecht: Kluwer.

接，也在现实意义上使得大数据成为可以实际操作的政策概念。[①] 这种基于数据的教育治理，是信息技术发展趋势使然，推动了教育治理体制的现代化变革，但同时依托数字为表征的教育治理挟裹着本身的数字化倾向，一定程度上加深了以排名、成绩为基底的治理方式。PISA 作为一种测评制度，不应成为各国或地区争夺成绩与排名的驱动器，应正确认识 PISA 的有限的合理性；从国家或地区自身的历史文化与教育改革实践出发，借鉴 PISA 的合理成分，以及 PISA 高绩效国家或地区的教育改革发展经验，走可适性渐进式教育改革的道路。

---

① Therese, N. H. , & Kristine G. (2017). The politics of PISA: the media, policy and public responses in Norway and England. *European Journal of Education*, 52: 192 - 205.

参考文献

中文文献

著作

［ 1 ］［德］安德烈亚斯·施莱歇尔.(2018).*超越 PISA:如何建构 21 世纪学校体系*.徐瑾劼,译.上海:上海教育出版社.

［ 2 ］［德］安德烈亚斯·施莱歇.(2016).*培养卓越校长和教师:来自 PISA 的建议*.胡惠平,等,译.北京:教育科学出版社.

［ 3 ］［瑞士］查尔斯·赫梅尔.(1983).*今日的教育是为了明日的世界:为国际教育局写的研究报告*.北京:中国对外翻译出版公司.

［ 4 ］褚宏启.(2011).*教育政策学*.北京:北京师范大学出版社.

［ 5 ］陈向明.(2000).*质的研究方法与社会科学研究*.北京:教育科学出版社.

［ 6 ］陈玉琨.(1987).*教育评估的理论与技术*.广州:广东高等教育出版社.

［ 7 ］［美］费尔南多·M·赖默斯,康妮·K·郑.(2016).*21 世纪的教与学:六国教育目标、政策和课程的比较研究*.金铭,等,译.北京:北京语言文化大学出版社.

［ 8 ］方中雄,桑锦龙.(主编).(2015).*以改革创新推动首都教育发展——北京教育发展研究报(2014 年卷)*.北京:北京出版社.

［ 9 ］黄忠敬.(2016).*教育政策研究的多维视角*.北京:教育科学出版社.

［10］国际学生评估项目中国上海项目组.(2014).*质量与公平:上海 2012 年国际学生评估项目(PISA)结果概要*.上海:上海教育出版社.

［11］郭庆科.(2004).*教育评估与测量*.大连:辽宁师范大学出版社.

［12］蒋德仁.(2012).*国际学生评价(PISA)概说*.杭州:浙江教育出版社.

［13］教育部考试中心.(编).(2016).*中国 PISA2015 测试实践指导*.广州:广东高等教育出版社.

［14］［美］L. J. 克龙巴赫.(1989).通过评价改进教程.瞿葆奎(主编),*教育学文集第 16 卷·教育评价*.陈玉琨,赵中建,译.北京:人民教育出版社.

［15］［澳］凯·斯泰西.(2017).*数学素养的测评:走进 PISA 测试*.曹一鸣,等,译.北京:教育科学出版社.

［16］联合国教科文组织.(1996).*教育——财富蕴藏其中*.上海:教育科学出版社.

［17］陆璟.(2013).*PISA 测评的理论和实践*.上海:华东师范大学出版社.

［18］林聚任,刘玉安.(2008).*社会科学研究方法*.济南:山东人民出版社.

［19］陆雄文(2013).*管理学大辞典*.上海:上海辞书出版社.

［20］［美］迈尔斯,休伯曼.(2008).*质性资料的分析:方法与实践(第二版)*.张芬芬,译.重庆:重庆大学出版社.

［21］［加］迈克尔·富兰.(2004).*变革的力量——透视教育改革*.中央教育科学研究所,加拿大多伦多国际学院,译.北京:教育科学出版社.

［22］裴娣娜.(2000).*教育研究方法导论*.合肥:安徽教育出版社.

［23］苏忠林.(2007).*公共组织理论*.武汉:武汉大学出版社.

［23］孙绵涛.(1997).*教育政策学*.武汉:武汉工业大学出版社.

［24］滕梅芳,等.(2010).*面向未来:国际学生评价项目 PISA 启示*.上海:上海教育出版社.

［25］［美］托德·罗斯.(2017).*平均的终结:如何在崇尚标准化的世界中胜出*.梁本彬,张秘,译.北京:中信出版社.

［26］田慧生,孙智昌.(主编).(2012).*学业成就调查的原理与方法*.北京:教育科学出版社.

［27］全国十二所重点师范大学联合.(2013).*教育学基础*.北京:教育科学出版社.

［28］[荷]雅普·希尔伦斯,[荷]塞斯·格拉斯,[荷]萨利·M.托马斯.(2017).*教育评价与监测一种系统的方法*.边玉芳,曾平飞,王烨晖,译.北京:教育科学出版社.

［29］杨小微,等.(编).(2008).*教育研究的理论与方法*.北京:北京师范大学出版社.

［30］袁振国.(2002).*教育新理念*.北京:教育科学出版社.

［31］[日]筑波大学教育学研究会.(编).(1986).*现代教育学基础*.钟启泉,译.上海:上海教育出版社.

［32］吴军.(2016).*智能时代——大数据与智能革命重新定义未来*.北京:中信出版集团.

［33］吴康宁.(2015).*教育改革的"中国问题"*.南京:南京师范大学出版社.

［34］张民选.(2010).*国际组织与教育发展*.上海:上海教育出版社.

［35］朱永新,等.(主编).(2015).*教育改革进行时*.太原:山西教育出版社.

期刊论文

［1］褚宏启.(2016).核心素养的国际视野与中国立场——21世纪中国的国民素质提升与教育目标转型.*教育研究*,37(11):8-18.

［2］董奇.(2015).新课程改革的众说纷纭与理性思考——基于上海学生PISA测试结果的视角.*中国教育学刊*,(07):6-11+21.

［3］窦卫霖.(2013).关于UNESCO和OECD教育公平话语分析.*华东师范大学学报(哲学社会科学版)*,5(04):81-86+154.

［4］邓晓君.(2010).芬兰、德国与英国PISA测试的结果及其影响研究.*教育与考试*,(01):31-33.

［5］范国睿.(2016).教育政策与教育改革的逻辑展开.*教育科学研究*,(09):33-36.

［6］黄华.(2010).从PISA数学素养测试对国内数学教学的启示——PISA数学素养测试与上海市初中毕业统一学业考试测试之比较.*上海教育科研*,(05):8-11.

［7］黄志军.(2019).PISA测试的限度:国际学者的批判.*教育测量与评价*,(01):11-17+44.

［8］蒋倩倩,程岭.(2019).PISA测试理念下的初中数学教学范式创建.*教育科学论坛*,(22):51-55.

［9］阚阅,蔡四林.(2016).以PISA推动教育改革:来自英国的启示.*教育发展研究*,36(07):17-22.

［10］孔凡哲,李清,史宁中.(2005).PISA对我国中小学考试评价与质量监控的启示.*外国教育研究*,(05):72-76.

［11］李志涛.(2017).PISA测试推动下的德国教育政策改革:措施、经验、借鉴.*外国中小学教育*,(06):1-8.

［12］林子植,胡典顺.(2019).初中数学建模教学研究——PISA视域下.*教育研究与评论(中学教育教学)*,(10):5-10.

［13］刘复兴.(2002).教育政策的四重视角.*清华大学教育研究*,(04):13-19.

［14］刘帆,文雯.(2015).PISA2015科学素养测评框架新动向及其地我国科学教育的启示.*外国教育研究*,42(10):117-128.

［15］陆璟.(2010).PISA研究的政策导向探析.*教育发展研究*,30(08):20-24.

［16］龙宇.(2017).以PISA阅读素养观为指导的大学英语阅读课程教学改革探索——以北京师范大学为例.*科教文汇(下旬刊)*,(12):161-163.

［17］马健生,蔡娟.(2019).全球教育治理渗透:OECD教育政策的目的——基于PISA测试文献的批判性分析.*比较教育研究*,41(02):3-11.

［18］曲恒昌,程方平,周其红.(2003).专家点评"教育券".*教育发展研究*,(01):66-67.

［19］[美]托马斯·波克维茨,吴明海,梁芳.(2015).国际学生评估项目(PISA)对学校课程影响——成绩排名、标准化及学校课程炼金术.*教育学报*,11(02):73-86.

［20］万灿娟.(2019).语文阅读教学的文本变革——基于PISA阅读素养测评文本的分析.*教学研究*,42(04):113-119.

[21] 王佳,刘淑杰.(2019).PISA 测试引发的教育政策回应及革新——以德国和加拿大为例. 教育测量与评价,(06):27-33.

[22] 王蕾.(2008).PISA 在中国:教育评价新探索. 比较教育研究,(02):7-11.

[23] 王蕾,景安磊,佟威.(2017).PISA 中国独立研究实践对构建中国特色教育质量评价体系的启示——基于 PISA2009 中国独立研究. 教育研究,38(01):114-123.

[24] 伍远岳,郭元祥.(2019).中学生科学学习的性别差异与课程应对——基于 PISA2015 中国四省市的数据分析. 华东师范大学学报(教育科学版),37(05):115-127.

[25] 徐斌艳.(2011).旨在诊断与改进教学的数学学科能力测评分析———来自德国的实践. 全球教育展望,40(12):78-83.

[26] 徐晓红.(2014).21 世纪澳大利亚基础教育改革政策评析:基于 PISA 测试的结果. 外国中小学教育,(03):4-10.

[27] 杨婕.(2015).澳大利亚农村及偏远地区教师培养模式研究———以"为澳大利亚而教"项目为例. 当代教育科学,(18):47-51.

[28] 杨文杰,范国睿.(2019).教育机会均等研究的问题、因素与方法:《科尔曼报告》以来相关研究的分析. 教育学报,15(02):115-128.

[29] 杨希洁.(2008).PISA 特点分析及其对我国基础教育评价制度改革的启示. 教育科学研究,(02):22-25.

[30] 叶澜.(2006).当代中国教育变革的主体及其相互关系. 教育研究,(08):3-9.

[31] 弋文武.(2009).瑞士中小学教师培养模式研究. 外国中小学教育,(10):41-45.

[32] 邵江波.(2016).PISA 与全球教育治理:路径、影响和问题. 全球教育展望,45(08):102-109.

[33] 袁建林,刘红云,张生.(2016).数字化测验环境中学生问题解决能力影响因素分析——以 PISA 2012 为例. 中国电化教育,(08):74-81.

[34] 张佳,彭新强.(2015).上海 PISA 夺冠与课程改革之间的关系. 复旦教育论坛,13(02):25-31.

[35] 张莉娜.(2016).PISA2015 科学素养测评对我国中小学科学教学与评价的启示. 全球教育展望,45(03):15-24.

[36] 张民选,黄华.(2016).自信·自省·自觉——PISA2012 数学测试与上海数学教育特点. 教育研究,37(01):35-46.

[37] 张侨平.(2017).西方国家数学教育中的数学素养:比较与展望. 全球教育展望,46(03):29-44.

[38] 张所帅.(2018).PISA、PIRLS 和 NAEP 阅读评价项目对我国阅读教学的启示. 教学与管理,(03):116-118.

[39] 赵德成,王璐环.(2019).学校治理结构及其对学生成绩的影响:中国四省(市)与 PISA2015 高分国家/经济体的比较分析. 全球教育展望,48(06):24-37.

[40] 郑彩华.(2012).PISA 视野下的的电子阅读素养测评及其启示. 基础教育,9(03):18,50-55+18.

报纸
[1] 曹继军,颜维琦,张宇航.(2014-02-08).PISA,换个视角看基础教育. 光明日报.

[2] 顾明远.(2018-03-03).谈谈未来教育的逻辑起点. 中国教育报.

[3] 李建忠.(2018-12-07).演变中的国际教育格局——教育国际化发展趋势扫描. 中国教育报.

[4] 马陆亭.(2019-03-26).破"五唯"立在其中. 光明日报.

学位论文
[1] 陈鹏.(2017).PISA 与美国《共同核心标准》中的阅读素养内容比较研究. 上海:上海师范大学.

[2] 陈庆.(2013).国际学生评价项目 PISA -科学素养测评的研究. 金华:浙江师范大学.

［3］高庆蓬.(2008).教育政策评估研究.长春:东北师范大学.

［4］郭啸.(2013).科技人力资源发展状况国际比较研究.南京:南京工业大学.

［5］贺阳.(2019).*PISA 核心素养的价值逻辑研究*.广州:广州大学.

［6］刘磊明.(2017).*国际教育评价的价值问题——以 PISA 为例*.北京:北京师范大学.

［7］石岚.(2018).*如何衡量教育产出?*.上海:华东师范大学.

［8］武凯.(2018).*OECD 教育政策价值取向研究*.上海:上海师范大学.

［9］吴小梅.(2019).*PISA 数学素养测题分析及其启示*.上海:上海师范大学.

［10］许健.(2015).*全球治理中的经合组织及中国与其合作的法律问题研究*.武汉:武汉大学.

［11］张婷.(2019).*互联网使用对我国 15 岁中学生科学素养表现的影响研究*.武汉:华中科技大学.

其他

［1］教育部.2018 年度我国出国留学人员情况统计.(2019 - 03 - 27)［2020 - 01 - 06］.http://www. moe. gov. cn/jyb_xwfb/gzdt_gzdt/s5987/201903/t20190327_375704. html.

［2］日本信息平台."以学习者为中心"——日本将启动"未来教室"验证项目.(2018 - 07 - 02)［2019 - 03 - 12］. http://www. keguanjp. com/kgjp_jiaoyu/kgjp_jy_gdjy/pt20180702094648. html.

［3］新浪网.上海 645 所初中问卷调查:88% 以上学生喜欢自己的学校.(2019 - 12 - 18)［2020 - 03 - 21］. https://k. sina. cn/article_1737737970_6793c6f202000srsj. html.

［4］辛涛.教育质量与公平:对 PISA2018 结果的思考.(2019 - 12 - 04)［2019 - 12 - 12］. http://www. moe. gov. cn/jyb_xwfb/moe_2082/zl_2019n/2019_zl94/201912/t20191204_410711. html.

英文文献

著作

［1］Armour, D. L. , & Brett, M. P. (1998). Interdistrict choice in Massachusetts. In Peterson, P. E. , & Hassel, B. C. (Eds.), *Learning from school choice*. Washington, DC: Brookings Institution Press.

［2］Ashcraft, M. H. , & Ridley, K. S. (2005). Math anxiety and its cognitive consequences. In Campbell, J. I. D. (Ed.), *Handbook of mathematical cognition*. New York: Psychology Press.

［3］Bandura, A. (1977). *Social learning theory*. New York: General Learning Press.

［4］Berends, M. , & Zottola, G. . (2009). Social perspectives on school choice. In Berends, M. (Ed.), *Handbook of research on school choice*. New York : Taylor and Francis.

［5］Betts, J. R. , & Loveless, T. (Eds.). (2005). *Getting choice right: ensuring equity and efficiency in education policy*. Washington, DC: Brookings Institution Press.

［6］Bogdandy, A. V. , & Goldmann, M. (2012). Taming and framing indicators: a legal reconstruction of the OECD's program for international student assessment (PISA). In Davis, K. E. , Fisher, A. , Kingsbury, B. , & Merry, S. E. (Eds.), *Governance by indicators/global power through quantification and rankings*. Oxford: Oxford University Press.

［7］Wylie, C. (2013). School and Inequality. Max. In Rashbrooke, M. (Eds.), *Inequality: a New Zealand crisis*. Wellington: Bridget William Books.

［8］Chung, J. (2009). *An investigation of reasons for Finland's success in PISA*. Oxford: University of Oxford.

［9］Cookson, P. W. (1991). The ideology of consumership and the coming deregulation of the public school system. In Cookson ,P. W. (Ed.), *The choice controversy*. Newbury Park: Sage.

［10］Darling-Hammond,L. (2010). *The flat world and education:how America's commitment to equity will determine our future*. New York: Teachers College Press,239.

[11] Darling-Hammond, L. , *et al.* (2017). *Empowered educators: how high-performing systems shape teaching quality around the world*. San Francisco: Jossey-Bass.

[12] Deacon, B. (2007). The international and global dimensions of social policy. In Deacon, B. (Ed.), *Global social policy and governance*. London: Sage.

[13] Dobbins, M. & Martens, K. (2010). A contrasting case — the U. S. A. and its weak response to internationalization processes in education policy, In Martens, K. , Nagel, A. , Windzio, M. , & Weymann, A. (Eds.), *Transformation of education policy*. Basingstoke: Palgrave.

[14] Elacqua, G. (2009). *The impact of school choice and public policy on segregation: Evidence from Chil*. Santiago: Centro de Politicas Comparadas de Educación, Universidad Diego Portales. https://ncspe. tc. columbia. edu/working-papers/files/OP185. pdf.

[15] Erickson, D. A. (1986). Choice and private schools: dynamics of supply and demand. In Levy, D. C. (Ed.), *Private education: studies in choice and public policy*. New York: Oxford University Press,82 – 109.

[16] Feinberg, W. , & Lubienski, C. (2008). *School choice policies and outcomes: empirical and philosophical perspectives*. New York:State University of New York Press.

[17] Fuller, B. (1986). Defining school quality, In Hannaway, J. , & Lockheed, M. E. (Eds.), *The contribution of social science to educational policy and practice, McCutchan: 1965 – 1985*. CA: McCutchan Publishing Corporation,33 – 69.

[18] Greeley, A. M. , McCready, W. C. , & McCourt, K. (1976). *Catholic schools in a declining church: Kansas city*. Kansas City, MO: Sheed and Ward.

[19] Hamilton, L. , & Guin, K. (2006). Understanding how families choose schools. In Betts, J. , & Loveless, T. (Eds.). *Getting choice right*. Washington, DC: Brookings Institution Press,40 – 61.

[20] Henry, M. , Lingard, B. , Rizvi, F. , & Taylor, S. (2001). *The OECD, globalization and education policy*. Oxford: Pergamon Press.

[21] Johansson, B. , Karlsson, C. , & Stough, R. R. (2001). *Theories of endogenous, regional growth*. New York: Springer.

[22] Juran, J. M. , & Gryna, F. M. Jr. (1988). *Juran's quality control handbook* (fifth edition). New York: McGraw-Hill.

[23] Kiper, H. (2003). Literacy versus curriculum?. In Moschner, B. , Kiper, H. & Kattmann, U. (Eds.), *PISA 200 als herausforderung*. Perspektiven für Lehren und Lernen, Baltmannsweiler, Schneider Verlag.

[24] Kraushaar, O. F. (1972). *American nonpublic schools: patterns of diversity*. Baltimore, MD: John Hopkins.

[25] Luke, A. , & Hogan, D. (2006). Redesigning what counts as evidence in educational policy: the Singapore model. In Ozga, J. , Seddon, T. , & Popkewitz, T. (Eds.),*World yearbook of education 2006: education research and policy: steering the knowledge-based economy*. London: Routledge,170 – 184.

[26] Martens, K. (2007). How to become an influential actor—the "comparative turn" in OECD education policy. In Martens, K. , Ruscon,i A. ,&Leuze, K. (Eds.), *New arenas of education governance—the impact of international organizations and markets on education policy making*. Basingstoke: Palgrave Macmillan.

[27] Martens, K. , & Weymann, A. (2007). The internationalization of education policy— towards convergence of national paths?. In Hurrelmann, A. , Leibfried, S. , Martens, K. , & Mayer, P. (Eds.), *Transforming the golden age nation state*. Basingstoke: Palgrave Macmillan.

[28] Meyer, H. -D. , & Benavot, A. (2013). Introduction. In Meyer, H. D. , & Benavot, A.

(Eds.), *PISA, power and policy: the emergence of global educational governance*. Oxford: Symposium Books.

[29] Meyer, H.-D., & Benavot, A. (Eds.). (2013). *PISA, power and policy: the emergence of global educational governance*. Oxford:Symposium Books.

[30] Moe, T. (2001). *Schools, vouchers and the American public*. Washington, DC: Brookings Institution Press.

[31] Morgan, C. (2009). *The OECD programme for international student assessment: unravelling a knowledge network*. Saarbrucken: VDM Verlag Dr. Muller.

[32] Nagel, A.-K., Martens, K., & Windzio, M. (2010). Introduction education policy in transformation. In Martens, K., Nagel, A.-K., Windzio, M., &.Weymann, A. (Eds.), *Transformation of education policy*. Basingstoke: Palgrave Macmillan.

[33] Nóvoa, A., & Lord, M. (2002). *Fabricating Europe: the formation of an education space*. Dordrecht/ Boston/London: Kluwer Academic Publishers.

[34] Pépin, L. (2006). *The history of European cooperation in education and training: Europe in the making—an example*. Luxembourg: Office for Official Publications of the European Communities.

[35] Poovey, M. (1998). *A history of modern fact: problems of knowledge in the sciences of wealth and society*. Chicago: University of Chicago Press.

[36] Robertson, S. L., Novelli, M., Dale, R., Tikly, L., Dachi, H., & Ndebela, A. (2007). *Globalisation, education and development: ideas, actors and dynamics*. London: DFID.

[37] Schleicher, A. (2000). Monitoring student knowledge and skills: the OECD programme for international student assessment. In Shorrocks-Taylor, D., &.Jenkins, E. W. (Eds.), *Learning from Others*. Dordrecht: Kluwer, 63 – 77.

[38] Schleicher, A. (2009). International benchmarking as a lever for policy reform. In Hargeaves, A. and Fullan, M. (Eds.), *Change wars*. Bloomington, IN: Solution Tree, 97 – 115.

[39] Schneider, M., Teske, P., & Marschall, M. (2000). *Choosing schools: consumer choice and the quality of American schools*. Princeton, NJ: Princeton University Press.

[40] Smith, K. B., & Meier, K. J. (1995). *The case against school choice*. Armonk, New York: M. E. Sharpe.

[41] Smrekar, C., & Goldring, E. B. (1999). *School choice in urban America: magnet schools and the pursuit of equity*. New York: Teachers College Press.

[42] Tan, C. (2016). *Educational policy borrowing in China: looking west or looking east?*. Oxon: Routledge.

[43] Taylor, S., Rizvi, F., Lingard, B., & Henry, M. (1997). *Education policy and the politics of change*. London: Routledge.

[44] Tillmann, K.-J., Dedering, K., Kneuper, D., Kuhlmann, C., & Nessel, I. (2008). *PISA als bildungspolitisches ereignis*. Wiesbaden: VS Verlag für Sozialwissenschaften.

[45] Tobias, S. (1993). *Overcoming math anxiety (revised and expanded edition)*. New York: W. W. Norton and Company.

[46] Välijärvi, J., Linnakylä, P., Kupari, P., Reinikainen, P., & Arffman, I. (2002). *The Finnish success in PISA—and some reasons behind it*. Jyväskylä: Institute for Educational Research, University of Jyväskylä.

[47] Waters, M. (1995), *Globalisation*. London: Routledge.

[48] Wells, A. S., & Crain, R. L. (1991). Do parents choose school quality or school status? a sociological theory of free market education. In Cookson, P. W. (Ed.), *The choice controversy*. Newbury Park: Sage.

[49] Wells, A. S., & Crain, R. (1997). *Stepping over the color line*. New Haven, CT: Yale

University Press.

[50] Wiles, J. (2009). *Leading curriculum development*. Sauzend Oakes: Corwin Press.

[51] Wiseman, A. W. (2013). Policy responses to PISA in comparative perspective. In Meyer, H.-D., & Benavot, A. (Eds.), *PISA, power and policy: the emergence of global educational governance*. Oxford: Symposium Books, 303 – 322.

[52] Wiseman, A. (2010). The uses of evidence for educational policymaking: global contexts and international trends. In Luke, A., Green, J., & Kelly, G. (Eds.), *What counts as evidence and equity? Review of research in education*. New York: AERA, Sage, 1 – 24.

[53] Wolf, M. (2004). *Why globalisation works*. Boston: Yale University Press.

[54] Zeidner, M., & Matthews, G. (2011). *Anxiety 101*. New York: Springer.

期刊论文

[1] Abdulkadiroğlu, A., & Sönmez, T. (2003). School choice: a mechanism design approach. *American Economic Review*, 93(3):729 – 747.

[2] Abdulkadiroğlu, A., Pathak, P., & Walters, C. (2018). Free to choose: can school choice reduce student achievement?. *American Economic Journal: Applied Economics*, 10(1):175 – 206.

[3] Aloisi, C., & Tymms, P. (2017). PISA trends, social changes, and education reforms. *Educational Research and Evaluation*, 23:5 – 6.

[4] Andersen, S. C., & Serritzlew, S. (2007). The unintended effects of private school competition. *Journal of Public Administration*, 17(2):335 – 356.

[5] Angrist, J. D., & Lang, K. (2004). Does school integration generate peer effects? evidence from Boston's metco program. *The American Economic Review*, 94(5):1613 – 1634.

[6] Ball., S. J. (1999). What is policy? texts, trajectories and tool boxes. *The Australian Journal of Education Studies*, 13(2):10 – 17.

[7] Beasley, T. M., Long, J. D., & Natali, M. (2001). A confirmatory factor analysis of the mathematics anxiety scale for children. *Measurement and Evaluation in Counseling and Development*, 34:14 – 26.

[8] Behrman, J. R., et al. (2016). Teacher quality in public and private schools under a voucher system: the case of Chile. *Journal of Labor Economics*, 34(2):319 – 362.

[9] Beilock, S. L., et al. (2004). More on the fragility of performance: choking under pressure in mathematical problem solving. *Journal of Experimental Psychology-General*, 133(4):584 – 600.

[10] Bifulco, R., Ladd, H. F., & Ross, S. L. (2009). Public school choice and integration evidence from Durham, North Carolina. *Social Science Research*, 38:71 – 85.

[11] Bonnet, G. (2002). Reflections in a critical eye: on the pitfalls of international assessment. *Assessment in Education: Principles, Policy & Practice*, 9(3): 387 – 399.

[12] Bracey, G. (2009). PISA: considerations for the Economy. *Principal Leadership*, 9(7): 52 – 54.

[13] Brigham, F., Scruggs, T., & Mastropieri, M. (1992). Teacher enthusiasm in learning disabilities classrooms: effects on learning and behavior. *Learning Disabilities & Practice*, 7(2):68 – 73.

[14] Bromley, P. (2010). The rationalization of educational development: scientific activity among international nongovernmental organizations. *Comparative Education Review*, 54 (4): 577 – 601.

[15] Buddin, R., Cordes, J. J., & Kirby, S. (1998). School choice in California: who chooses private schools?. *Journal of Urban Economics*, 44: 110 – 34.

[16] Bung, P. (2004). Bildungsstandards: die neue curriculare welt nach PISA. *Realschule in*

Deutschland, 4:13 - 16.

[17] Carvalho, L. M. ,& Costa, E. (2014). Seeing education with one's own eyes and through PISA lenses: considerations of the reception of PISA in European countries. *Discourse: Studies in Cultural Politics of Education*, 36(5): 638 - 646.

[18] Clotfelter, C. , Ladd, H. , & Vigdor, J. (2005). Who teaches whom? race and the distribution of novice teachers. *Economics of Education Review*, 24(4):377 - 392.

[19] Collins, M. (1978). Effects of enthusiasm training on preservice elementary teacher. *Research in Teacher Education*, 29(1):53 - 57.

[20] Crossley, M. (2000). Bridging cultures and traditions in the reconceptualisation of comparative and international education. *Comparative Education*, 36 (3): 319 - 332.

[21] Darling-Hammond, L. (2004). Inequality and the right to learn: access to qualified teachers in California's public schools. *Teachers College Record*, 106(10):1936 - 1966.

[22] Darling-Hammond, L. (2014). What can PISA tell us about U. S. education policy?. *New England Journal of Public Policy*, 1(26):13.

[23] Dobbie, W. , & Fryer, R. (2014). The impact of attending a school with high-achieving peers: evidence from the New York city exam schools. *American Economic Journal: Applied Economics*, 6(3):58 - 75.

[24] Egelund, N. (2008). The value of international comparative studies of achievement-a Danish perspective. Assessment in Education: Principles. *Policy & Practice*, 15 (3): 245 - 251.

[25] Elacqua, G. , Schneider, M. , & Buckley, J. (2006). School choice in chile: is it class or the classroom?. *Journal of Policy Analysis and Management*, 25(3): 577 - 601.

[26] Epple, D. , Romano, R. , & Urquiola, M. (2017). School vouchers: a survey of the economics literature. *Journal of Economic Literature*, 55(2):441 - 492.

[27] Ertl, H. (2006). Educational standards and the changing discourses on education: the reception and consequences of the PISA study in Germany. *Oxford Review of Education*, 32(5): 619 - 34.

[28] Frenzel, A. , *et al.* (2019). Independent and joint effects of teacher enthusiasm and motivation on student motivation and experiences: a field experiment. *Motivation and Emotion*, 43(2):255 - 265.

[29] Fryer, R. G. , & Levitt, S. D. (2004). Understanding the black-white test score gap in the first two years of school. *Review of Economics and Statistics*, 86 (2): 447 - 464.

[30] Gillis, S. , Polesel, J. , & Wu, M. (2016). PISA data: raising concerns with its use in policy settings. *The Australian Educational Researcher*, 43(1):131 - 146.

[31] Goldhaber, D. , Lavery, L. ,& Theobald, R. (2015). Uneven playing field? assessing the teacher quality gap between advantaged and disadvantaged students. *Educational Researcher*, 44(5): 293 - 307.

[32] Goodchild, S. (2014). Mathematics teaching development: learning from developmental research in Norway. *ZDM Mathematics Education*, 46(2):305 - 316.

[33] Gorard, T. , & Smith, E. (2004) An international comparison of equity in education systems. *Comparative Education*, 40(1):15 - 28.

[34] Gottfried, A. E. (1990). Academic intrinsic motivation in young elementary school children. *Journal of Educational Psychology*, 82:525 - 538.

[35] Gottfried, A. E. , *et al.* (2013). Longitudinal pathways from math intrinsic motivation and achievement to math course accomplishments and educational attainment. *Journal of Research on Educational Effectiveness*, 6:68 - 92.

[36] Gray, J. , & Beresford, Q. (2008). A Formidable challenge: Australia's quest for equity in indigenous education. *Australian Journal of Education*, (8):202.

[37] Grek, S. (2008). From symbols to numbers: the shifting technologies of education

governance in Europe. *European Educational Research Journal*, 7(2):208 - 218.

[38] Grek, S. (2009). Governing by numbers: the PISA effect in Europe. *Journal of Education Policy*, 24: 23 - 37.

[39] Grek, S. (2012). What PISA knows and can do: studying the role of national actors in the making of PISA. *European Education Research Journal*, 11(2):244 - 255.

[40] Hanushek, E. A., Kain, J. F., & Rivkin, S. G. (2009). New evidence about Brown v. board of education: the complex effects of school racial composition on achievement. *Journal of Labor Economics*, 27(3):349 - 383.

[41] Hatfield, E., Cacioppo, J. L., & Rapson, R. L. (1993). Emotional contagion. *Current directions in psychological science*, 2(3):96 - 99,

[42] Hembree, R. (1990). The nature, effects, and relief of mathematics anxiety. *Journal of Research in Mathematics Education*, 21:33 - 46.

[43] Ho, H., et al. (2000). The affective and cognitive dimensions of math anxiety: a cross-national study. *Journal for Research in Mathematics Education*, 31(3):362 - 380.

[44] Hoekstra, M., Mouganie, P., & Wang, Y. (2018). Peer quality and the academic benefits to attending better schools. *Journal of Labor Economics*, 36(4): 841 - 884.

[45] Hopfenbeck, T. N., & Görgen, K. (2017). The politics of PISA: the media, policy and public responses in Norway and England. *European Journal of Education*, 52(2):192 - 205.

[46] Hoxby, C. M. (2000). Does competition among public schools benefit students and taxpayers?. *The American Economic Review*, 90(5): 1209 - 1238.

[47] Hoxby, C. (2003). School choice and school competition: evidence from the United States. *Swedish Economic Policy Review*, 10:11 - 67.

[48] Hubert, E. (2006). Educational standards and the changing discourse on education: the reception and consequences of the PISA study in Germany. *Oxford Review of Education*, 32(5):619 - 634.

[49] Jacobs, J. E., et al. (2002). Changes in children's self-competence and values: gender and domain differences across grades one through twelve. *Child Development*, 73(2): 509 - 527.

[50] Kamens, D., & McNeely, C. L. (2010). Globalization and the growth of international educational testing and national assessment. *Comparative Education Review*, 54: 5 - 25.

[51] Kariya, T., Shimizu, K., Shimizu, M., & Morota, Y. (2002). Reality of academic ability decline. *Iwanami Booklet*, 5:32 - 33.

[52] Kellaghan, T., & Greaney, V. (2001). The globalisation of assessment in the 20th century. *Assessment in Education*, 8:87 - 102.

[53] Keller, M., et al. (2016). Teacher enthusiasm: reviewing and rede ning a complex construct. *Educational Psychology Review*, 28(4):743 - 769.

[54] Kleitz, B., Weiher, G. R., Tedin, K., & Matland, R. (2000). Choice, charter schools, and household preferences. *Social Science Quarterly*, 81(03): 846 - 854.

[55] Ladd, H. (2003), Comment on Caroline M. Hoxby: school choice and school competition: evidence from the United States. *Swedish Economic Policy Review*, 10:67 - 76.

[56] Lankford, H., & Wyckoff, J. (1992). Primary and secondary school choice among public and religious alternatives. *Economics of Education Review*, 11: 317 - 37.

[57] Lankford, H., & Wyckoff, J. (2001). Who would be left behind by enhanced private school choice?. *Journal of Urban Economics*, 50:288 - 312.

[58] Lasswell, H. D. (1970). The emerging conception of the policy sciences. *Policy Sciences*, (1): 3 - 14.

[59] Lingard, B., & Rawolle, S. (2011) New scalar politics: implications for education policy. *Comparative Education*, 47(4), 489 - 502.

［60］ Lucas, A. , & Mbiti, I. (2014). Effects of school quality on student achievement: discontinuity evidence from Kenya. *American Economic Journal: Applied Economics, 6* (3):234 - 263.

［61］ Lyons, I. M. , & Beilock, S. L. (2012). When math hurts: math anxiety predicts pain network activation in anticipation of doing math. *PLOS ONE, 7*(10): 1 - 6.

［62］ Malin, J. R. , Lubienski, C. , & Mensa-Bonsu, Q. (2020). Media strategies in policy advocacy: tracing the justifications for Indiana's school choice reforms. *Educational Policy, 34*(1):118 - 143.

［63］ Mangez, E. , & Hilgers, M. (2012). The field of knowledge and the policy field in education: PISA and the production of knowledge for policy. *European Educational Research Journal, 11*(2):189 - 205.

［64］ Marsh, H. W. , & Martin, A. J. (2011). Academic self-concept and academic achievement: relations and causal ordering. *British Journal of Educational Psychology, 81:* 59 - 77.

［65］ Mathis, W. J. (2011). International test scores, education policy, and the American dream. *Encounter, 24*(1): 31 - 33.

［67］ Mirabile, R. J. (1997) . Everything you wanted to know about competency modeling. *Training & Development, 51*(8):73 - 77.

［66］ Moè, A. (2016). Does displayed enthusiasm favour recall, intrinsic motivation and time estimation?. *Cognition and Emotion, 30*(7):1361 - 1369.

［67］ Mundy, K. , & Murphy, L. (2001). Transnational advocacy, global civil society: emerging evidence from the field of education. *Comparative Education Review, 45*(1): 85 - 126.

［68］ Murray, H. (1983). Low-inference classroom teaching behaviors and student ratings of college teaching e ectiveness. *Journal of Educational Psychology, 75*(1):138 - 149.

［69］ Naftulin, D. , Ware, J. , & Donnelly, F. (1973). The doctor fox lecture: a paradigm of educational seduction. *Journal of Medical Education, 48* :630 - 635.

［70］ Niemann, D. , Martens, K. , & Teltemann, J. (2017), PISA and its consequences: shaping education policies through international comparisons. *European Journal of Education, 52*(2):175 - 183.

［71］ Nóvoa, A. , & Yariv-Mashal, T. (2003). Comparative research in education: a mode of governance or a historical journey?. *Comparative Education, 39*(4),423 - 438.

［72］ Ostermeier, C. , Prenzel, M. , & Duit, R. (2010). Improving science and mathematics instruction: the SINUS project as an example for reform as teacher professional development. *International Journal of Science Education, 32*(3), 303 - 327.

［73］ Parasuraman, A. , Zeithaml, V. A. , & Berry, L. L. (1985). A conceptual model of service quality and its implications for future research. *Journal of Marketing, 4*(4): 41 - 50.

［74］ Prost, C. (2013). Teacher mobility: can financial incentives help disadvantaged schools to retain their teachers?. *Annals of Economics and Statistics, 111*(112):171 - 191.

［75］ Resnik, J. (2006). Bringing international organizations back in: the "education - economic growth" black box and its contribution to the world education culture. *Comparative Education Review, 50*(2): 173 - 195.

［76］ Rindermann, H. (2008). Relevance of education and intelligence for the political development of nations: democracy, rule of law and political liberty. *Intelligence, 36:* 306 - 322.

［77］ Robertson, S. L. (2005). Reimagining and rescripting the future of education: global knowledge economy discourses and the challenge to education systems. *Comparative Education, 41:* 151 - 170.

[78] Sahlberg, P. (2007). Education policies for raising student learning: the finnish approach. *Journal of Education Policy*, *22*(2): 147 - 171.

[79] Sälzer, C. , & Prenzel, M. (2014). Looking back at five rounds of PISA: impacts on teaching and learning mathematics in Germany. *Solsko Polje* (The School Field), *25*(5/6), 53 - 72.

[80] Schildkamp, K. , Ehren, M. ,& Lai, M. K. (2012). Editorial article for the special issue on data-based decision making around the world: from policy to practice to results. *School Effectiveness and School Improvement*, *23*(2):123 - 131.

[81] Schleicher, A. (2007). Can competencies assessed by PISA be considered the fundamental school knowledge 15-year-olds should possess?. *Journal of Educational Change*, *8*(4), 349 - 357.

[82] Schleicher, A. (2009). Securing quality and equity in education: lessons from PISA. *Prospects*, *39*:251 - 263.

[83] Schneider, M. , Marschall, M. ,Teske, P. , & Roch, C. (1998). School choice and culture wars in the classroom: what different parents seek from education. *Social Science Quarterly*, *79*: 489 - 501.

[84] Schleicher, A. , & Stewart, V. (2008). Learning from world-class schools. *Educational Leadership*, *66*(2):44 - 51.

[85] Schunk, D. H. (1991). Self-efficacy and academic motivation. *Education Psychology*, *26*:207 - 231.

[86] Sellar, S. , & Lingard, B. (2013). Looking east: Shanghai, PISA 2009 and the reconstitution of reference societies in the global education policy field. *Comparative Education*, *49*(4), 464 - 485.

[87] Sellar. S. , &Lingard, B. (2014). The OECD and the expansion of PISA: new global modes of governance in education. *British Educational Research Journal*, *40*(6):917 - 936.

[88] Simola, H. (2005). The finnish miracle of PISA: historical and sociological remarks on teaching and teacher education. *Comparative Education*, *41*(4): 455 - 70.

[89] Steiner-Khamsi, G. (2003). The politics of league tables. *Journal of Social Science Education*, *2*(1):1 - 6.

[90] Takayama, K. (2008). The politics of international league tables: PISA in Japan's achievement crisis debate. *Comparative Education*, *44*(4):387 - 407.

[91] Takayama, K. (2013). OECD, "key competencies"and the new challenges of educational inequality. *Journal of Curriculum Studies*, *45*(1): 67 - 80.

[92] Tan, C. (2017). Chinese responses to Shanghai's performance in PISA. *Comparative Education*, *53*(2):209 - 223.

[93] Tang, S. , Cheng, M. , & So, W. (2006). Supporting student teachers' professional learning with standards-referenced assessment. *Asia-Pacific Journal of Teacher Education*, *43*(2):223 - 244.

[94] Tatto, M. T. (2008). Teacher policy: a framework for comparative analysis. *Prospects*, (38):487 - 508.

[95] Trinidad,S. ,Sharplin, E. ,Ledger,S. , & Broadley. T. (2014). Connecting for innovation: four universities collaboratively preparing pre-service teachers to teach in rural and remote Western Asutralia. *Journal of Research in Rural Education*, *29*(2):1 - 13.

[96] Turgut, G. (2013), International tests and the U. S. educational reforms: can success be replicated?. *Clearing House*, *86*(2): 64 - 73.

[97] Wei, M. , & Eisenhart, C. (2011). Why do Taiwanese children excel at math?. *Kappan*, *93*(1):74 - 76.

[98] Woodruffe, C. (1991). Competent by any other name. *Personnel Management*, (9): 30 - 59.

［99］ Wößmann, L. (2003). Schooling resources, educational institutions and student performance: the international evidence. *Oxford Bulletin of Economics and Statistics*, *65*(2):117 - 170.

［100］ Wu, M. (2009). A comparison of PISA and TIMSS 2003 achievement results in mathematics. *Prospect*, *39*:33 - 46.

报告

［1］ Angrist, J., Bettinger, E., Bloom, E., King, E., &. Kremer, M. (2001). *Vouchers for private schooling in colombia: evidence from a randomized natural experiment*. Working Paper, No. 8343. National Bureau of Economic Research.

［2］ Benavot, A.,&. Tanner, E. (2007). *The growth of national learning assessments in the world*, *1995 - 2006*. Paris: UNESCO.

［3］ Boeskens, L. (2016). *Regulating publicly funded private schools: a literature review on equity and effectiveness*. OECD Education Working Papers, No. 147, Paris: OECD Publishing.

［4］ Bottani, N., & Tuijnman, A. (1994). International education indicators: framework, development and interpretation. In OECD,*making education count: developing and using international indicators*. Pairs: OECD Publishing.

［5］ Breakspear, S. (2012). *The policy impact of PISA: an exploration of the normative effects of international benchmarking in school system performance*. OECD Education Working Papers, No. 71, Paris: OECD Publishing.

［8］ Burgess, S., & Briggs, A. (2006). *School assignment, school choice and social mobility*. No. 06/157, CMPO Working Papers.

［6］ Brunello, G., & De Paola, M. (2017). *School segregation of immigrants and its effects on educational outcomes in Europe*, No. 30. EENEE Analytical Reports.

［7］ Bruns, B., Evans, D., & Luque, J. (2011). *Achieving world-class education in Brazil: the next agenda*. Washington, DC: The World Bank.

［9］ Centre of Study for Policies and Practices in Education(2013). *Learning standards, teaching standards and standards for school principals : a comparative study*. No. 99, OECD Education Working Papers.

［10］ Cullen, J., Jacob, B., & Levitt, S. (2000). *The impact of school choice on student outcomes: an analysis of the Chicago public schools*. No. 7888, National Bureau of Economic Research. NBER Working Papers.

［11］ Delors, J.(1996). *Learning the treasure within*. Paris: UNESCO.

［12］ Ingvarson, L. C., Reid, K, Buckely, S., Kleinhenz, E., Masters, G. N., & Rowley, G. (2014). Best practice teacher education programs and Australia's own programs. Australian Council for Educational Research. Retrieved from https://research. acer. edu. au/cgi/viewcontent. cgi? article=1014&context=teacher_education.

［13］ Makles,A., & Schneider, K. (2013). *Much ado about nothing? the role of primary school catchment areas for ethnic school segregation. evidence from a policy reform*. CESifo Working Paper Series 4520, CESifo Group Munich.

［14］ Musset, P. (2012). *School choice and equity: current policies in OECD countries and a literature review*. No. 66, OECD Education Working Papers, Paris: OECD Publishing.

［15］ Niemann, D. (2009). *Changing patterns in German policymaking—the impact of international organizations*. TranState Working Papers No. 99, Transformations of the State Collaborative Research Center 597, Bremen, Germany.

［16］ Nusche, D., Earl, L., Maxwell, W., & Shewbridge, C. (2011). *OECD reviews of evaluation and assessment in education: Norway*. Paris: OECD Publishing.

［17］ OECD.(1971). *Activities of OECD in 1971*. Report by the Secretary-General. Pairs:

OECD.

[18] OECD. (1988). *OECD-vurdering av norsk utdanningspolitikk* [*OECD-assessment of Norwegian education policy*]. Oslo: Kirke-og undervisningsdepartementet.

[19] OECD. (1992). *High-quality education and training for all*, *part 2*. Paris: OECD Publishing.

[20] OECD. (1994). *A framework for educational indicators to guide government decisions*. Pairs: OECD Publishing.

[21] OECD. (1996). *Education at a glance*, *OECD indicators*. Pairs: OECD Publishing.

[22] OECD. (1998). *Education at a glance*, *OECD indicators*. Pairs: OECD Publishing.

[23] OECD/DEELSA. (1998). *Fourth meeting of the board of participating courtries* (BPC). Pairs: OECD Publishing.

[24] OECD. (1999). *Measuring student knowledge and skills: a new framework for assessment*. Pairs: OECD Publishing.

[25] OECD. (2001). *Knowledge and skills for life-first results from PISA 2000*. Paris: OECD Publishing.

[26] OECD. (2002). *Programme for international student assessment sample tasks from the PISA 2000: assessment of reading, mathematical and scientific literacy*. Paris: OECD Publishing.

[27] OECD. (2003). *Education at a glance: OECD Indicators*. Paris: OECD Publishing.

[28] OECD. (2004). *Learning for tomorrow's world: first results from PISA 2003*. Paris: OECD Publishing.

[29] OECD. (2005). *Teachers matter: attracting, developing and retaining effective teachers*. Paris: OECD Publishing.

[30] OECD. (2007). *PISA 2006: science competencies for tomorrow's world (volume 1): analysis*. Pairs: OECD Publishing.

[31] OECD. (2009). *PISA 2009 results (volume i): what students know and can do—student performance in reading, mathematics and science*. Paris: OECD Publishing.

[32] OECD. (2010). *Education at a glance 2010: OECD indicators*. Paris: OECD Publishing.

[33] OECD. (2010). *PISA 2009 results: executive summary*. Paris: OECD Publishing.

[34] OECD. (2010). *PISA 2009 results (volume v): learning trends: changes in student performance since 2000*. Paris: OECD Publishing.

[35] OECD. (2010). *PISA 2009 results (volume iv): what makes a school successful? —resources, policies and practices*. Paris: OECD Publishing.

[36] OECD. (2012). *Lessons from PISA for Japan, strong performers and successful reformers in education*. Pairs: OECD Publishing.

[37] OECD. (2012). *Preparing teacher and developing school leaders for the 21st century*. Paris: OECD Publishing.

[38] OECD. (2013). *PISA 2012 results (volume ii): excellence through equity: giving every student the chance to succeed*. Pairs: OECD Publishing.

[39] OECD. (2013). *Synergies for better learning—an international perspective on evaluation and assessment*. Paris: OECD Publishing.

[40] OECD. (2013). *PISA 2012 results (volume iii): ready to learn: students' engagement, drive and self-beliefs*. PISA: OECD Publishing.

[41] OECD. (2013). *PISA 2012 results (volume iv): what makes schools successful? resources, policies and practices*. PISA: OECD Publishing.

[42] OECD. (2014). *Indicator D6: what does it take to become a teacher?*. Paris: OECD Publishing.

[43] OECD. (2014). *PISA 2012 results (volume i): what students know and can do—student performance in mathematics, reading and science*. Paris: OECD Publishing.

[44] OECD. (2014). *PISA 2012 results in focus：what 15-year-olds know and what they can do with what they know*. Paris：OECD Publishing.

[45] OECD. (2014). *Secretary-general's report to ministers，2014*. Paris：OECD Publishing.

[46] OECD. (2015). *Education at a glance 2015：OECD indicators*. Paris：OECD Publishing.

[47] OECD. (2015). *Education policy outlook 2015：making reforms happen*. Paris：OECD Publishing.

[48] OECD. (2015). *What do parents look for in their child's school?*. Paris：OECD Publishing.

[49] OECD. (2016). *Key findings from PISA 2015 for the United States*. Paris：OECD Publishing.

[50] OECD. (2016). *PISA 2015 mathematics framework，in PISA 2015 assessment and analytical framework：science，reading，mathematic and financial literacy*. Paris：OECD Publishing.

[51] OECD. (2016). *PISA 2015 results (volume i)：excellence and equity in education*. Paris：OECD Publishing.

[52] OECD. (2016). *PISA 2015 results (volume ii)：policies and practices for successful schools*. Paris：OECD Publishing.

[53] OECD. (2016). *Singapore tops latest OECD PISA global education survey*. Paris：OECD Publishing.

[54] OECD. (2017). *The funding of school education：connecting resources and learning*. Paris：OECD Publishing.

[55] OECD. (2018). *Effective teacher policies：insights from PISA*. Paris：OECD Publishing.

[56] OECD. (2018). *Responsive school systems：connecting facilities，sectors and programmes for student success，OECD reviews of school resources*. Paris：OECD Publishing.

[57] OECD. (2019). *Balancing school choice and equity：an international perspective based on PISA*. Paris：OECD Publishing.

[58] OECD. (2019). *PISA 2018 results (volume i)：what students know and can do*. Paris：OECD Publishing.

[59] OECD. (2019). *PISA 2018 results (volume iii)：what school life means for students' lives*. Paris：OECD Publishing.

[60] Papadopoulos, G. S. (1994). *Education 1960–1990：the OECD perspective*. OECD publication service.

[61] Santiago，P.，Donaldson，G.，Looney，A.，& D. Nusche. (2012). *OECD reviews of evaluation and assessment in education：portugal*. Paris：OECD Publishing.

[62] Schleicher，A. (2011). Building a high-quality teaching profession：lessons from around the world. Paris：OECD Publishing.

[63] Schleicher，A. (2014). *Equity，excellence and inclusiveness in education：policy lessons from around the world，international summit on the teaching profession*. Paris：OECD Publishing.

[64] World Bank. (1995). *Priorities and strategies for education*. Washington，DC：World Bank.

其他

[1] Bagshaw，E. (2016). OECD education chief Andreas Schleicher blasts Australia's education system. *Sydney Morning Herald*. Retrieved from http://www. smh. com. au/ national/education/oecd-education-chief-andreas-schleicher-blasts-australias-education-system-20160313-gnhz6t. html.

[2] Bundesministerium für Bildung und Forschung. (2005). Was ist seit PISA geschehen?. Retrieved from http://www. bmbf. de/de/899. php.

［3］ Clark, N. (2013). Education in South Korea. *World Education News and Reviews*. Retrieved from http://wenr. wes. org/2013/06/wenr-june-2013-an-overviewof-education-in-south-korea.

［4］ Council of the European Union . (2000). Lisbon European council 23 and 24 March 2000, presidency conclusions. Retrieved from http://www. europarl. europa. eu/summits/lis1_en. htm.

［5］ Dillon, S. (2010). Top test scores from Shanghai stun educators. Retrieved from http://www. nytimes. com/ 2010/12/07/education/07education. html? _r=1.

［6］ Education Council of New Zealand . (2017). Graduating teacher standards. Retrieved from https://educationcouncil. org. nz/content/graduating-teacher-standards.

［7］ Hanushek, E. , Piopiunik, M. , & Wiederhold, S. (2018). The value of smarter teachers: international evidence on teacher cognitive skills and student performance. Retrieved from http://dx. doi. org/10. 3386/w20727.

［8］ Hattie, J. (2003). Teachers make a difference, what is the research evidence?. paper presented at the Building teacher quality: what does the research tell us? Australian Council for educational research Conference, Melbourne, October 2003. Retrieved from https://research. acer. edu. au/research_conference_2003/4/.

［9］ Higginson, C. (2010). Structures of education and training systems in Europe: United Kingdom-England 2009/10. Eurydice. Retrieved from http://eacea. ec. europa. eu/ education/eurydice/documents/eurybase/structures/041_UKEngland_ EN. pdf.

［10］ Jensen, B. , et al. (2016 – 05 – 01). Not so elementary: primary school teacher quality in high-performing systems. Retrieved from http://ncee. org/elementary-teachers/.

［11］ Jongbloed, B. , & Koelman, J. (2000). Vouchers for higher education?. Retrieved from https://ris. utwente. nl/ws/files/5158470/engart00vouchers. pdf.

［12］ Kristof, N. (2011 – 01 – 15). China's winning schools?. *The New York Times*. Retrieved from https://www. nytimes. com/2011/01/16/opinion/16kristof. html.

［13］ National Center of Education Statistics. (2018). Number and enrollment of public elementary and secondary schools, by school level, type, and charter and magnet status: Selected years, 1990 – 91 through 2016 – 17. Retrieved from https://nces. ed. gov/ programs/digest/d18/tables/dt18_216. 20. asp.

［14］ Government of Ontario. (2020). Ontario College of Teachers Act, 1996, Ontario Regulation 437/97, Professional Misconduct. Retrieved from https://www. ontario. ca/ laws/regulation/970437.

［15］ Givord, P. (2019). How are school-choice policies related to social diversity in schools?. PISA in Focus 96. Retrieved from https://www. oecd-ilibrary. org/docserver/2d448c77-en. pdf? expires = 1651108221&id = id&accname = ocid177380&checksum = DC2B045A584526BCDAD765DE48188BA3.

后　记

· ·

　　通过以上各章对 PISA 与教育改革的互动关系的多维分析,我们不禁感叹 PISA 对全球教育政策、教育改革的深远影响。经过一系列的阐释、分析、说明,笔者发现,自 2000 年 PISA 第一轮评估开始至今,二十多年来 PISA 的政策效应影响了诸多国家或地区,并由此引发了全球教育治理新模式的大讨论。回顾历史可以发现,经合组织从前身到 20 世纪 60 年代正式成立,其经济目的下的政策导向一直未变,即通过自身力量影响各国政策调整,以实现其经济目标。

　　标准化的国际评估现象可以追溯到 20 世纪初,这些评估对世界各地的教育系统产生了巨大影响。许多学者讨论了国际标准化评估的系统增加及其在全球教育质量问题上的作用。随着国际组织在教育政策中的作用逐渐增强,以国际标准作为检测教育系统好坏的工作正被全球逐渐认可。PISA 正是在这种趋势下,在以美国为首的外部刺激与经合组织内部驱动的双重作用下形成的,并在此后的实施过程中不断发展完善。自 PISA 2000 实施以来,PISA 用于制定教育政策的性质和程度各不相同。有些国家或地区(例如德国和日本)对 PISA 产生了高度"反应性",例如 PISA 不仅仅使公众对德国学校教育有了清醒的认识,重要的是它促使联邦政府建立了一项预算不少于 40 亿欧元的教育支持计划。[1] 但也有一些国家或地区(例如美国和英国)在进行教育政策调整时对这一基准的结果关注得相对较少。尽管有上文指出的分歧,但目前的趋势表明,虽然各国或地区对于 PISA 的反应力度不同,但世界各地的决策者越来越多地利用 PISA 来指导其大规模的教育改革以及义务教育政策的制定或修订。

　　从 PISA 引发的效应来看,在参与 PISA 的大部分国家或地区,入学政策多表现在对学生的择校问题上,择校可能引发学校之间的竞争并以此推进不同学校的发展完善,这在一定程度上对学生的发展产生了影响。在 PISA 的问卷调查中,发现一些国家或地区的家长并没有太多的机会自主择校,而且私立学校的数量也没有大幅度的增加,成绩成为入学的重要标准。对此,比利时佛兰德社区、智利和荷兰等国家或地区通过加强资助计划,平衡择校与公平。在课程方面,由于 PISA 测评的不是学校的特定

---

[1] Martens, K., & Niemann, D. (2013). When do numbers count? the differential impact of the pisa rating and ranking on education policy in germany and the us. *German Politics*, 22(03): 314 - 332.

课程,因而实现了各国或地区评估的公平,但 PISA 也不是完全脱离了课程,它不是课程知识的简单组合,它超越了课程知识建构,对课程的修订与完善具有重要意义。对此,基于课程中反映的重知识、轻能力等问题,印尼、韩国、爱尔兰、德国等从课程目标、内容、标准出发,契合 PISA 素养框架,促进课程政策调整。在教师政策领域,PISA 测评问卷从具体细节上反映了经合组织的教师政策框架,研究发现当下教师数量不足、质量不高、支持条件不足、教师教学热情不高等问题依然存在。针对这些问题,多数国家或地区从促进教师专业发展的角度,强调培养高质量的教师队伍,其中德国、爱尔兰的教师调整政策值得关注。

没有任何一项评价是万能的,PISA 也是如此。PISA 对素养的界定、与学生成绩相关的影响因素的分析、抽样样本的代表性、各国或地区之间文化差异等的处理存在许多问题,使得 PISA 结果的有效性令人怀疑。从客观的角度出发,PISA 的存在使得参与国家或地区通过全球范围内的教育质量评估认识到本国或地区教育系统的问题,为各国或地区实行新一轮的教育改革打下良好的基础,这是 PISA 的积极影响。但凡事皆有度,如果仅以 PISA 作为衡量教育系统的唯一标准,并基于此进行改革与政策调整,不免落入另一个教育系统的怪圈——以经济效益衡量教育质量水平,例如许多国家或地区出于政治目的选择性地使用 PISA 结果,误用甚至扭曲 PISA 结果,为追求教育系统的短期效益,不顾教育本身的发展规律以及学生的个人成长等问题。

纵使存在诸多批评,PISA 仍依托经合组织在全球中的作用,利用数据信息,运用比较方式构建了全球教育治理新模式。PISA 作为治理来源的有效性通常被归因于两个因素:被接受为教育质量的普遍衡量标准和以“最佳做法”的形式提供政策解决方案的承诺。从笔者的角度来看,PISA 的结果如果被科学地使用,则是为国家或地区教育体系内的教育政策制定或调整提供信息。毕竟,PISA 是教师、学校行政人员和教育领导者在规划未来时应考虑的指标之一。因此,政府应谨慎对待,避免过分关注 PISA 测试成绩,超越数字治理,因为过度关注最终会损害教育的育人本质。总的来说,尽管 PISA 对全球教育治理的影响越来越大,但这种影响的性质,无论是正面的还是负面的,都是一个不断发展的主题。

就我国来看,纵观我国学生参与的四次 PISA 考试,国内外媒体、教育研究者对此有诸多评论。英国《每日电讯报》发表题为《PISA 教育考试:为什么上海学生如此特别》的文章,指出上海学生蝉联 PISA 第一,成为全球数学课堂的佼佼者,同时在科学上也取得了优异的成绩,用竞争和胜利的语言来强化关于 PISA 结果有效性的信息。① 美国新闻记者在《纽约时报》上发表《上海的秘密》一文,认为上海成功的秘诀在于有更多的学校、用更多的时间达到教育的基本要求。② 虽然我国学生在历届 PISA 测评中表现良好,但 PISA 留给我们更多的是反思,它指出了我国学生高分背后的课业负担重、学习压力大、教育不均衡、幸福感指数低等问题。PISA 作为一种测评制度,不应成为各国或地区争夺成绩与排名的驱动器。PISA 的作用更应该像一面镜子,通过与其他国家或地区的对比,了解自身教育体系存在的问题;通过借鉴由高绩效国家或地区在教育领域已展现出的优点和创新,进一步提高自身教育的可能性和经验。PISA 测评的结果不再成为各国或地区的目标,而是成为教育系统改革、教育政策调整的重要参照。未来,超越以数字为表征的全球教育质量测评应是全球教育治理的共同趋向。为此,各国或地区须正确看待 PISA,共同努力超越 PISA 数字治理,破解数据引发的全球治理难题。

作为一项国际教育评估项目,PISA 在其实施过程中运用了大量教育测评技术与方法。本书侧重于对 PISA 成绩结果及其对教育政策、教育改革的影响等应用层面的分析,对其涉及的测评技术本身的分析不够深入具体,而 PISA 自身技术与方法的改进是一个比较重要的领域。在访谈调查方面,由于文化差异以及相关政策限制,本书中的研究对相关被访对象尤其是国外相关人员的主观回答,未能持续跟进,进行深入的追问。今后笔者将继续加强对评价本身的研究,并通过持续关注 PISA 相关研究进行拓展与完善。

在疫情突发的特殊时期,各行各业都变得异常艰难。致敬勇敢的逆行者,感谢前方的每一个温暖而坚定的你。内心强大才是真的强大。笔者从小到大,生活平顺,基本上没有遇到求而不得的事情,博士生一年级遭遇些许挫折,多少的不甘心随着时间的流逝与师长友人的关爱而慢慢消散,放下了内心的执念,与过去的自己与他人和解。访美前夕,笔者告诉自己要自信、儒雅、知性、强大。一年的时光匆匆过去,笔者接触了更多的人,经历了更多的事,在处理繁杂的事物中,在纠结与彷徨中,提升了自己的思维格局,赋予了自己一颗雄心。此刻的笔者,还在路上,除了感恩,再无其他!

在写作本书的过程中,从搜集资料到构思框架以至写作、修改,笔者都得到了许多前辈与同行的热情帮助。本书作为笔者博士生 4 年生涯的成果,得到了笔者的博士生导师范国睿教授,以及系所诸多老师的谆谆教诲和悉心指导。没有他们的爱护,仅以笔者自己的才能,是很难完成这一任务的。总之,本书凝聚着诸多师友的热情帮助,在

---

① Philips, T. (2013 - 12 - 04). PISA education tests: why shanghai pupils are so special. *Daily Telegraph*.
② Friedman, T. L. (2013 - 12 - 13). The Shanghai secret. *The New York Times* (Section A).

此,笔者谨表真挚的谢意！任何一门学科的研究都需要站在前人的肩膀上,本书同样建构在业已注明的国内外许多学者的研究成果基础上。教育研究是一项需要长期耕耘的事业,这本《PISA 与教育改革》是笔者研究与探索的开始。未来路还很长,希望自己能够更加坚强,也希望自己能够微笑着面对今后的坎坷。

杨文杰

2022 年 5 月 4 日